불편한 언론

정파적 언론 생태계, 현실과 해법

심석태

정파적 언론 생태계, 현실과 해법
불편한 언론

펴낸곳 | 나녹那碌
펴낸이 | 형난옥
지은이 | 심석태
기획 | 형난옥
편집 | 김보미
디자인 | 이애란
초판1쇄 인쇄 | 2023년 12월 10일
초판1쇄 발행 | 2023년 12월 15일
등록일 | 제300-2009-69호 2009.06.12.
주소 | 서울시 종로구 평창21길 60번지
전화 | 02-395-1598 팩스 | 02-391-1598

ISBN 9791191406252(93300)

매보하 오대

정파적
언론 생태계
—
현실과
해법

심석태

나녹
那碌

머리말
어느 쪽 편도 들지 않는 언론이 불편한 사회

처음 기자로 언론계에 발을 들여놓았던 1991년, 보건복지부 기자실 돈봉투 사건이 터졌다. 그런 관행이 사라지는 데는 그 뒤로도 제법 시간이 걸렸다. 물론 2023년에도 대장동 사건과 관련해 과거 돈봉투 사건과는 비교가 될 수 없는 거액이 오가는 희한한 일이 잇달아 드러나기는 했다. 하지만 액수의 크기를 떠나, 그렇게 정상적이지 않은 방식으로 돈을 받는 것이 문제라는 것을 모르는 사람은 없고, 실제로 돈을 주고받는 사람이 있으면 책임을 물을 수도 있다. 언론윤리와 관련된 진짜 큰 문제는 쉽게 드러나지 않는, 더 깊은 곳에 있다.

두 가지 갈래가 있다. 하나는 역시 돈 얘기다. 돈 문제는 언론의 존립에 대한 것이기도 하다. '언론사(言論社)'도 회사이고 운영을 위해서는 수입이 필요하다. 언론사가 몇 안 되고, 광고가 상대적으로 풍족하던 시기와 달리 폭발적으로 증가한 언론사에 비해 광고는 거의 안 늘었다. 디지털 시대를 맞아, 방송 시청자와 신문 구독자는 오히려 줄었다. 한계 상황에서 당당하지 못한 방법으로 연명하는 언론사들이 적지 않고, 광고나 후원, 협찬 등을 둘러싸고 문제가 산적해 있다.

하지만 어떻든 이 부분에 적용되는 윤리적 기준은 명확하다. 돈

받고 기사를 조작하면 안 되고, 기사 쓰겠다고 협박해서 돈을 뜯어내는 것도 안 된다. 이런 행위가 드러나면 윤리적으로 비난받고, 형사 처벌도 받는다. 기자도 회사원이니 먹고 살려면 시키는 대로 할 수밖에 없다는 식의 항변을 하는 사람이 가끔 있지만 그래도 대놓고 부정한 돈을 받아도 된다는 사람은 없다.

다른 한 갈래는 이렇게 명쾌하지 않다. 바로 정파성 문제다. 우리 사회는 매우 정치화되어 있다. 지역과 세대와 진영과 성별 등 가를 수 있는 모든 것으로 갈라져 있고, 사회적 갈등을 통합해야 할 정치가 오히려 그런 갈등을 격화시켜서 특정한 집단을 자기편으로 만들고 가둬두는 얄팍한 수법을 쓴다. 언론은 이런 갈등 지향적 정치 구도에 아주 요긴한 도구다. 그러다 보니 언론이 정치 갈등의 전위대 같은 역할을 수행한다. 언론인들 사이에 전반적인 윤리 의식은 높아진 것이 사실이지만 이 정파성 문제로만 오면 아무런 소용이 없다. 오히려 많이 후퇴했다고 보는 게 맞을 것 같다.

나름 원칙도 지키고 윤리 의식도 높은 언론인들이 정파적 문제에서는 앞뒤 안 가리는 투사가 되는 경우가 많다. 특히 정치권력이 언론에 대한 압박을 가하는 상황에서는 더 그렇다. 이명박-박근혜 정부는 물론 윤석열 정부처럼 정치권력이 특정 언론을 향해 검찰 수사까지 동원해 전방위적 압박을 가하는 상황은 그 자체로 언론에 관한 논의 전반을 정치화한다. 윤석열 정부의 언론 대응이 거칠게 나올수록 문재인 대통령 때 '가짜뉴스'에 대응한다며 징벌적 손해 배상제를 도입하려던 일이나, 공영방송 지배구조 개선 노력을 전혀 하지 않았던 일은 묻혀버린다. 그런 부분을 언급하는 것만으로도 윤석열 정부의 언론 대응을 지지하는 것으로 치부된다.

자살 보도, 젠더 보도, 재난 보도, 성폭력 관련 보도 등등 다양한 분야에서 고도의 윤리 규범을 발전시키는 언론이 정파성만 만나면 기본적인 사실 확인도 하지 않은 보도를 아무렇지 않게 내보낸다. 내 편의 큰 잘못은 눈감아주고 상대편의 티끌은 침소봉대하는 것을 당연하게 여긴다. 지금 한국에서 정파성은 모든 언론윤리 규범을 무력화시키는 블랙홀이다.

정말 무서운 것은 돈 문제와 달리 정파성 문제에서는 무엇이 정상인지 분별하기조차 쉽지 않다는 점이다. 문제를 일으킨 당사자가 오히려 당당하게 큰소리를 치는 일도 다반사다. 자기 나름의 정의를 실천하고 있다고 굳게 믿고 있기 때문이다. 자기는 사안에 따라 완전히 상반된 주장을 하며 정파성을 열심히 추구하면서, 오히려 언론개혁을 주장하기도 하고 공정성이니 뭐니 하는 가치를 당당하게 깃발로 내건다. 아예 대놓고 정파성이 뭐가 문제냐는 주장을 하는 사람들도 있다.

그래서 정파성 문제는 수많은 연구 논문이 쏟아져도 개선될 기미가 없고, 몇몇 사람들이 줄기차게 비판해도 별 반향이 없다. 그렇지만 가망이 없다고 포기해 버리기에는 언론의 중요성이 너무나 크다. 언론계를 떠나 대학으로 온 뒤로도 이 문제를 계속 고민했지만, 책을 쓸 생각은 하지 않았었다. 고생해서 책을 써본들 이미 어느 쪽이든 특정 진영의 주장만 듣기로 작심한 사람들이 과연 이런 문제 제기를 귀담아듣기는 할지 자신이 없었다. 또 이런 책을 내려고 해도 출판을 맡을 곳을 찾기가 쉽지 않다는 것도 잘 알고 있었다. 말로는 다들 언론윤리나 언론개혁을 중요하다고 하지만, 막상 이 문제를 다룬 책에 자기 생각을 비춰볼 사람은 많지 않다. 그런 이들이 많다면 언론의 정파성 문제가 지금 같을 리가 없다.

그런데도 책을 쓰게 된 것은 이 문제의 심각성에 공감해준 출판사 나녹의 형난옥 대표 덕분이다. 상업성은 없지만 사회적으로 중요한 의제를 다루는 것은 충분히 의미가 있다며 오히려 출간을 격려해주지 않았다면 하필이면 시시각각 상황이 변하는 가운데 이 주제로 책을 쓰겠다는 무모한 생각을 하지 않았을 것이다. 진심으로 감사드린다. 재미가 있을 리 없는 원고를 꼼꼼히 읽고 독자의 시각에서 많은 조언을 해준 편집자 김보미 님과 세명대 저널리즘대학원의 박성동 님께도 감사의 말씀을 드린다. 마지막으로 원고에 대한 검토는 물론, 책에 들어 있는 많은 부분을 함께 고민하고 토론해준 양만희 방송기자연합회장을 비롯한 오랜 언론계 동료들에게 특별한 감사의 뜻을 전하고 싶다. 이런 고민이 필자 혼자만의 것이었다면 이렇게 책을 쓸 마음을 내지 못했을 것이다.

제목을 '불편한 언론'으로 정한 것은 언론은 원래 '내 편'이나 '네 편'을 드는 것이 아니라, 누구에게나 좀 불편한 소리를 하기 마련이라는 점을 강조하기 위해서다. 묻지도 따지지도 않고 편을 들어주는 언론은 어느 쪽이든 사회에 해악을 끼친다. 정파적인 언론의 길을 선택하면 적어도 한 진영의 열렬한 지지를 받는다. 생존 문제도 쉽게 해결된다. 정파적이지 않은 언론은 어느 쪽의 환영도 받지 못한다. 모두에게 불편하기 때문이다. 손쉽게 어느 편을 선택하지 않는 언론과 언론인도 불편하고, 독자들도 자기편의 잘못을 지적하는 언론을 보면 일단 불편하다. 이제는 우리 모두 그런 불편함을 기꺼이 받아들였으면 좋겠다.

차례

머리말/어느 쪽 편도 들지 않는 언론이 불편한 사회　4

제1부　한국 언론의 정파성과 소통의 위기

지금, 언론 정파성에 대한 논의가 필요한 이유　15
'중립적·객관적 보도' 폄하…겉과 속 다른 언론 제도　15 | 언론 독립성에 대한 이중 기준과 '정파적 언론 생태계'　18 | '좋은 정파성'과 '나쁜 정파성'을 구별할 것인가?　19

정파성이 불러온 한국 사회 소통의 위기　23
공론장 위협받는 사회…진보적 사실과 보수적 사실이 따로 있나?　23 | '언론의 위기' 즐기는 사람들…언론이 제자리 돌아가야　25 | 정치병행성과 정치적 후견주의…언론이 선수가 되면 안 돼　27 | 민낯 드러낸 언론 정파성 문제…본질을 성찰할 기회　30

윤석열 정부가 쏘아 올린 '방송장악 시즌 2' 논란　32
방송통신위원장 면직으로 시작된 도미노 게임　32 | 공영방송과 줄곧 갈등 빚은 윤석열 정부　33 | 이명박 정부 데자뷰…반복되는 '방송장악론'　35

'유리한 언론환경 만들기'와 '언론장악'의 차이　37
이명박 정권에서 일어난 공영방송 강제 접수　37 | '유리한 언론환경 조성'과 '방송장악'의 차이　40 | 문재인 대통령 취임 이후 일어났던 일들　42 | 공수표가 되어 버린 '공영방송 지배구조 개선 입법' 약속　45

'불편한 언론' 인정하고 존중할 줄 아는 사회로　48
정치적 과열 분위기 그대로 전이된 언론계　48 | 언론은 고발하고 감시하는 것…원래 좀 불편한 것이 정상　50

제2부 정파성에 대한 한국 언론의 이중성

제1장 언론의 정치적 독립성은 신화일 뿐인가

언론인의 참정권이 법률로 제한되는 이유 56
언론인의 참정권·직업선택의 자유 제한하는 공직선거법 56 | '선거의 공정성'과 '언론의 독립성' 57

방송 편성 개입은 범죄다 59
'방송독립성 침해' 인정된 최초 사례 '이정현 판결' 59 | 보도 당사자의 불만 표시 vs. 방송의 자유와 독립성 침해 61 | 공식적 대응이면 '불만 처리'⋯비공식적 접촉은 '압력' 63

정치적 독립성을 신화로 만드는 규제기관의 정치적 구성 65
방송통신위원회의 뿌리 깊은 정치적 구조 65 | '정치 심의 체제' 구조화된 방송통신심의위원회 69

공영방송 지배구조에 관철된 정치 구조 72

정치의 일부가 된 공적 언론 지원 기관 76
상임이사들이 이사장 업무배제에 해임 시도까지 76 | '언론 지원' 기관이 '언론 관리' 기관으로 79

제2장 정치와 너무나 가까운 한국 언론인

정치인, 사회운동가와 언론인의 차이점 84
직접적인 대변자 역할을 하는 정치와 사회운동 84 | 언론에 요구되는 '독립성'⋯ "취재 대상과 거리를 유지해야" 87 | 독립성 선언한 언론윤리 규범들 89

스스로 정치인·사회운동가를 지향하는 언론인 91
관찰자에 머무르느냐, 직접 '선수'가 되느냐 91 | 행동가가 되고 싶은 언론인들 92

언론인의 정치적 의사표현과 외형적 공정성 96
언론인의 '공정하거나 공정해 보여야 할' 의무 96 | 취재 기자의 "대통령님 파이팅" 발언 99 | 한국 언론인들의 거침없는 SNS 활동 101 | 느슨하고 사문화된 한국 언론의 SNS 가이드라인 104 | SNS 기준 재검토해야⋯'공정해 보이는 것'의 중요성 107

지켜지지 않는 언론윤리: 사문화된 정치권 진출 제한 규정 109

한겨레신문사가 지면에서 유감을 표한 이유 109 | 정권을 불문하고 반복되는 '사실상 현직' 언론인의 권력행 112 | 공영 언론사 현직 기자가 특정 후보 지지선언 참석하기도 115 | 언론사마다 다른 규정들⋯실제 발동 사례도 없어 117 | '정치 참여 제한' 규정들, 애초에 장식용이었나? 121

제3장 한국 언론의 정파적 장면들

미디어 비평, '정파성 비판'에서 '정파성 논란'까지 127

대통령 바뀌면 논조·제목 급변하는 신문들 127 | 정파성 논란에 빠진 저널리즘 비평 129 | '신화'와 현실의 거리⋯저널리즘 비평도 한 차원 높아져야 137

대선 승리의 전리품 취급되는 공영방송 140

결국 현실이 된 2023년판 공영방송 사장 해임 시도 140 | 공영방송이 대선 전리품이 되는 이유는 무엇일까 143

하나의 언론만 봐서는 사실 파악이 어려운 사회 146

'진실 찾기' 도움 안 되는 '소비자 영합' 뉴스 146 | 참사 보도에서도 사실 확인 앞서는 '눈치보기' 151 | 상대에 대한 야멸찬 공격⋯정파적 보도의 현실적 효용성 155 | 선거 기간 넘쳐난 녹취록 보도⋯김건희 녹취록의 경우 160 | 대선 1년 반이 지나 불붙은 '김만배-신학림' 녹취록 162 | 정파적 공세 격화되면 '권력의 언론 탄압'만 남아 167 | 사실 검증 생략된 오보들이 계속 나오는 이유 169

소비자의 정파성으로 완성되는 정파적 언론 생태계 177

언론 신뢰도 조사에 나타나는 한국 언론 소비자의 정파성 177 | '비판적 언론 소비'로 포장된 사실상의 정치 활동 183 | 특정인 호칭까지 바꾸는 실력행사⋯반복되는 언론 손보기 186 | 대안 자처하는 '사이버 레커'들, 나은 것이 무엇인가? 193 | 성공한 수익 모델이 된 정파적 언론, 누가 먹여 살리나? 196

언론시민단체는 정치적 후견주의에서 자유로운가 201

정파적인 언론시민단체가 언론의 정파성을 비판할 수 있나 201 | 시민단체와 정치권의 후견주의적 관계의 구조 202

학계는 과연 '정파적 언론 생태계'에서 자유로운가 208

제3부 정파적 언론 생태계를 어떻게 바꿀 것인가

언론의 정파성에 대한 인식 전환에서 출발해야 216

정치와 언론 사이에 방화벽을 높이자 219
언론규제기구에서 정파성을 줄일 방법을 찾아야 219 | 방통위원·방통심의위원 결격 사유를 확대하는 방안 221 | 여야 '나눠먹기' 구조를 바꿔야…운영 방식도 개선 필요 223 | 방통심의위 구성 방식, 근본적 개편해야 226 | '공영방송 장악론'을 끝낼 지배구조 만들어야 229 | 언론 관련 기관에 정파성 배제 원칙 세워야 232

정치와의 관계 재정립을 위해 언론인이 해야 할 것들 236
언론인의 정치권 진출에 관한 공동 원칙 세워야 236 | 언론인의 SNS 활동 등에서 정치성 배제해야 239 | 언론인 전체 규율하는 자율규제기구가 필요하다 241

사실 중심 보도로 자극적·대립적 보도 악순환 끊어야 243
자극적·대립적 보도만 자제해도 정파성 크게 완화할 수 있어 243 | 가치 추구도 저널리즘 원칙에 따라야 246

뉴스 리터러시 교육으로 공론장을 살리자 249
건강한 언론 생태계는 건강한 소비자가 만든다 249 | 정권 영향 배제한 뉴스 리터러시 교육이 필요하다 251

맺음말/언론 제도 전반 개혁 위한 '발상의 전환' 필요하다 254

주 258
참고문헌 270
찾아보기 272

제1부

한국 언론의 정파성과 소통의 위기

지금, 언론 정파성에 대한 논의가 필요한 이유

| '중립적·객관적 보도' 폄하…겉과 속 다른 언론 제도

한국의 언론 제도는 겉으로는 정치적 독립성을 강하게 추구하는 것처럼 보인다. 선거법은 일정한 기간 전에 사퇴하지 않은 언론인의 공직 선거 출마를 금지한다. 참정권과 직업선택의 자유라는 헌법적 권리를 제한받는 순수한 민간인은 사실상 언론인뿐이다. 일부 언론사는 법으로 허용된 정당 가입을 금지하는 규정을 두고 있다. 그런 규정이 없어도 언론인은 대체로 정당 가입을 부적절한 일로 생각한다. 기자에게 '어느 당 당원이냐'고 물어보는 것은 매우 도발적인 질문이다. 언론인이라면 정치와 거리를 두어야 한다는 것은 상식에 속한다.

그럼, 한국 언론은 실제로 정치적으로 독립적이거나 중립적인가? 그렇다고 답할 사람은 많지 않을 것이다. 한국 언론 중에서 제대로 정치적 독립성을 지키려고 노력하는 곳은 한 손에 꼽을 정도에 불과하다. 소비자와 학자들의 정치적 독립성에 대한 인식도 마찬가지다. 언론이 정치적으로 중립을 추구하는 것은 무책임하거나 옳지 않은 일이라고 생각하는 사람조차 있을 정도다. '중립적, 객관적 보도'라는 말은 종종 기계적이고 어정쩡한 보도라는 뜻으로도 쓰인다. 권력자의 분명한 잘못조차 외면하거나, 사실을 명확하게 밝히는 대신 양쪽의 주장만 똑같이 전달하는 것을 중립적, 객관적 보도인 것처럼 포장하던 시절이 있었기 때문이다.

다음 질문으로 가보자. 언론이 정치적 편향성, 즉 정파성을 띠는 것은 옳은가? 정치적 견해가 같거나, 추구하는 가치가 같은 사람만 시청자나 독자로 삼겠다고 선언한 주요 언론사는 없다. 언론윤리 강령을 공개해놓은 언론사는 모두 공정성이나 독립성을 언급한다. 사회 전체의 이익을 위하는 것이 언론의 바른 모습이라는 데 이견을 제시할 사람도 없다. 언론이 공익을 추구해야 한다는 것은 기본적인 윤리적 의무이기 때문이다.

그런데도 언론이 정치적 편향성을 드러내는 이유는 무엇일까? 여기에는 제도적 측면과 문화적, 사회적 측면이 함께 작동한다. 참정권까지 제한하면서 언론과 정치 사이에 벽을 세우려는 겉모습과 달리 언론을 둘러싼 다양한 제도는 정치적 입김이 여지없이 관철되도록 설계돼 있다. 제2부에서 자세히 살펴보겠지만, 방송통신위원회와 방송통신심의위원회는 구성부터 대단히 정치적이다. 공영 언론사 감독기구의 이사진도 여야가 일정 비율로 구성한다. 한국언론진흥재단은 아예 정부 통제 아래 있고, 언론중재위원을 뽑을 때 대선 캠프 경력이 거론되기도 한다.

특이한 것은 여권은 물론 야권도 일정 비율로 이런 자리 배분에 참여한다는 점이다. 언론인이나 관련 단체 출신 인사들이 정치권을 통해 언론 관련 자리를 맡는다. 선거 기여도에 따라 자리를 나눠주는, 일종의 엽관제와 유사한 방식이다. 여야에게 정해진 비율의 지분이 있어서 선거에서 지는 쪽도 일정한 몫이 보장된다. 관련 분야의 공기업 감사 정도가 아니라, 아예 공적 기구를 정치적으로 구성하는 것이다. 이런 틀은 어느 정권에서도 바뀌지 않는다.

문화적, 사회적 측면도 마찬가지다. 언론계 내부에서 정치적 독립성은 제대로 존중받지 못한다. 한국의 상당수 언론인은 정치적 독립성을 자신들의 정치적 자유로 해석한다. 자기가 추구하는 정치적 이념이 정의롭다고 생각할수록 그런 경향이 강해진다. 그런 사람들은 자신의 정치적 성향을 굳이 숨기지도 않는다. 한국 언론에서 정치적 후견주의나 정치 병행성은 은밀하게 작동하지 않는다. 정치권으로 진출해서 오히려 언론을 압박하는 데 앞장서는 언론인들, 시민단체를 표방하는 다양한 정치 성향의 단체, 공영방송에 있는 다양한 성향의 노동조합만 봐도 언론을 둘러싼 정치적 후견주의가 얼마나 탄탄하게 구축돼 있는지 잘 드러난다. 언론은 한국 정치에서 매우 중요한 집권 수단이고, 정치적 권력 다툼이 벌어지는 현장인 셈이다. 한국에서 정치와 언론은 '정치 언론'이거나 '언론 정치'라는 언론학자 조항제의 말처럼 언론은 정치 과정에 너무 깊숙이 들어가 있다.[1]

| 언론 독립성에 대한 이중 기준과 '정파적 언론 생태계'

언론인들의 정치적 독립성에 대한 인식은 이중적으로 발현되는 경향이 있다. 기자가 "대통령님 파이팅!"이라고 외치는 것이 잘못이라는 것을 의심하는 기자는 없다. 하지만 SNS에서 정치적 발언이나 특정인에 대한 지지나 비난 발언을 하는 것은 잘못이라고 생각하지 않는 사람이 의외로 많다. 자신이 정의로운 일을 하고 있다는 확신에 빠져서 다른 생각을 가진 사람이나 단체 등을 공개적으로 비난하는 언론인도 있다.

한국의 언론사들은 SNS에서 적극적인 정치적 발언을 일삼는 언론인을 사실상 방임한다. 기사를 쓰거나 프로그램을 진행할 때만 균형을 지키면 되지 않느냐는 주장도 있다. 언론인이 소속 언론사가 아닌 정파적인 유튜브 채널 등에 출연해 자극적인 발언을 공개적으로 해도 문제 삼지 않는다. 언론인이 이렇게 사실상 정치적 활동을 하는 것을 관대하게 보는 이유는 무엇일까?

언론인이 정치권으로 옮겨가면 정색하고 비판 성명을 내면서, 정작 현직 언론인이 공개적인 정치적 활동을 하는 것을 비판하는 모습은 찾아보기 어렵다는 것은 매우 특이한 부분이다. 어떤 의미에서는 한국에서 언론인은 구체적인 정치 과정에도 참여하고 사회 운동도 한다. 언론인이 관찰자, 감시자가 아니라 직접 선수로 뛰는 것을 주저하지 않는 것이다. 언론학자 강명구가 말한 것처럼 "스스로 게임을 하면서 중계까지 하는 형국"인 셈이다.[2]

언론인들의 이런 정치화는 목소리 큰 소비자들의 박수로 완성된다. 재미없고 균형 잡힌 콘텐츠에 비해 속을 시원하게 뚫어주는 이른바 '사이다' 콘텐츠에 소비자들은 열광한다. 좌우를 불문한 쓴소리로 유명한 언론학자 강준만이 '해장국 언론'이라고 불렀던 바로 그것이다.[3] 이들은 SNS에 시원시원한 주장을 올리는 언론인에게 환호한다. 불편한 기사를 쓰는 기자들은 오히려 기레기로 지목되고 신상이 털리기도 한다. 언론을 자기편으로 만들려는 활동이 '비판적 소비'로 둔갑하는 지점이다.

이제는 소비자들도 그저 '비판적 소비'만 하지는 않는다. 이미 언론인 듯 언론이 아닌 매체가 우후죽순처럼 생겨났다. 사실 취재를 바탕으로 한 저널리즘 관행을 거부하는 이 매체 가운데 상당한 경제적 성공을 거둔 곳도 나타났다. 소비자들은 정파적 입맛에 맞는 언론을 지지하고 반대편을 공격한다. 일정한 집단을 구독자로 확보하면 상당한 수익이 자동으로 따라온다. 이렇게 생산자, 소비자, 정치권력의 협업 속에 '정파적 언론 생태계'가 완성된다.

| '좋은 정파성'과 '나쁜 정파성'을 구별할 것인가?

정파성 문제는 학계에서도 뜨거운 쟁점 가운데 하나다. 한국 언론의 정파성 문제를 지적하는 논문은 이미 적지 않게 나와 있다. 다양한 사안들에서 정파성이 어떻게 전체적인 보도를 왜곡하고 있는지를 보여주는 연구도 계속 나오고 있다. 쟁점 사안을 각각의 정치적 입장에 기반한 이른바 '프레임'에 따라 보도하는 문제를 실증적으로 연구한 것도 있다.

주한미군이 경북 성주에 배치한 '사드'의 안전성 문제처럼 다양한 외교, 안보 이슈들도 정파적 보도의 대상이 됐다. 조금만 인터넷을 검색해보면 정파적 입장에 따라 쟁점 사안을 언론이 얼마나 다르게 보도했는지에 대한 연구들이 나온다. 국민의 관심이 집중되는 사안인만큼 정치적 파급력이 그만큼 크기 때문이다. 하지만 이런 사후적인 분석은 큰 의미가 없다. 이미 그런 보도는 나름의 효과를 발휘한 뒤이기 때문이다. 더구나 정파적 보도를 한 언론사나 열광적인 지지자들은 이런 연구를 보지 않는다.

이런 연구를 보면 한국 언론에서 정파성이 매우 큰 문제를 일으키고 있다는 점에는 일정한 공감대가 형성되어 있는 것으로 보인다. 하지만 그렇게 간단한 문제는 아니다.

원로 언론학자 김영욱은 다양성은 민주주의 사회와 언론의 중요한 덕목으로, 정파성 자체가 반드시 나쁜 것은 아니라고 주장한다. 어차피 '중립성'이 허구에 불과한 것이라면 각자 정파적으로 서로 다른 목소리를 내서 사회 전체적으로 다양성을 유지하는 것이 더 현실적이라는 말이다. 정파적이면서 동시에 객관적인 저널리즘이 가능하다고 주장하기도 한다. 객관적이면서 동시에 특정한 세계관이나 정치적 지향을 추구하는 사례로 〈뉴욕타임스〉 등 세계적으로 유명한 몇몇 언론사들을 제시하기도 한다.[4]

이렇게 말할 때의 정파성은 김영욱이 정의하듯이 "가치, 경험, 지식, 사회 내에서의 자신의 위치에 대한 고려를 통해 형성된 사회구조와 그에 영향을 미치는 공공 사안에 대한 상대적으로 일관된 입장과 태도"이다. 정파성을 이렇게 정의한다면 이는 불편부당한 태도를 가진 언론에서도 나타날 수 있다. 모든 언론은 각자 추구하는 가치와 목적이 있다. 이런 가치와 목적에 따른 의견을 내세우는 것을 막으면 표현의 자유라는 헌법적 가치를 부정하는 것이다.

정파적 언론으로 지목되는 언론사나 언론인들은 종종 이런 원칙적 주장을 자신들의 정파적 행태를 변호하기 위해 동원한다. 하지만 이런 원칙적인 주장이 지금과 같은 한국의 정파적 언론을 정당화하는 근거는 되지 못한다. 지금 한국에서 나타나는 정파성은 이런 '의견의 다양성' 수준을 훨씬 뛰어넘었기 때문이다. 어떤 가치에 기반한 '일관된 입장과 태도'가 아니라 오로지 진영적 이해관계에 따른 공방만 존재하기 때문이다. 이런 상황에서 여러 조건을 걸고 '정파성 자체가 문제는 아니'라고 하는 것은 자칫 한국 언론을 병들게 하는 심각한 문제를 마치 아무것도 아닌 것처럼 오해하게 만들 수 있다.

언론이 어떤 가치를 추구하는 '일관된 정파적 성향'을 가질 수 있다는 것과, 특정 언론이 주요 쟁점 사안마다 특정한 정치적 이해관계를 중심으로, 때로는 사실관계마저 왜곡하며 잘못된 보도를 일삼는 '정파적 언론'인 것은 완전히 다르다. 많은 이들이 지적하는 언론의 정파성 문제는 바로 이런 것을 말한다. 순수한 정파성 개념을 옹호하는 김영욱도 언론사가 특정 사안을 어떤 비중으로 보도할 것인지, 또 어떤 측면에 초점을 맞출 것인지를 결정하는 데 해당 언론사의 '정파적 경향성'이 작용하는 수준을 넘어서는 것은 정당하지 않다고 지적한다.

예를 들어 어떤 사안을 보도하면서 상식적으로 볼 때 기본적으로 포함해야 할 사실을 정파적 이유로 누락시키는 것은 사건의 실체를 전해야 한다는 진실성 원칙에 어긋난다. 정파적 이유로 사실을 다르게 제시하거나 인과관계 등 사실관계를 충분한 근거 없이 함부로 단정하는 것도 마찬가지다. 정파적 목적을 위해 특정한 방향의 진술을 누락시켜 이를 접한 사람의 오해를 유발하는 것도 정당하지 않다.[5] 바로 이런 보도들이 우리 사회에서 비난받을 수준에 이른 정파적 보도로 지목되는 것들이다. 앞서 강준만이 '해장국 언론'이라고 한 바로 그런 것들이다.

언론 보도는 필연적으로 어느 정도의 오류를 담고 있을 수밖에 없다. 아무리 3심까지 재판을 해도 엉뚱한 사람을 죄인으로 만드는 오심이 나온다. 강제 수사권도 없는 언론 보도에서 사소한 오류는 불가피하다. 그래서 우리는 보도의 중요한 부분이 잘못되지 않았다면 사소한 문제가 좀 있어도 통째로 오보라고 하지 않는다. 중요한 부분이 틀렸어도 합리적 노력을 다한 끝에 나온 오보라면 법적 책임은 묻지 않는다. 제대로 확인하려고 노력하지 않아서 중요한 부분이 틀린 보도에 대해서만 책임을 묻는다. 그렇다고 어차피 완벽한 보도는 불가피하다며 오보를 옹호하거나, 오보에도 좋은 오보와 나쁜 오보가 있다고 주장하지는 않는다.

정파성 문제도 마찬가지다. 학문적 영역에서 정파성의 개념을 뿌리 깊숙이 파고 들어가 연구하거나 분류하는 등의 연구를 하는 것은 학문적 자유의 영역이다. 그런데 누군가 위에서 언급한 것처럼 한국 언론의 정파성으로 빚어진 심각한 문제를 지적할 때 '원래 언론의 정파성 자체가 나쁜 것이 아니라 나쁜 정파성이 문제'라고 하는 것의 위험성을 유념할 필요가 있다. 정말 정파적으로 문제가 많은 보도를 일삼는 언론사와 언론인들이 이런 말을 자신들의 행태를 정당화하는 수단으로 사용하기 때문이다. 불편부당성, 진실성, 균형성 같은 중요한 저널리즘의 가치들을 사정없이 짓밟는 것이 바로 정파성이기 때문이다.

정파성이 불러온 한국 사회 소통의 위기

| 공론장 위협받는 사회…진보적 사실과 보수적 사실이 따로 있나?

한국 언론의 정파성 때문에 생기는 가장 큰 문제는 한국 사회에서 공적인 논의의 전제가 되는 사실 확인이 어려워졌다는 것이다. 어느 한 언론만 봐서는 도대체 객관적인 사실이 무엇인지 파악하기 어려운 상태가 됐기 때문이다. 물론 갑자기 벌어진 상황은 아니다. 쏠리지 않은 시각을 가진 것으로 평가받는 언론학자 이재경이 언론재단 세미나에서 "과연 이 세상에 '진보적 사실'이 따로 있고 '보수적 사실'이 따로 존재한다는 말인가"라고 지적한 지도 20년이 다 됐다.[6] 언론사들 사이의 정파적 대립이 격화되면서 언론학계에서 사회적 소통의 문제를 본격적으로 언급하기 시작한 것도 이 무렵부터다. 옆을 볼 수 없도록 눈을 가린 경주마처럼, 자기가 원하는 쪽의 말만 듣고 믿는 상황이 됐기 때문이다.

언론학자 강명구는 당시 상황에 대해 "매일매일 쏟아지는 뉴스를 보고 있으면 현실의 전체 모습, 내가 살고 있는 한국 사회가 어디로 가고 있는지 점점 더 알 수 없다는 판단이 들었다"며, 더 이상 신문과 방송을 때맞춰 보지 않게 됐다고 했다.[7] 강명구는 이런 경향이 김대중 정권 이후 계속된 몇몇 보수 성향 신문들과 정부의 대립, 2002년 대선과 노무현 대통령 탄핵정국을 거치며 극심해졌다고 지적했다.

민주주의라는 제도가 제대로 작동하려면 시민들이 세상이 어떻게 돌아가는지 제대로 알아야 한다. 민주주의는 막연한 '공중'(public)이 아니라 사안을 제대로 파악하고 있는 '식견 있는 공중'(informed public)이 있어야 가능하다는 말이다. 각종 쟁점을 둘러싸고 정치적 대립이나 정서적 갈등을 부채질하는 보도만 계속되면 사람들은 믿을 만한 것이 무엇인지 도저히 파악할 수가 없게 된다. 강명구가 말한 것처럼 '그렇게 좋은 자질을 갖춘 기자들이 수백 명씩 일하는 신문들이 가장 진실하지 않은 방법으로 자신들의 진실을 만들어 내는 상황'이 계속되는 것이다.

냉정하게 말하면 이것은 언론 소비자를 상대로 일종의 심리전을 펼치는 것이나 마찬가지다. 이런 심리전에 속아 넘어가든, 이런 행태에 염증을 느껴 아예 언론과 정치로부터 멀어지든, 피해자가 되기는 마찬가지다. 그래서 '언론의 위기'는 '공론장의 위기'이고, 이는 바로 '민주주의의 위기'인 것이다.

| '언론의 위기' 즐기는 사람들…언론이 제자리 돌아가야

이런 상태를 즐기는 사람도 있다. 어차피 사실이 무엇인지 일반 국민은 알기도 어려우니 자신에게 불리한 보도가 나오면 무조건 '가짜뉴스'라고 역공을 펼치고, 엉터리 주장을 반복해서 사람들을 믿게 만들면 그만이라는 자들이다. 나쁜 의미에서의 프로파간다가 현실에서 통하기 때문이다. 히틀러에게 발탁돼 마지막까지 프로파간다를 맡았던 괴벨스는 "거짓도 천 번 말하면 진실이 된다"고 했다고 한다. 지금도 이런 짓을 할 수 있는 사람들은 손쉽게 권력을 얻고 돈을 버는데, 국가 운영이 이런 엉터리 주장에 휘둘리면 피해는 모든 사람에게 간다. 하지만 히틀러와 괴벨스가 보여주듯, 거짓으로 쌓아 올린 세계는 언젠가는 무너지며 그것을 만든 사람들도 파멸시킨다.

　이 문제를 해결하기 위해서는 정파적 언론 생태계를 구성하는 모든 주체에게 각자의 합당한 역할이 있다. 언론은 사실성과 공익성이라는 원래의 자리로 돌아가면 된다. 정치는 언론을 자신의 권력 획득을 위한 수단으로 도구화하는 것을 멈춰야 한다. 소비자들은 정파적 언론을 차분하게 가려내고, 언론을 정치가 아니라 정보를 얻고 공적 논의를 하는 수단으로 사용하면 된다. 그렇게 하면 언론이 제자리로 돌아갈 수 있는 환경이 만들어진다.

　언론이 제자리로 돌아가기 위해서는 언론과 언론인이 제 역할을 하는 것이 제일 먼저다. 이를 위해서는 비록 일부이긴 하지만 강성인 정파적 언론인들이 전체 언론과 사회에 미치는 해악을 언론계 전체가 명확하게 인식하고 대책을 모색하는 것이 출발점이 되겠다. 아무리 좋은 가치를 추구한다고 하더라도 그래도 언론이라고 하려면 저널리즘 원칙과 방법론을 따라야지, 사실상 정치 활동을 해서는 안 된다는 점을 분명히 하는 것이 중요하다. 이런 문제를 함께 논의하고 관리할 자율규제 장치를 만든다면 이런 논의가 일상적으로 이루어질 수 있을 것이다. 이를 통해 언론인 사회에서 윤리적 실천의 수준을 한 단계 끌어올릴 수도 있겠다. 그렇게 된다면 정파적 언론이 사회 전반에 끼치는 해악을 조금씩 줄일 수 있을 것이다.

정치는 언론을 정권 홍보 수단으로 삼기 위한 제도적 장치들을 버리는 것이 필요하다. 여야 대리전을 벌이도록 만들어진 언론 제도를 바로잡는 결단을 내려야 가능한 일이다. 지금의 문제적 상태에 누가 더 책임이 큰지를 놓고 싸우는 것은 큰 의미가 없다. 중요한 것은 당장 눈앞에 있는 문제를 고치는 것이다. 공영방송을 포함해서 언론을 제도적으로 장악하고 최대한 유리한 언론환경을 만들기 위해 여야가 벌여왔던 일들을 생각하면 누가 더 잘났다는 주장은 별 의미가 없다.

소비자들에게도 책임이 있다. '깨어 있는 언론 소비'가 많은 경우 '언론 자기편 만들기'에 불과하다는 점을 정말 모르고 있을까? 이런 행태는 언론의 극단적 정파화를 부르고, 결국은 사회 전체를 망가뜨린다는 사실을 외면하면 곤란하다. 물론 소비자 운동을 빙

자해 언론을 특정한 방향으로 끌고 가려는 행태에 많은 사람들이 익숙해져 있다. 진정한 언론 소비자 교육, 제대로 된 뉴스 리터러시 교육이 필요한 이유다. 기본적으로 사실이 존중받지 못하는 사회에서는 건강한 공론장이 형성될 수 없다. 정치 진영들이 언론을 자기편으로 만들려는 전략에 언론 소비자들이 현혹되어서는 안 된다.

윤석열 정부에서 군사작전하듯 벌이고 있는 방송 관련 인적 교체 시도를 놓고 '공영방송 장악 시도'라는 비판과 '방송 바로 세우기'라는 반박이 존재한다. 하나의 사안을 놓고 사람들의 평가는 하늘과 땅만큼이나 큰 차이를 보인다. 이렇게 갈린 두 생각이 합쳐지기는 쉽지 않을 것이다. 하지만 영 불가능한 것은 아니다. 한 번씩 상대방의 자리로 가서 상황을 바라보는 것만으로도 많은 것을 바꿀 수 있다. 지금 벌어지는 일을 비판하는 사람이나 옹호하는 사람은 모두 문재인 대통령 때 공영방송 사장 등을 둘러싸고 벌어졌던 일과 이명박 대통령 때 벌어졌던 일들을 생각해보길 바란다. 이들 사이에 어떤 공통점과 차이점이 있는지 차분히 생각해보면 문제가 의외로 쉽게 보일 수 있다.

| 정치병행성과 정치적 후견주의…언론이 선수가 되면 안 돼

이 책을 쓰는 이유도 바로 그것이다. 도대체 한국에서 지금 언론을 둘러싸고 어떤 일이 벌어지고 있는지, 얼마나 정파적 언론관이 사회에 깊게 뿌리박혀 있는지, 특정 진영의 유불리를 떠나 생각해

볼 때가 됐기 때문이다. 자신이 정의로운 일을 한다는 확신에 빠져 특정 정파의 행동대 역할을 하는 언론인과 소비자, 언론 관련 단체들은 도대체 언론은 본질적으로 무엇이어야 하는지, 자신들이 무슨 일을 하고 있는지 돌아볼 필요가 있다. 너무나 간명하게 자신과 상대방을 선과 악으로 구분하는 사람들은 더욱 그렇다.

어떤 언론은 줄기차게 특정한 성향의 정부가 하는 일을 비판하고 공격한다. 또 다른 언론은 이런 비판과 공격에 맞서 특정 성향의 정부를 옹호한다. 언론의 기본적인 사명은 권력을 감시하고, 사회적 의사 결정에 필요한 정보를 제공하는 것이다. 그런데 권력 감시 기능이 특정 성향의 정부에 대해서만 작동한다면 그것은 사실상 특정 정치 진영의 대리인과 같은 역할을 수행하는 것이라고 볼 수 있다. 언론과 정치가 사실상 한편이 되어 실질적으로 한 몸처럼 움직이는 행태를 학자들은 '언론과 정치의 병행성'이라고 한다. 대신에 언론이 정치권력의 수족이 되어서 권력이 시키는 대로 움직이고 자리나 이권을 보장받는 행태를 '정치적 후견주의'라고 한다.[8]

한국 언론의 유별난 정파성을 정치병행성으로 보는 학자들은 이런 경향이 본격화된 계기를 '1987년 체제'라고 부르는 민주화 과정에서 찾는다. 언론이 민주화 과정에서 큰 사회적 권력을 인정받으면서 현실 정치에 실질적인 영향력을 갖게 되었다는 것이다. 여기에 1997년 김대중 대통령 당선을 통해 보수에서 진보로 정권교체가 이루어지자, 언론이 본격적으로 보수와 진보로 나뉘어 각자 대리하는 정치권력과 공조 관계를 유지하면서 권력 투쟁의 대

리인 역할을 하고 있다는 것이다.⁹

신문과 방송의 매체별 차이를 강조하는 견해도 있다. 신문의 경우는 아무래도 '의견 비즈니스' 측면이 강해서 자신의 정치적 입장을 내세울 뿐만 아니라 심지어 정치를 특정 방향으로 끌고 가려는 경향까지 보인다는 점에서 정치병행성이 더 도드라진다. 명확하게 보수 신문과 진보 신문을 구분하는 우리 사회 분위기를 봐도 알 수 있는 대목이다. 하지만 재허가 등을 통해 강한 정부 규제를 받는 방송, 특히 정부가 사장 선임을 좌우할 수 있는 공영방송은 오히려 정치권력의 영향을 강하게 받는다는 측면에서 후견주의적 경향이 더 도드라진다는 주장이다.¹⁰

하지만 언론 산업 전반의 취약한 경제적 구조, 방송사 구성원들 사이의 정치적 갈등 구조 등을 보면 정치병행성과 후견주의를 매체별로 명쾌하게 구분하기는 쉽지 않다. 중요한 것은 정치와 언론이 거리를 유지하지 못하고 제대로 된 역할을 하지 못하는 현실이다. 언론인들이 자신의 정치적 성향을 언론 활동 속에서 드러내거나, 혹은 사실상 언론 활동과 정치 활동이 구분되지 않을 정도로 특정 정파와 공조하는 현상을 나타내는 것은 언론과 정치의 병행성을 드러내는 징표다. 동시에 이런 관계의 중심에 정치권력이 자리잡고 있다는 점에서 이를 정치적 후견주의라는 틀에서 이해하는 것이 간명할 수도 있다.

강명구는 한국 언론의 정파성과 관련해 지금은 "축구중계를 해야 할 언론이 선수들의 경기가 마음에 들지 않는다고 경기장 안으로 들어갔고, 스스로 게임을 하면서 중계까지 하는 형국"이라고 지적했다. 기자의 소임은 정치게임의 선수로 뛰는 게 아니라 중계를 하는 것인데도, 아예 자기가 선수인 줄 알고 경기에 참여하고 있다는 것이다. 이런 것을 특정한 가치를 추구하는 행위로 포장하기도 하지만 이것은 언론의 기본 역할을 벗어나 "정치게임의 당사자로 정당정치에 직접 개입하는 것"일 뿐이라고 지적한다.[11]

| 민낯 드러낸 언론 정파성 문제…본질을 성찰할 기회

인터넷 시대를 맞아 다양한 매체가 등장하면서 언론과 언론이 아닌 것의 경계도 느슨해지고, 이른바 전통 매체들도 온라인 조회 수 등에 목을 매야 하는 상황이 되면서 기본적인 언론의 품위도 바닥에 떨어졌다. 이런 상황에서 언론은 한편으로는 정파적 편가르기의 도구로 전락하고, 한편으로는 흔히 '가짜뉴스'라고 불리는 허위조작정보를 이유로 개혁 대상으로 공격당하고 있다. 심지어 언론들끼리 상대 진영을 개혁 대상으로 지목하며 규제 강화를 주장하기도 한다. 언론에 대한 규제가 강화되면 결국 자신도 그 대상이 된다는 점은 잊어버리는 것 같다.

  한국 언론의 정파성은 그냥 정치성이 짙은 몇몇 언론인의 문제가 아니다. 다시 말하지만 우리는 한국 언론의 정파성이 얼마나 광범위하고 깊게 구조화되어 있는지를 직시해야 한다. 그래야만 해결책을 고민해볼 수 있다. 우리가 언론 문제에 대해서 얼마나 이중적인 잣대를 적용하고 있는지도 깨달을 필요가 있다. 언론인들이 정의와 역사를 앞세우며 확신에 가득 찬 주장을 하는 모습은 작은 사실 하나에도 회의적으로 접근하고 근거를 따져야 하는 언론인의 본래 모습과는 거리가 멀다. 권력에 대한 비판적 감시가 특정 진영을 향해서만 작동하고, 심지어 언론사 차원에서 팩트체크를 특정 진영에 대해서만 하겠다며 당당하게 정파성을 드러내도 되는 것이 지금 한국 언론계의 상황이다. 특정 진영을 악마화하는 정파적 자세를 역사의식을 가진 정의로운 언론인의 태도로 생각하는 문화를 바꾸는 것이 디지털 혁신보다 더 시급한 과제이다.

이 문제를 한칼에 해결할 방도는 없다. 하지만 이 문제를 지금이라도 테이블에 올리고 진지한 논의를 시작하는 것만으로도 많은 것을 고칠 수 있다. 그런 면에서 2023년 언론판에서 벌어진 너무나 많은 황당한 일들도 너무 부정적으로만 볼 일은 아니다. 한국 사회가 이 문제를 본격적으로 논의할 수 있는 계기가 될 수 있기 때문이다. '방송 바로 세우기'를 명분으로 내걸고 이미 방송의 독립성과 관련해 많은 문제를 일으켰던 사람들이 줄줄이 무대에 오르는 기이한 현상이 벌어지고 있다. 정파적이거나 부실한 보도라고 행정적 조치도 모자라 형사처벌을 전제로 한 수사를 벌이는 행태도 어느 정권에서든 정상은 아니다. 방송의 독립성에 대해 아무런 일도 하지 않던 사람들이 정권이 바뀌자마자 방송 독립을 목소리 높여 외치는 모습도 기이하기는 마찬가지다.

윤석열 정부가 쏘아 올린
'방송장악 시즌2' 논란

| 방송통신위원장 면직으로 시작된 도미노 게임

정치병행성이든 정치적 후견주의든, 언론과 정치의 깊은 관계는 현재형일 뿐만 아니라 점점 복잡성을 더해간다. 윤석열 정부의 '가짜뉴스'와의 전쟁이 문재인 정부와 연결된다면, 방송을 놓고 벌이는 일들은 이명박 정부와 닿아있다. '가짜뉴스와의 전쟁 시즌 2'와 '방송장악 시즌 2'가 동시에 벌어지는 셈이다.

윤석열 대통령이 취임할 때 방송통신위원장은 한상혁이었다. 문재인 정부에서 '가짜뉴스 대응' 문제 등을 놓고 정권과 관계가 불편해지자 자진 사퇴한 이효성 위원장 후임이다. 이 위원장의 잔여 임기 1년을 채운 뒤 2020년 8월 초 연임했다. 따라서 한 위원장의 임기는 2023년 7월 말까지였다. 윤석열 정부는 한 위원장의 국무회의 참석을 막았다. 방송통신위원회 설치법에는 위원장이 국무회의에 참석할 수 있도록 규정돼 있다. 하지만 논의할 사안이 없다며 부르지 않았다. 누가 봐도 사퇴 압박이었다.

2022년 6월부터는 감사원이 방통위에 대한 감사를 시작했고, 감사 결과를 넘겨받은 검찰은 2023년 3월 한 위원장에 대해 구속 영장을 청구한다. 영장이 기각되자 검찰은 한 위원장을 불구속 기소한다. 인사혁신처는 기소를 이유로 대통령에게 면직안을 올리고 대통령이 이를 재가한다. 2023년 5월 말, 임기를 불과 두 달 정도 남겨놓은 시점이었다.

윤석열 정부는 한상혁 위원장을 면직한 뒤에 후임 임명 절차를 서두르지 않았다. 먼저 윤 대통령은 민주당 추천으로 국회가 상임위원 후보로 의결한 최민희 전 의원을 자격 문제 등을 제기하며 방통위원으로 임명하지 않았다. 야당 몫 상임위원이 임기를 마쳤는데도 후임이 임명되지 않으면서 기존에 야권 3명에 여권 2명이던 여소야대 구조가 여야 2명씩이 됐다.

여기에 전임 대통령이 지명한 위원장을 면직함으로써 정원 5명인 방통위에 상임위원 3명만 남았고, 이제 여야 2대 1로 뒤집어졌다. 위원장 면직과 최민희 후보 임명 거부로 여대야소 구조를 만든 것이다. 최민희를 위원으로 임명했더라면 한상혁을 면직했어도 인사청문회 등을 거쳐 새 위원장이 취임할 때까지 여야 2대 2 구조가 되어 아무것도 할 수 없게 되었을 것이다.

방통위가 여대야소로 바뀌자마자 몰아치기가 시작된다. 전기요금과 통합해 징수하던 TV 수신료를 전기요금에서 분리해 징수하도록 대통령령을 고치는 안건을 의결해 국무회의로 올렸고, KBS 이사장 면직안 제청, 방송문화진흥회 이사장 면직 등을 일사천리로 해치웠다. 핵심 목표는 KBS와 MBC였던 셈이다.

| 공영방송과 줄곧 갈등 빚은 윤석열 정부

언론의 독립성과 언론의 자유를 지지한다던 윤석열 정부는 왜 공

영방송을 표적으로 삼았을까? 검찰총장이 될 때까지만 해도 윤 대통령과 공영방송의 관계는 나쁘지 않았다. 그는 박근혜 정부에 대한 이른바 '적폐 수사'를 박영수 특별검사의 수사팀장으로서, 그리고 정권 출범 이후엔 서울중앙지검장으로서 지휘했다. 줄곧 주요 방송들의 암묵적 지원을 받았다. 검찰총장이 되는 과정도 마찬가지였다. 상황이 급반전한 건 조국 전 법무부 장관에 대한 수사를 시작하고서였다.

윤석열 신임 검찰총장이 조 전 장관 수사로 문재인 대통령과 대립각을 형성하면서 분위기는 완전히 달라졌다. MBC는 서울 서초동 대검찰청 앞에서 벌어진 이른바 '검찰개혁' 집회에 드론까지 띄워가면서 분위기를 고조시켰다. 조 전 장관과 문재인 정부가 추진했던 검찰 수사권 축소에 힘을 실으며 윤 총장과 검찰을 개혁 대상으로 몰아붙였다. 윤 총장의 최측근이던 한동훈 검사장과 채널A 기자 사이의 '검언유착' 의혹을 공격적으로 제기한 것도 MBC였다. 다른 언론사 기자의 취재 과정을 몰래카메라로 촬영해 집중 보도했다.

대선 과정에서도 마찬가지였다. 인터넷매체인 '서울의소리' 기자가 장기간에 걸쳐 몰래 녹음한 김건희 여사와의 대화 녹음을 통째로 방송에 공개했고, 〈PD수첩〉은 김건희 여사의 학위 논문 표절 의혹을 다루면서 아무 표시 없이 대역을 등장시키기도 했다. 대통령 취임 이후에도 갈등은 계속됐다. 미국 방문 과정에서 윤 대통령이 수행원에게 한 비속어 발언을 최초로 보도하면서 단정적인 자막을 썼다는 논란이 일었고, 대통령의 출근길 약식 회견에서는 출입기자의 질문 태도를 놓고 충돌이 벌어졌다. 급기야 대통령의 약식 회견이 중단됐고, 해외 순방에서 MBC 기자의 전용기 탑승을 배제하는 상황까지 갔다.

KBS도 '검언유착' 의혹으로 전 채널A 기자가 구속된 직후, 한동훈 검사장과 채널A 기자가 총선 등을 고려해 보도 시기를 논의했다는 오보 등으로 갈등의 골이 패였다. 보도는 곧바로 사실과 다른 것으로 드러나 정정보도를 했다. KBS의 몇몇 시사 프로그램과 진행자가 검찰이나 윤 대통령에 대해 매우 비판적인 태도를 보인 것도 윤 정부의 KBS에 대한 시각에 영향을 미쳤을 것이다.

윤석열 정부 관계자들은 공영방송들이 문재인 정부와 정치적 기조를 같이하는 방송을 했다는 인식을 공공연히 드러냈다. 공영방송인 TBS에서는 김어준이 장기간에 걸쳐서 민주당 편향 논란을 빚은 방송을 했다. 이렇게 형성된 윤석열 정부의 공영방송에 대한 적대적 인식이 2023년 중반부터 대대적인 물갈이 시도로 나타난 셈이다. 면죄부가 될 수 있는 것은 아니지만 이 사안을 살펴보면서 이런 맥락을 빼놓아서도 안 된다.

| 이명박 정부 데자뷰…반복되는 '방송장악론'

잠시 이명박 정부 초기로 돌아가 보자. 2008년 1월은 이명박 대통령 당선인의 인수위가 언론사 간부들에 대한 성향 조사를 지시했다는 논란으로 시작했다. 인수위 사무실 앞에서는 언론단체와 주요 언론사 노조위원장 등의 규탄 기자회견과 릴레이 1인 시위

가 벌어졌다.[12] 인수위에 전문위원으로 파견된 문화관광부 국장이 주요 언론사 간부들의 신상 정보와 성향을 파악하라고 문화부 직원에게 지시하고, 그 지시가 한국언론진흥재단으로 건너간 것이 드러났기 때문이다. 문제의 전문위원은 바로 인수위에서 쫓겨났고, 이명박 당선인이 유감을 표명하는 것으로 마무리됐다.[13]

이명박 당선인은 이미 'BBK 사건' 등으로 당내 경선은 물론 대선 본선 과정에서도 이른바 진보 언론들로부터 집중 포화를 받았다. 워낙 대선 구도가 일방적이어서 그런 와중에도 손쉬운 승리를 거뒀다. 득표율을 보면 이명박 후보 48.7%, 정동영 후보 26.2%였다. 3위를 한 무소속 이회창 후보 15.1%로, 2위와 3위를 합쳐도 41.3%에 불과했다. 압도적 승리였다.

하지만 선거 기간 내내 자신을 공격한 공영방송에 대한 감정이 좋을 리가 없었다. KBS는 물론 〈한겨레〉, 〈경향신문〉도 비판적 보도를 많이 했지만 MBC의 공격은 특히 집요했다. 이 때문에 한나라당 관계자들은 생방송 예정이던 MBC 〈100분 토론〉 참여를 거부해 방송을 취소하게 만들기도 했고, 13명의 국회의원을 MBC 본사로 보내 항의한 일도 있다. 전국언론노조 MBC본부의 발표를 보면 이명박 후보 캠프의 한 측근이 "집권하면 MBC를 민영화하겠다"고 발언하기도 했다.[14] 한참 세월이 흐른 뒤지만, 문재인 대통령 취임 뒤 구속돼 징역 17년 형을 받은 것을 생각해보면 이명박 전 대통령은 대선 기간 내내 자신의 급소를 파고드는 언론의 공세를 막아내느라 사력을 다했을 법하다. 자신은 그런 의혹들이 사실이라는 걸 누구보다 잘 알고 있었을 테니 말이다.

이명박 대통령은 취임 직후에는 〈PD수첩〉 '광우병편'의 결정타를 맞는다. 노무현 전 대통령 시절 논의가 시작된 미국산 쇠고기 수입 문제를 섣불리 처리하려던 것이 화근이 됐다. 나중에 수사와 재판을 통해 당시 '광우병편' 보도의 적지 않은 부분이 사실과 다르거나 과장된 것으로 나타났고 정정보도까지 했지만 그것은 파문이 지나고 한참 뒤의 일이었다. 다급한 정권은 〈PD수첩〉 제작진을 체포하거나 MBC 본사 압수수색을 시도하는 등 무리수를 남발했는데, 오히려 이 때문에 언론계 내에서 '광우병편'을 객관적으로 평가하고 무리한 부분을 지적할 수도 없게 됐다.

그런데, 많은 부분이 윤석열 대통령 취임 후 벌어지고 있는 일들과 유사한 면이 있지 않은가? 왜 언론과 관련해 계속 이런 상황이 반복되는 것일까?

'유리한 언론환경 만들기'와 '언론장악'의 차이

| 이명박 정권에서 일어난 공영방송 강제 접수

이명박 정권 때의 상황을 조금 더 살펴보자. 이명박 정권은 강력한 반발에 부딪히자 결국 미국산 쇠고기 수입에 관한 기존 방침을 대폭 수정하고 대국민 사과까지 했다. 하지만 그 국면을 넘어서자 곧바로 공세로 전환한다.

2008년 7월, 뉴스전문채널인 YTN에 대선 때 특보를 지낸 구본홍을 사장으로 보내 파업과 출근 저지 투쟁을 촉발한다. 구본홍 사장이 재직한 1년여 동안 5명의 기자들이 해직된다. 군사정부 이후 처음으로 이명박 정권에서 해직 언론인이 무더기로 나오는 신호탄이었다. YTN에서 해직된 5명 가운데 해고 무효 판결을 받아 복직한 2명과 달리 노종면 등 세 명은 문재인 대통령이 취임한 후인 2017년 8월이 되어서야 회사로 돌아갔다.

KBS에서는 전 정권에서 연임한 정연주 사장을 해임한다. 2008년 8월에 일어난 일이다. 먼저 사장 추천 권한이 있는 이사회에서 야권 추천인 신태섭 이사의 자격을 문제 삼아 방통위 주도로 해임하고 한나라당 성향 인물로 바꾼다. 11명으로 구성된 이사회가 여당 우위로 바뀌자마자 정연주 사장 해임안을 올리고 대통령이 바로 결재했다. 다음해 11월에 나온 1심 판결은 정 사장 해임이 무효라는 것이었다. 이미 후임 사장이 임명된 지 1년이 더 지났고, 원래 정 사장 임기는 불과 11일 남은 시점이었다. 해임 무효 판결은 받아냈지만 결국 사장직 복귀는 불발됐다. 법원이 신속하게 집행정지 결정 등을 통해 개입하지 않는 한, 정권의 실력행사에 당사자가 법적 절차에 따라 불복하는 것이 얼마나 무기력한지를 잘 보여준다.

2008년 3월 이명박 대통령 취임 직후 선임된 MBC 엄기영 사장은 2010년 2월 자진 사퇴한다. 방문진을 앞세운 이명박 정부의 퇴진 압박이 계속되자 스스로 물러나는 길을 선택한 셈이다.[15] 정권과 맞서는 대신 사퇴를 선택한 엄 사장은 이후 오히려 한나라당 공천을 받아 강원지사 선거에 나서기도 한다. 하지만 그가 떠난 MBC에서는 김재철, 김장겸 등 후임 사장들이 들어선 뒤 대대적인 파업과 해고 사태가 벌어진다. YTN에 이어 MBC에서는 반대 세력을 완전히 조직에서 내쫓으려는 수준의 비정상적인 인사가 반복됐고, 이는 정권이 바뀐 뒤에도 심각한 내부 갈등이 이어지는 불씨가 된다.

이명박 정부는 이런 공영방송이나 공적 소유인 방송에 대한 인적 교체를 넘어 언론시장 전체를 흔드는 전략도 동원했다. 방송법 등을 일방적으로 개정해 보수적 신문에 방송사업을 허용했다. 이명박 정권은 2009년 7월 22일 방송법 등을 날치기 처리한 뒤 종합편성채널 4개를 만들어주고 보도전문채널 1개도 추가 승인했다. 종편채널을 배정받은 4개의 신문은 〈조선일보〉, 〈중앙일보〉, 〈동아일보〉, 〈매일경제신문〉으로 모두 보수 성향 매체들이다.

당시 방송법 등의 날치기 처리를 막으려던 많은 언론인이 형사처벌을 받았다. 또 KBS와 MBC, YTN의 언론인들이 장기간 해직되거나 극단적인 인사 불이익을 받는 등 방송사 운영은 파행을 거듭했다. 이런 사태에 저항하던 많은 언론인이 보수 정권에 비판적 태도를 보이는 것을 '옳은 일'로 여기는 계기가 됐다. 이명박 정부 스스로는 '방송의 정상화'를 추진했다고 생각하겠지만, 폭력적이고 반 언론적인 추진 방식이 언론계 전반의 정치적 경향성 내지는 정파성을 강화한 측면을 무시하기 어렵다.

| '유리한 언론환경 조성'과 '방송장악'의 차이

이런 이명박 정부의 언론계에 대한 인위적인 개편을 아무리 '언론 정상화'라고 주장해도 사람들 눈에는 '유리한 언론환경 조성' 작업이라는 사실이 훤히 보인다. 사실 공영방송 사장을 정권이 좌우할 수 있는 제도를 보수 정권이 갑자기 만든 것은 아니다. 김대중, 노무현 대통령 시절에도 있었던 제도이고, 그때도 전문성을 무시하고 정치적 성향이 같은 사람을 사장으로 보내는 일이 여러 번 있었다. 그런 면에서 이명박 정권으로서는 다들 하던 '유리한 언론환경 만들기'를 한 것뿐인데 왜 우리에게만 '방송장악'이라고 비판하는지 이해하기 어려웠을 수도 있다.

그럼 이렇게 어느 정권에서나 하던 '유리한 언론환경 만들기'를 어떻게 2008년에는 '방송장악', '언론장악'으로 규정하고 언론노조와 산하 각 방송사 노조, 시민단체, 학계 인사 등이 힘을 모아 강력한 투쟁을 벌일 수 있었을까?

기본적으로 이명박 정권이 KBS 이사회나 방송문화진흥회를 장악하는 과정, 이를 바탕으로 공영방송 사장을 바꾸는 과정이 너무 거칠었기 때문이다. 편법과 불법을 넘나드는 기상천외한 방법으로 이사진을 바꾸고, 이해하기 어려운 이유를 내세워 사장을 바꾸는 것은 이전 정권에서는 없던 일이었다. 실제로 정연주 KBS 사장 해임이 무효라는 판결만 봐도 알 수 있다. 이런 점령군식 작전을 사람들이 정당하다고 인식하기는 어렵다. 명분은 물론 합당한 절차도 따르지 않는 이런 행동은 언론 실무자들의 폭넓은 반발을 불러올 수밖에 없었다.

비교적 젊은 방송 실무자 층이 과거 '땡전뉴스'와 같은 어두운 역사를 강요했던 보수 정권에 대해 경계심을 갖고 있다는 점도 무시하기 어렵다. 노무현 전 대통령에 대한 수사와 비극적 결말로 이어지는 일련의 과정에서 한국 사회의 정치적 갈등이 증폭되고, 그것이 고스란히 언론계로 전이된 측면도 있다. 이런 문제는 공영방송 내부 구성원들 사이의 심각한 정치적 분열과 갈등을 촉발하기도 했다.

윤석열 정부의 방송 규제기구와 공영방송에 대한 인적 물갈이도 이명박 정부 때와 판박이다. 이전 정부들에서 공영방송 이사와 사장을 무리해서 교체했다가 법원에서 무효 판결이 난 사실은 전혀 개의치 않는 모습이다. 더구나 이전에 비해 더 깊어진 언론계 내부의 정치적 갈등과 분열을 적극 활용하고 있다. 한국 언론의 정파성 문제를 지적하며 현재 공영방송들이 지나치게 정파적이라고 비판해온 언론학자 강준만조차 윤석열 정부의 방송 관련 기관들의 인적 물갈이를 "거칠다. 거칠어도 너무 거칠다"고 비판한 것도 그런 맥락에서다.[16]

윤석열 정부가 추구하는 것도 본질적으로는 '유리한 언론환경 만들기'일 것이다. '방송 정상화'라는 말을 곧이곧대로 믿을 사람은 없다. 다만 지금 상황은 '유리한 언론환경 만들기' 차원을 넘어선다고 보는 사람들이 늘고 있다. 지금처럼 방송을 거칠게 흔들다가는 강준만의 말처럼 심각한 민심의 이반을 겪을 가능성이 커진다.

| 문재인 대통령 취임 이후 일어났던 일들

탄핵소추를 피하기 위해 석 달여 만에 사퇴하긴 했지만, 이동관 방통위원장을 통해 이명박 대통령과 윤석열 대통령의 방송 정책이 연결되고, 이를 계기로 윤 대통령의 방송 정책 전반이 '이명박 시즌2'로 비치면서 문재인 대통령 당시의 일들은 상대적으로 주목을 받지 않고 있다. 하지만 강준만이 반복해서 지적한 것처럼 이 시기에 대한 분명한 평가는 균형 잡힌 논의를 위해 꼭 필요하다.

문재인 대통령이 취임할 당시 KBS 사장은 고대영이었다. 그는 2015년 11월 24일, 개정된 방송법에 따라 국회 인사청문회를 거쳐 임명된 첫 KBS 사장이 됐다. 임기는 2018년 11월 23일까지였다. 그런데 KBS 이사회는 2018년 1월, 10개월 정도 임기가 남은 고대영에 대한 해임제청안을 의결했고,[17] 문 대통령은 바로 다음 날 재가했다.

KBS 이사회가 고대영의 해임을 제청하기에 앞서 일부 이사의 변경이 있었다. 야권 추천이던 강규형을 법인카드 부당 사용 등을 이유로 해임했다. 그 자리를 진보 성향 인사가 채운 뒤 열린 이사회에서 고대영 해임제청안이 이사 6명의 찬성으로 가결됐다. 이사 11명의 과반을 겨우 채운 것으로, 강규형을 해임하고 노무현 정부에서 민주평통 수석부의장을 지낸 김상근 목사를 이사로 임명하지 않았으면 통과될 수 없었다는 말이다. 더구나 2021년 9월 대법원은 강 이사 해임이 무효라고 판결했다. 고대영도 2023년 6월 대법원에서 해임 처분이 위법하다는 확정 판결을 받았다. 당시 사장 교체 과정의 법적 정당성이 무너진 것이다.

고대영 사장 사건을 심리한 서울고등법원은 KBS 이사회의 사장 해임제청안 심의와 의결 과정이 적법하고 정당하게 이뤄지지 않았다고 판단했다. 2017년 8월 작성된 민주당 내부 문건도 해임의 절차적 정당성 판단에 영향을 미쳤다. 이 문건에는 "방송사 구성원 중심의 사장·이사장 퇴진 운동 전개", "방통위의 관리·감독 권한을 최대한 활용해 사장의 경영 비리 등 부정·불법적 행위 실태 엄중히 조사", "야당 측 이사들에 대한 면밀한 검증을 통해 개인 비리 등 부정·비리를 부각시켜 이사직에서 퇴출" 등의 내용이 들어 있었다. 실제로 당시 상황은 이 문건 내용대로 전개됐다. 재판부는 판결문에서 이 문건을 거론하며 이사를 부적법하게 해임해 이사회 구성을 변경한 뒤 사장 해임제청안을 가결한 것은 방송법에 반한다고 지적했다.[18]

다음은 MBC 사례를 보자. 문 대통령 취임 당시의 MBC 사장은 역시 갓 취임한 김장겸이었다. 그는 탄핵 정국이 계속되던 2017년 2월에 임명돼 3년의 임기 거의 대부분을 남겨놓고 있었다. 당시 방문진은 여야 3대 6으로 야권이 압도적으로 다수였다. 그런데 갑자기 두 명의 야권 추천 이사가 2017년 9월과 10월 연이어 자진 사퇴한다. 한 명은 고소·고발당한 사건들에 대한 재수사가 시작된 것에 압박을 받은 것으로 보도됐다.[19] 후임으로 이진순 당시 민언련 정책위원 등 여권 추천 인사 2명이 임명됐다. 단번에 여야 구도가 5:4로 역전됐다.[20]

방문진의 여야 구도가 바뀌자 곧바로 강경 보수 색채인 고영주 이사장 불신임을 의결하고 이사장을 여권 추천 인사로 바꾼다. 이어 여권 인사 5명의 찬성으로 김장겸 사장 해임안을 의결한다. 김장겸 사장은 이미 노조활동 방해 등의 혐의로 수사를 받고 있었는데 1심에 이어 2020년 8월에 열린 항소심 재판부도 징역 8개월에 집행유예 2년을 선고한다. 해임무효 소송에서도 패소한다. 비록 방문진 이사 교체 과정이나 사장 해임 과정은 비슷했지만 자신의 위법행위가 있었다는 점이 고대영 KBS 사장과는 달랐다.

두 공영방송 사장 해임은 2017년 9월부터 시작된 공영방송 노조의 파업이 계속되는 와중에 이루어졌다. 당시 노조로서는 이명박, 박근혜 체제에서 정상적이지 않은 방송과 조직 운영을 해오던 경영진을 인정할 수 없었다. 정권이 바뀌었는데도 과거의 잘못을 인정하지 않고 임기를 채우겠다는 사장이 있는 한 보도나 인력 운용이 정상적으로 이루어지기 어렵다고 본 것이다. 하지만 이들 사장을 쫓아내는 과정은 매우 거칠었다. 방통위가 KBS 이사회와 방문진의 인적 개편을 실행하는 과정은 편법과 불법을 넘나드는 것이었다. 불법으로 무효라는 판단을 받은 KBS 이사와 사장 교체 과정은 물론, 비록 불법으로 판단되지는 않았지만 방문진과 MBC에서 벌어진 일도 조직에 큰 상처를 남겼다.

더구나 이를 위해 정권과 공조하는 밑그림이 문건을 통해 확인된 것은 공영방송의 정파성 논란을 키운 결정적인 계기가 됐다. 고대영 사장 항소심 재판부는 판결문에서 이 문건을 언급하면서 당시 KBS 노조 파업의 주된 목적은 고대영 사장 해임으로 보인다며 파업의 정당성까지 부인했다. 실제로 문건에는 언론 탄압이라는 역공을 피하기 위해 '방송사 구성원 중심 사장·이사장 퇴진

운동'을 전개할 필요성을 제기한 부분이 있다.

이명박-박근혜 정부에서 공영방송이 비정상적으로 운영된 문제를 인정하지 않는 사람이 있다면 아마도 실상을 몰랐거나 매우 정파적 시각을 가진 사람일 가능성이 크다. 하지만 이런 잘못을 바로잡는다면서 오히려 공영방송과 정치권과의 정치적 후견주의를 강화하는 쪽으로 움직인 것은 매우 아쉬운 부분이었다. 일시적인 비상조치가 불가피했다고 하더라도 최대한 빨리 이를 정상화했어야 한다. 하지만 그런 근본적 조치는 없이 기존 체제를 물리적으로 반대쪽으로 되돌려 놓는 조치들만 이루어졌다.

| 공수표가 되어버린 '공영방송 지배구조 개선 입법' 약속

문재인 대통령은 대선 과정에서 KBS와 MBC의 감독기구 구성과 사장 선임 방법을 개혁하겠다고 약속했다. 하지만 그 공약은 실천되지 않았다. 문 대통령은 취임 직후인 2017년 8월 22일 정부과천청사에서 열린 과학기술정보통신부와 방송통신위원회 업무보고 자리에서 여야가 사실상 합의로 공영방송 사장을 뽑는 방송법 개정안에 부정적인 의견을 밝혔다. 문 대통령은 공영방송 사장을 뽑을 때 이사의 3분의 2 이상이 찬성하도록 특별다수제를 도입하는 당시 방송관계법 개정안이 통과되면 "최선은 물론 차선의 사람도 사장이 안 될 수 있다", "온건한 인사가 선임되겠지만 소신 없는 사람이 될 가능성도 있다"고 비판했다.[21]

이는 결국 정권이 원하는 사람을 임명하고 싶다는 말이다.

2016년 12월, 암투병 중이던 MBC 해직기자 이용마를 찾아가 약속했던 '공영방송 지배구조 개선법'은 이것으로 끝나버렸다.[22] 특이한 것은 이 주장이 박근혜 대통령 취임 첫해인 2013년 국회에 만들어졌던 방송공정성특위 논의 과정에서 보수적 언론학자인 황근이 한 주장과 거의 같다는 것이다. 황근은 당시 전문가 진술을 통해 여야 합의로 사장을 선임하면 유능하고 전문성 높은 사람보다 무색무취한 인사가 선출될 가능성이 높다며 부정적 의견을 냈다.[23] 이 당시도 박근혜 정부 초기로, 정권을 잡고 드디어 입맛에 맞는 사람을 공영방송 사장에 앉힐 수 있게 된 시점이라는 공통점이 있다.

문재인 정부에서 원하는 사람들을 사장으로 임명한 KBS와 MBC에서 벌어진 대표적인 일은 임시 기구를 만들어 과거 체제의 잘못을 규명하고 관련된 사람들에 대한 인적 청산 작업을 벌이는 것이었다. KBS의 '진실과미래위원회', MBC의 '정상화위원회'가 그것이다. 그런데 KBS 양승동 당시 사장은 진실과미래위원회를 만들어 직원들을 징계하는 과정에서 절차를 어긴 것으로 인정돼 대법원에서 벌금 300만 원의 유죄 판결을 받았다.[24] MBC 정상화위원회 활동도 법적 논란의 대상이 됐다. 징계요구권 등 일부 권한의 효력이 중지되기도 했고, 이 위원회 조사를 근거로 해고된 기자의 복직 판결이 나오거나 조사 과정이 잘못됐다며 위자료를 주라는 판결이 나오기도 했다. 과거의 잘못을 바로잡는 과정이 무척 거칠었음을 보여준다.

사장에서부터 주요 보직이나 업무 배정까지 이명박-박근혜 정부에서의 행적을 따졌고, 이것은 조직 전체에 갈등을 더 깊게 만들었다. MBC에서는 이전 정권에서 내보낸 해외 특파원들을 대거 소환하기도 했고, 문재인 정부나 민주당에 불리한 보도에는 소홀하다는 지적이 나오기도 했다.

조국 전 장관 관련 보도나 검찰 수사권 문제 등에만 국한된 지적이 아니었다. 문 대통령의 측근인 김경수 전 경남지사에게 징역 2년 형이 확정돼 지사직이 박탈된 사안을 15번째 기사로 다뤘다. 같은 뉴스를 다른 방송들은 일제히 머리기사로 다뤘다. 이른바 '검수완박' 법안 처리 과정에서 '꼼수탈당'으로 헌법재판소에서 위법, 위헌이라고 지적받은 민형배 의원이 민주당에 복당한 것은 〈뉴스데스크〉에서 아예 보도하지도 않았다. 이런 것이 민주화 이전에 종종 있었던 것처럼 정치권력의 부당한 압력 때문이었을까? 정치병행성이든 정치적 후견주의든, 정파성의 영향으로 비칠 수밖에 없다. 공영방송 보도가 정파적이라며 비판해온 강준만은 MBC에 대해 아예 별도의 책까지 내며 비판했다.[25]

'불편한 언론' 인정하고
존중할 줄 아는 사회로

| 정치적 과열 분위기 그대로 전이된 언론계

우리 언론 상황을 보면 마치 정치 영역에서 벌어지는 온갖 갈등과 힘겨루기가 그대로 옮겨온 것처럼 느껴진다. 정치와 언론이 각자의 영역에서 자기 역할을 하는 것이 아니라 서로 영향력을 주고받거나 대리전을 벌이는 등 경계가 모호해진 것이다. 한국 사회의 정치적 과열 분위기가 방송을 비롯한 언론에도 그대로 투영되고 있다고 할 수도 있다. 이명박-박근혜 정부가 공영방송에 보수 성향의 인물을 사장으로 앉히고 진보 성향의 인물은 아예 방송에 등장하지 못하게 했다면 문재인 정부 들어서는 반대 현상이 나타났다. 과거의 '인사 학살'이 정도만 다르지 형태는 비슷한 '인사 보복'으로 나타났다는 비판도 제기됐다. 김어준을 비롯해 유튜브에서 활동하던 친민주당 성향의 논객들이 대거 주요 방송의 진행자나 고정 출연자로 나섰다. 바꿔 말하면 방송의 정파적 뒤집기가 이뤄진 것이다.

공영방송 경영진 선임이 제대로 전문성을 평가해 이루어졌다고 보기 어려운 것은 어제오늘 일이 아니다. 진보, 보수를 불문하고 정치적 맥락 속에서 이루어진 경우가 많았다. 안 그래도 디지털 전환으로 방송 매체들의 경영 위기가 심각한 상황에서 이런 식의 경영진 선임이 반복되는 것은 공영방송의 미래는 정치권력에게 정말 중요한 고려 요소가 아니기 때문이라고 볼 수밖에 없다.

방송이나 언론인들도 어떤 권력은 선하고, 어떤 권력은 악하다는 식의 이분법에 빠지는 것은 매우 위험하다. 언론의 정파성 문제를 지적하면 군부가 쿠데타를 일으켜도 비판하면 안 되느냐는 식의 반응이 나오는 것은 얼마나 우리 사회에 대결적이고 이분법적 사고가 팽배해 있는지를 잘 보여준다. 어떤 권력에 대해서도 언론은 마땅히 경계하고 감시하는 자세를 가져야 한다. 특정 시점, 특정 사건에서 어떤 정치 진영과 생각이 일치하거나 협력해야 하는 일이 있다고 해서 조직 전체의 운영에 지속적인 영향을 받는다면 제대로 된 언론이라고 할 수가 없다. 공영방송 내부에서조차 각자 정치적 성향에 따라 정권의 방송장악이라거나, 비정상의 정상화라고 주장하며 맞서는 상황은 모든 언론인의 성찰이 필요한 부분이다.

뿐만 아니라 언론을 항상 도구적으로 이용하려는 정치권, 그리고 언론이 자기가 지지하는 진영에 우호적인 태도를 보일 것을 요구하는 뉴스 소비자들도 마찬가지다. 정치권은 언론이 조금이라도 자신의 정책을 비판하거나 잘못을 들춰내면 그 문제를 돌아보는 것이 아니라 '정치적 공격'이라고 반발부터 한다. 이런 태도는 그대로 그 정권 지지자들에게 전이된다. 특정 진영 전체가 불편한 언론을 공격하고 무릎 꿇도록 압박한다. 이런 일이 반복되다 보면 언론도 정치권과 소비자들의 공격에 점점 무감각해지고, 남는 것은 특정 정치권과 호흡을 맞추는 정치병행성이나 정치적 후견주의뿐이다.

| 언론은 고발하고 감시하는 것…원래 좀 불편한 것이 정상

다시 말하지만 이런 상황은 결국 언론의 본질에 대한 오해에서 비롯된 것이다. 언론은 원래 뭔가 숨기고 싶은 것을 들추고 고발하고 감시하는 역할을 수행한다. 한마디로 불편한 존재다. 이런 감시와 비판이 상대방을 향할 때는 박수 치며 응원하던 사람들이 그것이 자신을 향하면 조금도 참지 못하고 반발한다. 언론의 감시와 비판을 정치적 공격으로 생각하고 맞서 싸우려 드는 것은 대체로 상황을 악화시키는 길이다. 스스로 잘못이 없는지 돌아보고 문제를 바로잡을 기회를 잃어버리기 때문이다.

조국 전 장관 사태 초기에 장관 지명을 철회했다면 과연 그 많은 보도와 검찰 수사가 이어졌을지 생각해보라. 하지만 어떤 권력이든 자신을 비판하는 언론을 인정하기 어렵다. 정치권이 끊임없이 '언론개혁'을 내세우며 불만을 제기하는 이유는 언론의 이런 권력 감시와 비판이라는 기본 속성을 있는 그대로 받아들이지 못하기 때문이다. 이것은 정치권만이 아니라 그들의 지지 세력도 마찬가지다. 모든 상황을 음모론적으로 접근해 단순한 사실 보도조차 정치적 의도가 있는 것으로 생각해서 실력행사에 나서는데, 이는 마치 풍차를 향해 달려드는 돈키호테를 연상시킨다. 경쟁 관계에 있는 많은 언론들이 마치 하나의 두뇌를 가진 생명체인 줄 아는 것이다. 세상에 그런 언론은 없다.

돌이켜보면 이명박-박근혜 정부의 '방송장악' 시도가 남긴 후유증은 컸다. 언론인들의 반발이 엄청났다. 윤석열 정부에서 이명박 정부 때의 인물이 재등장하고 다시 인적 물갈이가 착착 진행되는데도 언론계 전체의 반발은 예전 같지 않다. 여러 이유가 있겠지만 문재인 정부 시기가 미친 영향도 무시하기 어렵다. 이명박-박근혜 정부의 방송 정책에 대한 반발의 크기 만큼이나 기대가 컸던 문재인 정부 5년 동안 일어난 일들이 사람들의 인식에 큰 영향을 미친 셈이다. 2023년에 벌어진 일이 문제가 없다는 것이 아니라 어느 정권이나 본질적인 차별점이 없다는 주장을 반박하기 어렵게 됐다는 말이다. 그래서 2023년에 벌어지는 일을 제대로 비판하기 위해서라도 그 이전의 일들에 대해서도 보다 원칙적인 평가가 이루어져야 한다. 그래야만 비로소 근본적인 해법을 논의할 수 있다.

이런 일이 벌어질 때 등장하는 인물들이 비슷한 것도 어떤 측면에서는 정치권의 공수 교대를 보는 것 같다. 2023년에 방통위원장이 된 사람이 이명박 대통령의 홍보수석으로 언론장악 논란을 불러일으킨 전직 언론인이라는 점도 마찬가지다. 2023년에 공영방송 감독기구 등과 관련해 등장하는 인물들의 상당수가 이미 이런 일에 관련됐던 사람들이다. 2023년 방문진 이사장에서 해임됐다가 법원의 집행정지 결정으로 복귀한 권태선은 〈한겨레〉 첫 여성 편집국장 출신으로, 문재인 정부 출범 이후 고대영 사장 해임 제청안에 찬성한 KBS 이사 가운데 한 명이었다. 이사 임기를 마친 뒤에는 KBS 시청자위원장을 맡았다가 중도 사퇴하고 방문진 이사장으로 갔다. KBS 이사로 고대영 해임안에 반대했던 차기환은 두 번째로 방문진 이사가 됐다.

이명박-박근혜 정부 때 공영방송 장악을 소리높여 비판했던 시민단체, 학자 등은 문재인 정부 출범 직후 방통위와 감독기구를 통해 KBS, MBC 사장을 쫓아내는 과정에 참여했다. 이들은 2023년 윤석열 정부가 다시 KBS, MBC 감독기구와 사장을 바꾸는 것을 공영방송 장악이라고 비판한다. 이명박-박근혜 대통령 때 만들었던 언론 독립이나 자유를 내세운 기구나 단체들도 윤석열 정부의 방송장악에 대응해 활동을 재개한다. 이런 기구나 단체들은 문재인 대통령 재임 시기에는 공영방송 지배구조 개선을 위해 어떤 활동을 했을까?

양비론이 아니라, 상황을 보다 원칙적인 차원에서 살펴볼 때가 됐다는 말이다. 어떤 때는 공영방송 정상화인 것이 어떤 때는 방송장악인가? 그것을 판단하는 기준은 무엇인가? 그때는 맞고 지금은 틀리다면 그 이유는 무엇인가? 오로지 내 편이냐 네 편이냐만을 갖고 이런 판단을 하는 것이어서는 곤란하다. 과거의 경험에서 아무런 교훈을 얻지 못하는 것은 정치권만은 아닐 것이다. 공영방송 문제를 오래 연구해온 언론학자 조항제는 언론인 내부의 정치화와 갈등 문제도 결코 가볍지 않다고 지적한다.[26] 정치화가 문제인 것이 어디 언론인뿐일까? 결국 관건은 뉴스 소비자들이다. 뉴스 소비자들이 누군가가 던져주는 프레임에 쉽게 빠지면, 이런 흑역사의 반복을 계속 지켜볼 수밖에 없다.

제 2 부

정파성에 대한
한국 언론의
이중성

제 1 장

언론의 정치적 독립성은
신화일 뿐인가

거의 모든 언론인 단체나 언론사들의 언론윤리규범에는 정치적 독립성에 관한 규정이 있다. 언론의 정치적 독립성은 국제적으로도 인정되는 기본적인 윤리 원칙이다. 그런데 선거 때만 되면 언론인의 정치권 진출이 줄을 잇는다. 대선 캠프에도 언론인 출신이 넘쳐난다. 언론인이 정치권으로 직행하면 동료들의 비판 성명이 나오지만 그렇다고 언론인의 정치권 진출을 막지는 못한다.

일반 시민들로서는 이런 모순된 상황을 이해하기 어렵다. 언론은 정치적으로 독립적이어야 한다면서 방송 규제기구나 언론 관련 공공기관 등은 여야 정치권이 추천하는 사람들로 구성한다. 정치권의 여야 대리전이 언론으로 옮겨오는 것이다. 실제로 방송 규제기관이나 언론 관련 공공기관들은 정권이 바뀔 때마다 몸살을 앓는다. 도대체 원칙과 현실은 왜 이렇게 차이가 날까? 먼저 언론의 정치적 독립성을 허울뿐인 신화로 만들고 있는 상황을 살펴보자.

언론인의 참정권이
법률로 제한되는 이유

| 언론인의 참정권·직업선택의 자유 제한하는 공직선거법

헌법은 제24조에서 선거에 참여할 권리를, 제25조에서는 공직을 맡을 권리를 명시하고 있다. 정치에 참여할 권리는 헌법 제1조의 국민주권주의 외에도 여러 헌법 조항에 언급된 매우 기본적인 권리이다. 이런 참정권이 언론인에게는 상당 부분 제한된다. 선거법이 언론인을 거의 공무원처럼 취급하고 있기 때문이다.

공직선거법 제53조는 일정한 직군의 사람들은 공직선거 후보로 나서려면 선거일 90일 전까지 해당 직위에서 물러나도록 요구한다. '공직 사퇴시한'이라고 부르는 기간이다. 후보 등록이 지역구에 비해 늦은 비례대표나 보궐선거 후보로 나서려면 선거일로부터 30일 전까지 사퇴해야 한다. 이런 제한을 받는 사람들은 대부분 공무원이거나 공무원에 준하는 직위에 있는 사람들이다. 선거관리위원, 교육위원, 공공기관 상근 임원, 농협 등 각종 조합의 상근 임원 등이다. 사립학교 교원도 포함되는데, 그들은 같은 일을 하는 공무원인 공립학교 교원과 같은 제한을 받는다.

그런데 언론인은 신문, 방송, 인터넷신문 등 매체를 가리지 않고 '편집·제작·취재·집필·보도의 업무'에 종사하면 모두 출마 제한을 받는다. 직급도 상관이 없다. 방송사업자를 제외하고도 언론사로 등록된 매체가 2023년 7월 말 이미 2만 5천 개를 넘는다는 점을 생각해보면 얼마나 많은 사람이 출마 제한을 받는지 짐작해볼 수 있다.[27]

이런 제한은 참정권만이 아니라 헌법 제15조에 규정된 직업선택의 자유를 침해하는 것이기도 하다. 선거의 공정성을 위해 직업선택의 자유가 제한될 수 있는 사람들에 공무원 등의 공직 유관 직업군과 함께 언론인이 포함되는 것이다. 순수하게 민간의 업무를 수행하는 사람들 중에 언론인을 제외하고는 아무도 이렇게 참정권과 직업선택의 자유를 제한받지 않는다. 그럼 언론인의 참정권과 직업선택의 자유를 이렇게까지 제한하면서 지키려고 하는 것은 무엇일까?

| '선거의 공정성'과 '언론의 독립성'

기본적으로 언론인의 선거 참여에 이렇게 공직자들과 똑같은 제한을 둔 첫 번째 이유는 선거의 공정성을 지키기 위한 것으로 해석할 수 있다. 언론인은 업무 특성상 사람들의 이목을 끌기 쉽고, 뉴스 소비자들과의 접촉을 선거에 유리하게 활용할 수 있다. 선거에 나서려는 사람들이 유권자들의 관심을 조금이라도 더 끌기 위해 애를 태우는 현실을 생각해보면 언론인이 업무 수행을 하면서

자연스럽게 폭넓은 유권자와 접촉할 수 있다는 것은 엄청난 이점이다. 선거에서 언론인이 현직 상태 그대로, 혹은 직전에 사퇴하고 바로 출마한다면 다른 후보자들에 비해 훨씬 유리한 조건에서 싸울 가능성이 있다. 이럴 가능성을 차단하는 것이 언론인의 출마를 제한하는 이유라고 볼 수 있다.

하지만 그것만이라고 보기는 어렵다. 선거에 나서려는 사람들이 언론을 사적으로 악용함으로써 언론의 공정성과 정치적 독립성이 훼손되는 것을 막으려는 목적도 있다. 사실 선거에 나서기 전에 미리 사퇴할 것을 요구하는 모든 공직이 마찬가지다. 출마 희망자가 자신의 공직을 선거에 활용하려 들면 각각의 업무와 기능이 정상적으로 돌아갈 리가 없다. 선거의 공정성도 중요하겠지만 각종 공적 기능이 선거 때문에 엉망이 되는 것을 막는 것도 매우 중요하다.

공직자가 아닌 언론인에게 이런 제한을 하는 것은 그만큼 언론인에게 정치적 중립성을 요구하는 것이 정당하다고 보기 때문이다. 이것은 여전히 언론인의 정당 가입을 제한하는 언론계의 관행에서도 알 수 있다. 1993년 정당법이 개정되면서 지금은 언론인의 정당 가입에 법적 제한은 없다. 하지만 소속 언론인의 정당 가입을 아예 금지하는 언론사가 있을 정도로 정당 가입은 언론인들 사이에서는 금기로 여겨진다. 2003년 정당 가입을 허용할 것인지를 놓고 사내에서 표결까지 벌였던 〈한겨레〉도 여전히 '윤리강령'에서 "우리는 정당에 가입하지 않으며 특정 정당이나 특정 종교 및 종파의 입장을 대변하지 않는다"고 규정하고 있다.[28] 〈조선일보〉도 '윤리규범가이드라인'에서 "정당에 가입하지 않으며 특정 정당의 입장을 대변하지 않는다"고 거의 똑같은 규정을 두고 있다.[29]

언론인이 적어도 90일 이전에 현직에서 물러나 출마한다면 선거법 위반은 아니다. 하지만 여전히 언론윤리 위반이라는 비판을 피하기 어렵다. 많은 언론사들은 이보다 훨씬 엄격한 선거 출마 제한 규정을 두고 있기 때문이다. 심지어 아무런 법적 제한이 없는 대통령실 참모나 정부 부처로 옮겨가는 것도 언론윤리 위반이라는 비판을 받는다. 그만큼 정치와 거리를 둘 것이 요구된다는 것이다. 이런 윤리 원칙이 안 지켜지는 문제는 뒤에서 다시 다루겠지만, 이런 원칙의 존재는 그 자체로 정치적 독립성이 언론윤리의 핵심적 가치라는 점을 보여주는 것이다.

방송 편성 개입은
범죄다

| '방송독립성 침해' 인정된 최초 사례 '이정현 판결'

방송법은 제1조부터 '방송의 자유와 독립'을 '방송의 공적 책임'과 함께 규정한다. 방송법 제4조는 "방송편성의 자유와 독립은

보장된다"고 명시하고, "누구든지 방송편성에 관하여 이 법 또는 다른 법률에 의하지 아니하고는 어떠한 규제나 간섭도 할 수 없다"고 선언한다. 이것뿐이라면 이 조항은 그저 방송의 독립성에 관한 선언적, 훈시적 규정에 불과했을 것이다. 하지만 이 조항은 위반할 경우 형사처벌까지 가할 수 있는 강행 규정이다. 실제로 이 조항 위반으로 처벌된 사람이 있다.

세월호 참사가 일어난 2014년 4월, 당시 대통령 홍보수석이던 이정현은 두 차례에 걸쳐 KBS 보도국장 김시곤에게 전화를 걸어 해양경찰을 비판하는 내용의 KBS 보도에 항의하고 "내용을 바꿔달라", "뉴스 편집에서 빼달라"는 등의 말을 한다. 이 수석의 말을 김시곤 당시 국장이 2년 뒤인 2016년 공개했고, 정권이 바뀐 뒤인 2017년 12월 이정현은 방송법 위반으로 기소된다. 그리고 1년 뒤, 법원은 이정현에게 징역 1년에 집행유예 2년을 선고한다. 1987년 방송법의 해당 조항이 만들어진 뒤 형사처벌이 내려진 첫 사례였다.

당시 재판부는 판결 이유를 설명하면서 "한 번도 적용된 적 없는 조항으로 피고인을 처벌하는 것은 역사적 의미가 있다. 관행이란 이름으로 경각심 없이 행사돼왔던 언론에 대한 정치권력의 부당한 간섭이 더는 허용돼선 안 된다는 선언이다"라고 판결 의미를 설명했다.[30]

홍보수석을 마친 뒤 국회의원이 된 이정현은 2심에서도 유죄 판결을 받았으나 형량은 크게 줄었다. 징역형이 벌금 1천만 원으로 낮아져 의원직 박탈을 면하게 되었다. 하지만 항소심 재판부도 이정현의 통화 내용을 단순한 항의로만 볼 수 없다며 "보도내용을 수정해달라는 취지로 방송 편성에 간섭한 것"이라고 1심과 같은 판단을 내렸다.[31] 이 판결은 대법원에서도 그대로 확정됐다.[32]

| 보도 당사자의 불만 표시 vs. 방송의 자유와 독립성 침해

조금 다른 각도에서 이 사건을 살펴볼 수도 있다. KBS는 세월호 참사와 관련해 정부의 대처를 다소 비판적으로 다루는 보도를 몇 차례 내보냈다. 물론 당시 KBS 경영진과 보도본부 지휘부가 박근혜 정부에 비판적이었다고 보기는 어렵다. 당시 보도들이 일반 시청자에게도 정권에 대한 강한 비판으로 보였을 가능성은 높지 않다. 하지만 정권, 특히 대통령 최측근으로서는 그런 보도조차도 매우 불편했을 수 있다.

이런 상황에서 보도의 직접적인 관련자라고 할 수도 있는 대통령의 대언론 책임자인 홍보수석이 방송사의 보도책임자에게 전화해 보도 방향에 항의하면서 일정한 요구 또는 부탁을 한 것이다. 실제로 방송사나 신문사의 보도 책임자들에게 전화를 하는 사람들이 종종 있다. 보도에 이해관계가 있는 사람들은 연결될 길만 있다면 이들에게 부탁을 하거나 압력으로 느낄 말을 한다. 어떤 보도를 하면 법적 조치를 하겠다고 겁을 주기도 하고 심지어 광고를 빼겠다는 뜻을 전달하는 경우도 있다. 이 때문에 홍보수석이 이 정도 항의나 요구를 하는 것이 과연 범죄가 될 수 있느냐고 생각할 수 있다. 가만히 따져보면 처벌받을 사람이 너무 많기 때문이다.

실제로 이 사건에서도 이정현은 그런 논리를 폈다. 홍보수석의 업무로서 방송사에 사정하고 부탁한 것뿐이며 오보가 분명한데 보도국장에게 전화하는 것 말고는 오보를 신속하게 정정할 방법이 없었다고 주장했다. 나아가 변호인은 재판 과정에서 "31년 동안 한 번도 적용된 적이 없고 의미도 애매한 법률조항 위반으로 현역 국회의원을 처벌하는 것은 정치적 반대파 죽이기에 이용될 수 있어 정치적 목적에 사법적 절차가 이용된 것으로 대한민국 사법제도가 후진적이라는 점을 국제적으로 공포하는 수치스런 일"이라는 격한 주장을 펼쳤다.

하지만 이런 주장이나 변론은 법정에서 통하지 않았다. 1심 재판을 맡았던 오연수 판사는 상당한 기간이 지나도록 이 사건 조항 위반을 이유로 기소되거나 처벌된 경우가 전무한 것은 "아무도 이 조항을 위반하지 않아서가 아니라 이 사건에서 보는 바와 같이 국가권력이 언제든지 손쉽게 방송관계자를 접촉하여 자신들이 원하는 바를 요구함으로써 방송편성에 영향을 미쳐왔음에도 이를 관행 정도로 치부하거나 나아가 이를 본연의 업무수행으로 여기기까지 하는 왜곡된 인식이 만연해 있었기 때문"이라고 지적했다. 오 판사는 특히 "잘못된 상황을 그대로 버려두어 관행이라는 이름으로 국가권력의 언론 간섭이 계속되도록 용납하는 것이야말로 이 사회 시스템의 낙후성을 나타내는 것"이라면서 피고인이 자신의 범행이 민주주의 질서를 흔들 수 있는 위험한 인식과 행위였음을 깨닫지 못하고 있다고 질타했다.

대통령 홍보수석이 언론 보도에 문제가 있다고 생각될 때 사용 가능한 방법도 제시했다. 오 판사는 판결문에서 "보도자료를 내거나 브리핑을 하거나 해명자료를 내는 등의 공식적이고 정상적인 방법이 있었음에도 이를 선택하지 아니하고, 방송이 나가자마자 즉시 방송국의 보도국장에게 전화를 걸어 불만을 토로하고 방송내용의 변경을 요구한 행위는 (중략) 정당한 공보활동으로서 그 위법성이 조각된다고 할 수 없다"고 했다. 방송국의 책임자에게 압박성 전화를 할 것이 아니라 공식 절차를 거쳐서 의견을 전달했어야 한다는 말이다.

물론 이 부분에서 한 가지 의문은 있다. 언론 보도에 대한 불만 처리의 가장 기본적인 절차는 당사자들 사이의 소통이다. 언론중재법도 정정이나 반론 등의 청구를 하는 1차적인 대상을 그 보도를 한 언론사로 상정하고 있다. 해당 언론사에 정정과 반론 등을 청구하도록 규정한 것이다. 물론 언론중재법에는 이런 청구도 언론사 대표자 등에 대하여 서면으로 하도록 되어 있다(제15조). 하지만 이는 언론중재법 절차를 진행할 때의 일이고 꼭 서면이 아니라고 해서 해당 언론사 관계자에게 불만을 접수하는 일이 위법한 것은 아니다.

| 공식적 대응이면 '불만 처리'…비공식적 접촉은 '압력'

이런 정상적인 불만 처리와 언론에 대한 압력 행사는 어떻게 구별될까? 이 사건 판결문에서 답을 찾을 수 있다. 홍보수석의 지위에

서 어떤 행위를 한다는 것은 상대방에게는 KBS 사장의 임면권자인 대통령의 뜻을 반영하는 것으로 받아들여지고, KBS 사장은 보도국장 등 소속 임직원에 대한 인사권을 갖고 있으므로 보도국장에게 홍보수석이 요구를 하는 것은 결국 자신의 인사에 영향을 미칠 수 있는 대통령의 뜻으로 비친다는 것이다.

이 논리는 마찬가지로 방송 편성의 자유와 독립을 보장받는 민영방송에는 적용하기 어렵다는 점에서 한계가 있다. 하지만 적어도 공영방송에 대해 윤석열 정부를 포함해 최근 몇 차례의 정권 교체 과정에서 나타난 일을 보면 이런 지적이 무리라고 할 사람은 없을 것이다. 따라서 단순한 사실의 전달이나 의견의 표명을 넘어서는 압박성 발언이 보도 당사자들 사이의 불만 처리 절차에 불과하다는 주장은 설득력을 갖기 어렵다.

이 사건 이외에 아직 방송법의 방송 편성의 자유와 독립 원칙 침해로 형사처벌을 받은 사례는 없다. 더 이상 그런 식의 압력 행사가 없기 때문일까? 이정현 수석과 김시곤 보도국장 사이의 대화에서 드러난 정도 또는 그 이상의 압력 행사가 없었을 것이라고 단언할 사람은 없다. 이런 일을 통화 녹음까지 공개하며 폭로할 계기가 없었기 때문이라고 보는 것이 더 현실적이다. 우리가 기억할 것은 이렇게 당사자가 보도 책임자에게 연락해서 보도의 중지나 변경을 요구하는 것은 범죄라는 것이다. 그 대상이 꼭 보도국장일 필요도 없다. 위에서 살펴본 1심 법원의 판단이 형량을 제외하고는 그대로 확정됐다는 점을 잊으면 안 된다.

언론의 자유와 독립성이 방송법 적용 대상에게만 보호되는 것도 아니다. 신문이나 인터넷신문의 경우에도 정도의 차이는 있지만 마찬가지로 언론으로서의 자유와 독립성이 인정된다. 언론중재법 제3조는 제1항에서 "언론의 자유와 독립은 보장된다"고 선언하고, 제2항에서는 "누구든지 언론의 자유와 독립에 관하여 어떠한 규제나 간섭을 할 수 없다"고 규정하고 있다. 이 조항에 따로 벌칙 규정이 없다는 한계는 있지만 원칙이 무엇인지를 보여주는 것으로는 충분하다. 이런 자유와 독립을 침해하는 행위가 민사상 불법행위가 될 수도 있다는 점을 기억해야 한다.

정치적 독립성을 신화로 만드는 규제기관의 정치적 구성

| 방송통신위원회의 뿌리 깊은 정치적 구조

이렇게 방송에 대해 형사처벌 규정까지 두면서 독립성 원칙을 강하게 보장하고 있는 것과는 달리 우리의 방송규제기구에는 정치성이 깊게 뿌리내리고 있다. 윤석열 대통령이 취임한 2022년 5월, 장관급인 방통위원장은 민언련 공동대표 출신인 한상혁 변호사였다. 당시 방통위원회를 구성하는 5명의 분포는 어땠을까? 문재인 대통령이 지명한 김창룡 상임위원, 민주당 추천인 김현 상임위원

까지 세 명이 민주당 쪽 인물이다. 당시 부위원장이던 안형환 상임위원, 김효재 상임위원이 여권이다. 여야 2대 3의 여소야대 구조다. 방통위법은 원래 대통령과 여당이 3명, 야당이 2명을 추천해 여야 3대 2인 구조를 상정하고 있다. 그런데 대통령 임기 5년과 위원장과 상임위원 임기 3년이 일치하지 않다 보니 이런 식의 엇박자가 생길 수밖에 없다.

방통위는 사무처를 지휘하는 위원장의 비중이 크기는 하지만 정식 안건은 위원회를 열어 표결로 결정한다. 그런데 통상적이라면 항상 3대 2로 다수를 점한 쪽의 생각대로 결정이 내려진다. 이런 구조에서는 차관급인 상임위원들이 자신을 추천한 진영의 뜻과 다르게 독자적인 의견을 펼치기도 어렵다. 더구나 위원들이 방송과 통신에 대한 전문성과는 별개로 정치적으로 임명되는 사례가 많다 보니 복잡한 현안을 제대로 파악하기도 쉽지 않다.

전문성 못지않게 논란인 것은 정치적 충성도를 기준으로 한 인선 절차다. 차관급 공직자를 국회가 3명이나 추천할 수 있는 것은 여야 모두에게 의미가 크다. 특히 정권을 빼앗긴 야당이 차관급 두 자리에 대한 사실상의 임명권을 갖고 있으니, 이를 둘러싼 쟁탈전이 치열할 수밖에 없다. 여야는 통상 상임위원 추천을 앞두고 공모 절차를 통해 지원자를 모집하고, 각종 검증과 면접을 거쳐 추천할 사람을 정한다. 이런 과정을 통해 확실하게 추천권을 가진 정당에 충성할 만한 사람을 골라내는 셈이다. 선거에서 떨어진 전직 의원이거나 '싸움닭'이라는 소리를 듣는 전투력 강한 사람이 선정될 가능성이 높은 건 당연하다. 지금까지 임명된 사람들, 특히 국회 몫으로 추천된 사람들의 면면을 보면 쉽게 알 수 있다.

국회 추천 몫인 3명의 상임위원이 해당 분야에 관한 전문성보다 정파성과 전투력을 중심으로 추천될 가능성을 감안한다면 대통령이 추천하는 위원장과 상임위원이라도 해당 분야에 대한 전문성을 갖추고 정파적 쏠림을 자제할 수 있는 사람이어야 하는데 그것도 기대하기 어렵다. 해당 분야 전문가보다는 조직을 장악해서 방송에서 확실하게 자신들의 생각을 관철할 사람을 보내거나, 정치적 성향을 중심으로 인선을 하기 때문이다. 이명박 대통령이 초대 방통위원장으로 자신의 정치적 멘토로 알려진 최시중을 앉힌 것이나 문재인 대통령이 민언련 대표 출신인 한상혁을, 윤석열 대통령이 온갖 비판과 논란을 무릅쓰고 자신의 대외협력특보 이동관을 위원장으로 앉힌 것을 달리 이해하기는 어렵다.

다시 상임위원 추천 문제로 돌아가 보자. 최초로 방통위를 구성할 때와는 달리 위원장을 포함해 각 위원들의 임명 시점이 조금씩 달라지면서 방통위의 의사결정 구조는 점점 더 복잡해지게 된다. 2023년 8월 1일을 기준으로 보면, 당시 방통위는 김효재 부위원장이 두 달째 위원장 직무대행을 맡고 있고, 8월 26일로 임기가 끝나는 민주당 출신 김현 상임위원, 윤석열 대통령이 2023년 5월 4일 임명한 이상인 상임위원의 3인 체제였다. 면직한 한상혁 위원장의 후임 지명을 두 달이나 미루면서 공백이 길어졌고, 안형환 부위원장의 후임으로 민주당이 추천한 최민희를 윤석열 대통령이 자격 문제 등을 들어 임명하지 않았기 때문이다.

이렇게 상임위원 3명인 체제에서 TV 수신료 분리징수 결정을 비롯한 중요 사안을 줄줄이 의결한 것은 앞에서 본 바와 같다. 만약 이 상태에서 누군가 추가로 사퇴하거나 후임이 제때 임명되지 않아 3인 체제마저 붕괴해도 방통위가 정상적으로 기능할 수 있는 것일까? 만약 위원이 1명만 남는다면? 방통위 설치법에는 이런 비정상적인 상황에 대비한 규정이 전혀 없다.

이런 의문에 대해 이동관 방통위원장은 2023년 9월 18일 역시 윤석열 대통령이 임명한 이상인 위원과 2인 체제로 회의를 열고 각종 안건을 의결하는 것으로 답했다. 이상인 위원을 부위원장으로 선출하는 안건도 두 사람이 진행했고, 방문진 이사를 해임하는 결정도 내렸다. 국회 추천이 한 명도 없는, 대통령 지명 위원 2명만 있어도 의사결정에 아무런 문제가 없다는 식이다. 대통령 지명인 두 사람이 마치 장관과 차관처럼 손발을 맞추고 있는 것이다. 이런 식이라면 상임위원 1명만 있어도 무엇이든 할 수 있을 것 같은 기세다. 하지만 이동관 방통위원장이 민주당의 탄핵소추를 피해 사퇴하면서 방통위가 기능 정지됐다고 밝힌 것을 보면 윤석열 정부도 상임위원 1인 체제로는 방통위를 운영할 수는 없다고 판단한 것으로 보인다.

정상적인 5명 체제라면 과반인 3명이 출석해야 회의를 열 수 있다. 그런데 전체 위원이 이런 정족수에도 미달하는 상황에서의 의결이 적법한 것일까? 방통위 조직을 설계할 때는 생각지도 못한 허점이 드러난 셈이다. 대통령과 국회, 특히 여야가 참여하는 합의제 행정기구를 상정한 방통위법의 정신을 생각하면 이 문제에 대해 다른 법적 평가가 나올 가능성도 있다.

이런 식의 비정상적인 구조로 방통위를 운영하는 것에 정부가 아무런 문제의식을 갖지 못하는 것은 매우 놀라운 모습이다. 특히 하루가 다르게 급변하는 방송산업과 통신산업의 현실을 생각해본 다면 이처럼 방송통신 정책과 감독을 담당하는 중앙행정기관을 파행 운영하는 것이 얼마나 무책임한 일인지 쉽게 알 수 있다. 방송통신업계는 넷플릭스나 유튜브 등의 해외 사업자들의 시장 잠식은 물론 새로 등장하는 AI 등의 쟁점에 대응하기 위해 다양한 정책적 대응이 필요한 상황이다. 이런 시기에 정책과 규제를 감당하기.위해서는 방통위에도 높은 식견을 갖춘 전문가가 필요하다.

이런 상황에서 적임자를 찾기 위한 노력은 고사하고 방통위는 계속 정파적 싸움에 내몰리고 있다. 적어도 정부와 여당이라도 제대로 된 전문가를 선임하려고 고민해야 하는데, 그런 기대와는 다른 길을 가고 있다. 언론노조가 지난 2020년 6월 민주당 국회의원 출신인 김현의 상임위원 내정 소식에 "정치적 후견주의를 앞세운 내정"이라며 비판하는 성명을 냈던 것도 그런 맥락이다.[33] 그렇다고 다른 위원들이 특별히 후한 평가를 받을 것도 아니다. 이명박 정권에서 이미 언론장악 논란의 핵심 인물로 지목됐던 이동관을 윤석열 정부 첫 방통위원장에 임명한 것도 마찬가지다.

| '정치 심의 체제' 구조화된 방송통신심의위원회

이런 대리전 구조는 방송통신심의위원회 구성에도 관철되고 있다. 심의위는 9명의 위원으로 구성되는데 3명은 대통령이 직접

위촉하고 나머지 6명은 국회 추천을 받아 대통령이 위촉한다. '국회 몫'인 6명 중에 3명은 국회의장이 교섭단체 대표들과 협의해 추천하는데, 이건 국회의장과 교섭단체 대표들 몫인 셈이다. 나머지 3명은 국회의 소관 상임위원회가 추천한 사람을 위촉하는데 이는 해당 상임위 위원장과 각 교섭단체 간사들의 몫으로 볼 수 있다.

물론 이렇게 누군가의 '몫'으로 되어 있다고 해서 개인적 친분만으로 심의위원을 선임하기는 어렵다. 각 정당별 추천 인원이 정해지면 추천권 행사를 위해 '공모' 절차를 거친다. 면접까지 가는 심사 과정을 통해 자신들의 생각을 잘 반영할 사람을 추천하게 된다. 9명의 위원 가운데 위원장과 부위원장, 상임위원까지 3명은 장관에서 차관급 예우를 받는다. 법에는 이 세 자리를 위원 9명이 '호선'하게 되어 있다. 동등한 자격의 위원들끼리 상의해서 정하라는 뜻이다. 하지만 통상 대통령이 지명한 사람 중에 위원장 내정자가 있고, 여당이 추천한 사람 중에 부위원장 내정자가 있다. 야당 몫인 상임위원도 보통 내정돼 있다.

이런 여야 대표 구조가 집약된 최종적인 심의위 구성을 보면 대통령 위촉 3명을 포함해 최소 5대 4에서 6대 3 정도의 여당 우위 구조가 만들어진다. 하지만 실제로는 심의위원장을 포함한 심의위원들은 임기가 3년이기 때문에 역시 일정 기간은 여소야대 구조가 나타날 수밖에 없다. 어느 쪽이든 정권이 교체되면 조금이라도 빨리 자기들이 원하는 성향의 인물을 위원으로 앉히기 위한 싸움을 벌일 가능성을 안고 있다. 특히 장관급으로 방송 심의에 큰 영향을 미칠 수 있는 위원장을 바꾸려고 시도할 가능성이 높다.

실제로 심의위의 운영 상황을 보아도 위원들이 자신들을 그 자리에 보낸 세력으로부터 자유롭지 못하다는 것을 알 수 있다. 일부는 선임 과정에서부터 전문성은 물론 정치적 독립성과는 거리가 먼 사람들을 내세우는 바람에 논란이 벌어지기도 한다. 아주 가끔이긴 하지만 위원이 개인 의견을 내세우며 자신을 추천한 세력의 입장을 제대로 대변하지 않아 추천을 한 쪽에서 압박을 받는다는 말도 나온다. 박근혜 대통령이 위원으로 위촉했던 윤석민 서울대 교수는 취임 6개월도 안 돼 사퇴했는데, "일본 식민지배는 하나님 뜻" 등의 발언을 한 문창극 국무총리 후보자에 대한 KBS 보도 심의와 관련이 있다는 분석이 나왔다. 청와대 추천인 윤 위원이 강한 제재에 동의하지 않아 KBS 보도에 대해 벌점이 부과되지 않는 '권고' 처분이 내려진 것이 실제 사퇴 원인이라는 것이다.[34]

방송의 내용을 국가 공권력이 직접 심의하는 것은 문제가 있다고 생각해서 '민간 독립기구'인 것처럼 만들어 놓았지만 실상은 여야 대립이 그대로 투영되는 구조를 만들어 놓은 것이다.[35] 그러다 보니 방통심의위의 심의가 정치적이라는 불만은 끊이지 않는다. 이른바 진보 정권 때는 보수 쪽에서 편파 심의라며 불만을 제기하고,[36] 보수 정권에서는 또 반대 방향에서 불만이 나온다.[37] 방통위와 방통심의위 모두 속으로는 정치적 대결 구조를 만들어 놓고 독립성이라는 포장만 씌워 놓은 것이다. 실제로 근거 법률도 방통위 설치법으로 같다. 어느 정권이 들어서든 공수만 바꿔가며 이들 두 기관을 장악하려는 싸움이 반복된다.

기본적으로 대통령과 정치권이 방송 정책과 내용 심의를 하는 국가기관을 자리 나눠먹기 방식으로 구성하는 것에 대한 근본적인 재검토가 필요하다. 이런 것을 국민의 대표성이니, 민주적 통제니 하는 식으로 정당화하는 것은 결국 자리 나눠먹기와 방송 규제기구를 전리품 취급하는 관행을 계속하고 싶다는 주장일 뿐이다.

공영방송 지배구조에 관철된 정치 구조

한국 방송계의 중심은 누가 뭐라고 해도 공영방송이다. 얼핏 보아도 전체 방송에서 공영방송이 차지하는 비중은 매우 크다. 2021년 공영방송 매출액은 2조 8천억 원으로, 1조 2천억 원인 민영방송과 1조 3천 9백억 원인 종편과 보도채널을 합친 것보다 많았다.[38] 공영방송 개념을 놓고는 여러 논의가 가능하지만 KBS, MBC, EBS 등은 정부가 사장 선임에 영향을 미칠 수 있는 공적 소유 방송이다. 서울시 미디어재단이 운영하는 수도권 공영방송인 TBS처럼 각 지역 공영방송들도 있다. 여기에 국정홍보 채널인

KTV나 국회방송처럼 국가기관이 직접 운영하는 관영 채널들도 있다. KBS는 방송법에 설치 근거가 만들어져 있는 대표 공영방송이고, MBC는 이사회 격인 방송문화진흥회가 법으로 설치돼 있다. EBS는 한국교육방송공사법이 있다.

흔히 민영방송은 시청률에 더 매달리고, 상업적인 이익을 앞세울 수밖에 없어서 공익적 가치를 추구하는 공영방송이 필요하다고 주장한다. 이런 기대대로라면 공영방송은 어떤 정권이 들어서더라도 오로지 공익적 가치를 중심으로 운영되어야 한다. 하지만 실상은 오히려 정권이 바뀔 때마다 정치권의 입김에 따라 감독기구와 경영진이 바뀌거나, 혹은 이를 둘러싸고 조직 안팎에서 갈등이 빚어지는 일이 반복된다.

그 이유는 무엇일까? 공영방송의 가치를 그렇게 강조하고, 또 공익성이나 독립성이 중요하다고 하면서 공영방송의 이사진과 경영진 선임 방식은 철저하게 정치권의 의사가 반영되도록 만들어 놓았기 때문이다. 바로 위에서 살펴본 것처럼 방통위나 방통심의위를 구성하는 것과 판박이다. 여야는 KBS 이사회, MBC 대주주인 방송문화진흥회, EBS 이사회 구성에도 일정 비율로 참여한다.

특이한 것은 이들 기관은 방통위나 방통심의위와 달리 어디에도 명시적으로 여야 비율을 정해놓은 것조차 없다는 점이다. 어디에도 명시되지는 않은, 오로지 관행이라는 이름으로 인정되는 비율만 존재한다. KBS 이사회는 전체 11명의 이사가 여당 7명, 야당 4명으로 구성된다. MBC의 대주주인 방송문화진흥회는 9명의 이사 가운데 6명이 여당, 3명이 야당이다. 여야가 이런 비율로 이사진을 추천하는 것은 20년이 넘은 관행이다.[39] KBS 이사는 방송법에 방통위가 추천해 대통령이 임명하게 되어 있고, 방문진 이사는 방통위가 바로 임명한다. KBS 이사의 조건은 '각 분야의 대표성을 고려'한다는 것뿐이고 방문진 이사는 '전문성 및 사회 각 분야의 대표성을 고려'하도록 되어 있을 뿐이다.

EBS도 여야가 이사를 추천해 방통위가 임명하는 건 마찬가지인데 전체 9명의 이사 가운데 교육부 장관과 교육 관련 단체가 추천하는 사람 1명씩을 제외한 7명을 방통위가 임명할 수 있기 때문에 여야 6대 3의 비율이 지켜지지 않기도 한다. 이 때문에 교육방송 이사회의 여야 비율을 놓고 논란이 벌어지는 비교육적인 상황이 빚어진 적도 있다.[40] 하지만 그나마 EBS 이사회에는 사장 후보 추천 권한이 없어 갈등이 그렇게 심각하지는 않았다.

문제는 법률에 따라 사장 후보 제청이나 추천 권한을 가진 KBS 이사회와 방문진이다. 성향이 맞는 사람을 KBS, MBC 사장으로 앉히기 위해 7대 4, 6대 3의 비율을 흔들거나 지키려는 시도가 정권이 바뀔 때마다 반복된다. 두 방송사 모두 기존 이사진의 다수파에서 2명씩을 교체하면 사장을 바꿀 수 있다. 7대 4에서 5대 6으로, 6대 3에서 4대 5로 다수파가 바뀌기 때문이다. 그런 뒤집기가 문제인 대통령 때는 취임 첫해에, 윤석열 대통령 때는 취임 2년 차에 시도됐다.

윤 대통령 취임 첫해인 2022년 말에 국회 과기정통위 국민의힘 간사를 맡고 있던 박성중 의원은 '대한민국언론인총연합회'라는 언론인 단체 창립준비위 발족식에 참석해 KBS 이사회와 방문진의 이사 비율을 거론하며 "하나도 못 먹고 있다"고 했다.[41] 빨리 공영방송 이사진을 갈아치우고 싶은 솔직한 속마음을 드러낸 것이다. 해가 바뀌면서 곧바로 방통위원장 교체 작업 등이 실행에 옮겨진 것을 보면 이전 정권이 만들어 놓은 이사진 구조를 하루빨리 깨뜨리고 싶은 마음이 절실했음을 알 수 있다.

  이 밖에도 공기업들이 대주주여서 정부가 마음만 먹는다면 사장 선임에 개입할 수 있는 YTN도 있다. 이명박 정권 당시 대선 때 특보를 지낸 구본홍을 사장으로 내려보냄으로써 군사정권 이후 처음으로 언론인 해직 사태를 촉발했던 것도 YTN이었다. 당시 해직 기자 중의 한 명이던 우장균이 2021년 9월 사장에 취임했는데, 윤석열 정부가 들어선 뒤에는 사장에 대한 직접적인 교체 시도보다는 아예 공기업의 YTN 지분 매각이라는 기본적인 구조 변경이 진행됐다. YTN 구성원들은 지분 매각에 강력하게 반발하면서 MBC처럼 방문진과 같은 구조로 만들어주기를 바란다는 뜻을 밝히기도 했는데, MBC를 둘러싸고 반복되는 상황을 보면 과연 그 방안이 좋은 해법이 될 수 있을지는 의문이다.[42] 결국 YTN은 2023년 10월 공기업 지분 30.9%를 민간 기업에 매각하는 절차가 사실상 완료되어 방통위 승인 절차만 남겨놓게 되었다.

정치의 일부가 된
공적 언론 지원 기관

| 상임이사들이 이사장 업무배제에 해임 시도까지

2023년 3월 14일, 한국언론진흥재단의 각 본부를 이끌 상임이사 세 명이 임명됐다. 전 〈조선일보〉 사회부 선임기자가 정부광고본부장에, 전 〈중앙일보〉 칼럼니스트가 미디어본부장에, 전 연합뉴스TV 전무이사가 경영본부장이 됐다. 세 사람은 비슷한 시기에 법조를 출입한 기자 출신이라는 공통점이 있다. 검찰 출신이 대통령이 된 뒤 법조 출입 기자 출신들이 동시에 상임이사 세 자리를 모두 차지한 것이다.

그런데 새 상임이사들이 취임한 지 한 달도 안 돼 언론재단에서 전례를 찾아보기 힘든 해외 장기연수자 선정 취소 소동이 벌어진다. 재단은 2023년 4월 초 해외 장기연수자를 선정해 발표했는데 그 중에는 KBS 기자가 포함돼 있었다. 그런데 그가 3월 중순 윤석열 대통령 일본 방문 일정을 생방송으로 중계하는 과정에서 '대통령이 일장기에만 경례했다'는 오보를 했다는 이유로 재단이 연수지원 결정을 철회한 것이다.[43]

중계 화면만 보고 방송을 하다 오보를 한 것은 사실이지만 KBS는 뉴스특보 끝부분에서 착오가 있었다며 바로 정정하고 사과까지 했다. 대통령 일정 생중계에서 이런 오보가 잦은 것은 아니지만, 생방송에서 오보를 바로 정정한 경우라면 통상 추가적인 책임을 묻지는 않는다. 그런데 이를 이유로 해외연수자 선정을 철회하는 일이 벌어진 것이다. 문제의 오보가 윤석열 대통령에 대한 것이라는 점, 그리고 공영방송과 정권과의 불편한 관계를 빼놓고는 이해하기 어려운 일이다. 특이한 것은 전체 이사들이 모인 이사회에서 외부 비상임 이사들이 이 문제를 비판하자 전임 정권에서 임명된 표완수 이사장까지 이 사안은 재론할 수 없다며 단호한 태도를 보인 것이다.

전임 정부에서 임명된 이사장과 현 정부에서 임명된 상임이사진의 이런 팀워크는 불과 몇 달 만에 깨지고 만다. 매주 월요일 아침마다 이사장 주재로 열리던 간부회의가 이사장한테 보고도 없이 경영본부장의 지시로 열리지 않은 것이다. 표완수 이사장은 2023년 7월 17일 내부 게시판에 글을 올려 경영본부장이 자신에게는 보고도 하지 않고 정례적으로 열리는 간부회의를 생략하고 각 본부별로 따로 회의를 진행하라고 지시했다고 밝혔다. 표 이사장은 특히 경영본부장을 불렀으나 오지도 않고 전화도 받지 않는다며 "지시 불이행", "항명"이라고 비판했다.

더구나 표 이사장은 이미 6월 말부터 사실상 업무에서 배제된 상태라는 보도도 있었다. 언론재단이 언론사들의 정부광고 단가 순위를 뒤바꿨다는 의혹에 대해 감사와 수사가 시작되자 경영본부장이 사내 공지문을 통해 "현재 특별감사 진행 중, 감사원 감사 요청, 검찰 수사 입건 상태라 이사장의 법률적 위치가 이해충돌방지법에 따라 제한되어야 함. 이 업무와 관련해 이사장께 직접 보고하는 것 자제 바람. 특히 근무 시간 외 이사장의 업무 지시는 담당 이사에게 즉각 보고할 것" 등을 요구했다.[44] 이해충돌 상황을 방지하는 것은 당연하지만 이것이 하급자인 본부장이 상급자인 이사장의 업무를 제한하는 방식으로 이뤄지는 것이 상식적이지는 않다. 이사장 보고 없이 전체 정례 회의를 중단시킨 것도 마찬가지다.

이렇게 정관에 따라 이사장의 지휘·감독을 받아야 할 본부장들이 사실상 이사장의 업무 수행을 제한하는 상황이 벌어지자 재단의 감독기관인 문화체육관광부가 나선다. 당시 문체부 장관이던 박보균은 2023년 8월 1일 표완수 이사장을 문체부 서울사무소로 불러 언론재단의 상황을 '리더십 와해' 상태라고 지적하면서 "언론재단의 감독기관인 문체부의 장으로서 특단의 대책을 모색, 강구하고 있으며 실천할 수밖에 없다"고 한 것으로 보도됐다. 10월까지 임기가 남아 있는 이사장의 사퇴를 압박한 것으로 해석될 수 있는 부분이다.[45]

박 장관이 말한 '특단의 대책'은 이사장을 해임하는 것이었음이 며칠 만에 드러난다. 현 정부 들어 임명된 상임이사들이 이사장 해임안을 언론재단 이사회에 상정한 것이다. 그런데 8월 16일에 열린 이사회에서 이사장 해임안은 부결된다.[46] 외부인들로 구성된 비상임이사들 중에서 반대나 기권이 나오면서 재적 과반의 찬성을 얻지 못한 것이다. 임기를 두 달 남겨놓은 이사장을 해임해야 할 정도의 어떤 시급한 일이 언론재단에 있었을까?

중도 해임은 면했지만 표완수 이사장의 임기는 10월로 끝났다.

그런데 이미 표 이사장 해임 시도가 나왔을 때부터 차기 이사장 내정설이 도는 인물이 있었다. 방통위에서 TV 수신료 분리징수 결정은 물론 방문진과 KBS의 이사장과 이사 해임 등을 일사천리로 처리한 김효재 위원장 직무대행이다. 그의 방통위원 임기는 8월 23일로 끝났지만 임기를 마치기 훨씬 전부터 내정설이 파다했다.[47] 실제로 김효재는 방통위원장 직무대행을 마치자마자 언론재단 신임 이사장 공모에 지원했고, 유일한 경쟁자가 지원을 철회하면서 이사회에서 단수 후보로 추천됐다.[48] 파다했던 내정설이 사실로 확인된 셈이다.

| '언론 지원' 기관이 '언론 관리' 기관으로

이런 소동의 배경에는 항상 언론재단을 언론에 대한 영향력을 행사하는 수단으로 사용하려는 정치권력이 있다고 할 수 있다. 2023년 중반부터 감사와 수사 대상이 된 정부광고지표만 해도 전임 정부가 신문과 잡지 등의 발행 부수를 검증하는 ABC 제도의 문제를 개선하겠다며 언론재단에 맡겨 개발한 것이다. ABC 제도 아래에서 보수 언론의 발행부수 조작 등의 문제가 불거지자 ABC 조사 대신 새로 개발한 열독률 조사를 참고하기로 한 것이다.

 연간 1조 원이 넘는 정부 광고를 배정하는 업무를 맡은 언론재단이 새로운 기준을 적용하는 것은 곧바로 언론사들의 경영에 영향을 미치는 일이다. 새롭게 만든 정부광고지표를 운영하는 상황에서 열독률 지표를 바꿔 정말 언론사별 광고단가 순위를 바꿨는지는 검찰 수사와 재판을 통해 확인될 것이다. 중요한 것은 언론 '진흥'을 담당하는 공공기관인 한국언론진흥재단이 이렇게 정권마다 언론에 영향을 미치기 위한 수단이 되어버렸다는 것이다. 2023년 4월 문체부 장관이 가짜뉴스 대책을 발표하면서 "언론재단에 가짜뉴스신고센터를 만들겠다"고 발표하자 사전에 내용을 모르고 있던 재단은 곧바로 담당 직원을 배치해 신고센터를 개설했다.[49] 언론에 대한 각종 진흥 사업을 맡고 있는 언론재단이 정부의 언론 관련 정책이나 지시를 수행하는 기관이 되어버린다면 정권이 바뀔 때마다 재단의 업무 방향은 심하게 흔들릴 수밖에 없다.

언론재단 임원진이 정권과 인연이 있는 사람들로 구성된다는 것도 이제는 새로운 일이 아니다. 물론 김효재 전 방통위원장 직무대행처럼 일사천리로 이사장으로 임명되는 경우도 있지만, 자기가 미는 사람을 임명하기 위해 정권 실세들끼리 줄다리기를 벌인다는 얘기가 나돌기도 한다. 문재인 정부에서 표완수 이사장이 선임되는 과정에서는 민주당 고위 인사와 청와대 고위 인사 사이에 벌어진 힘겨루기가 큰 화제가 됐었다.[50] 문재인 대통령 취임 이후 첫 언론재단 이사장은 대선 캠프에서 특보단장을 지낸 민병욱이었다. 역시 문재인 정부가 들어서도 언론재단 이사장을 캠프 낙하산으로 채우느냐는 비판이 있었다. 신문기자 출신인 그는 참여정부 때는 한국간행물윤리위원장을 맡았고, 재단 이사장 임기를 마친 뒤에는 민주당 이재명 후보 선거대책위원회에 합류한다.

방통위 산하기관인 한국방송광고진흥공사, 즉 코바코도 이런 정치 주변 인물의 낙하산 인사 논란이 끊이지 않는 곳이다. 문재인 대통령 시절 첫 사장에 임명된 김기만은 신문기자 출신으로 대선 캠프에서 언론특보를 지낸 인물로 낙하산 논란이 일었고[51], 임기를 마친 뒤엔 역시 이재명 후보 캠프에서 활동했다. 후임 역시 노무현 정부에서 청와대 홍보수석을 한 인물이었다. 이처럼 각종 언론 관련 공공기관에 정치적으로 활발한 활동을 하거나 정치권 실세들과 연결된 사람들이 임명되는 관행은 언론계 전반과 정치권의 후견주의적 관행을 더 깊게 만든다. 언론계 인사들 중에서 SNS 등에서 활발하게 정치적 발언을 하고, 주요 정치인들과 관계를 맺는 사람들이 결국 각종 언론 관련 공공기관의 자리를 차지하는 모습은 언론의 독립성 측면에서, 그리고 해당 기관들의 공정하고 전문적인 운영 측면에서 모두 바람직하지 않다.

문제는 대선 때 어떤 식으로든 도움을 줬던 사람, 적어도 확실하게 자기편이라는 믿음이 가는 사람을 이런 언론 관련 공공기관에 보내는 관행이 어느 정권이든 바뀌지 않는다는 것이다. 건강하고 경쟁력 있는 언론을 만들기 위한 언론 관련 공공기관들이 오히려 정치적 후견주의를 심화하는 도구가 되는 것이다.

제 2 장

정치와 너무나 가까운 한국 언론인

앞에서 우리는 '언론의 정치적 독립성'이라는 원칙과 가치가 얼마나 허울만 남아 있는지 살펴보았다. 한국 언론의 정파성에는 이런 제도적 측면과 함께 이 문제에 대한 언론인의 자의적 인식도 큰 영향을 미치고 있다. 언론인이 관찰자, 감시자의 역할에 머무르지 않고 아예 선수가 된 듯이 적극적으로 사회 현안에 개입하고 발언하는 것을 정당화하는 것이다. 직접 각종 정치 현안에 대해 발언하고, 특정 정치 진영을 비판하는 것은 물론 아예 대선 후보 지지행사에 참여하는 언론사 간부까지 나온다. 선거 출마를 제한하고, 각종 언론윤리 규범에서 독립성을 강조하고 있는 것을 무색하게 만드는 분위기가 형성된다.

하지만 언론이 취재 대상으로부터 거리를 유지하지 않으면 그런 언론의 보도를 공정하다고 받아들일 사람은 많지 않다. 언론인은 실질적으로 공정한 것도 중요하지만 지켜보는 사람들로부터 공정하다고 인정받도록 처신하는 것도 중요하다. 양심에 비추어 공정했다고 충분한 것이 아니다. 남들이 보기에도 공정하다고 느낄 수 있는 절차와 규범을 지키는 것이 필요한 것이다. 언론인이 정치권과 거리두기를 하지 않으면, 결국 언론과 정치권이 서로 뒤를 봐주고 협업하는 관계가 강화될 수밖에 없다.

정치인, 사회운동가와 언론인의 차이점

| 직접적인 대변자 역할을 하는 정치와 사회운동

신입 기자들이나 예비 언론인을 대상으로 윤리 교육을 할 때 종종 정치인과 사회운동가, 언론인의 공통점과 차이점에 대해 어떻게 생각하는지 물어본다. 평소 생각을 해보지 않았다면 쉽지 않은 질문이다. 하지만 의외로 공통점과 차이점을 명확하게 이해하고 있는 사람들을 종종 만난다.

 정치는 공적인 권력을 움직여 사회의 갈등을 해소하거나 자원을 배분하는 등의 작용을 한다. 예산이나 제도 등을 놓고 지역별, 집단별 이해관계가 힘겨루기를 벌이는 것이라고 말할 수 있다. 통상 이런 과정을 거치면서 어느 정도 사회 전체의 이익에 부합하는 쪽으로 균형점을 찾게 된다. 물론 그 균형은 어떤 절대적이고 이상적인 균형점이라기보다는 현실적인 타협점이다. 하지만 이런 힘겨루기와 경쟁은 지역이나 집단 같은 공동의 이익을 추구한다는 점에서 특정 개인의 사익을 추구하는 것과는 명확하게 구별된다.

 이런 정치에서 중요한 것은 누구를 대변하느냐는 것이다. 실제로 정치인은 주로 특정 지역을 대표한다. 국회의원의 대부분은 특정 지역에서 선출된 사람들이다. 지방의원들도 마찬가지다. 다만 비례대표 의원들은 지역 대신 어떤 전문 분야나 세대, 가치 등을 대변한다. 이렇게 특정한 지역이나 집단, 세대 등을 대표한다는 말은 자신이 대표하는 사람들을 위해 활동하는 것이 당연하다는 뜻이기도 하다. 특정 지역이나 집단을 대표하는 활동을 잘해서 다른 지역이나 집단에 비해 유리한 결과를 만들면 다음 선거에서도 선택받을 가능성이 커진다. 따라서 지역을 대표하는 정치인이 자기 지역은 이미 개발이 충분히 됐다며 다른 지역에 예산이나 사업을 양보하는 일은 상상하기 어렵다. 그랬다가는 다시는 지역 유권자의 선택을 받을 수 없을 것이기 때문이다.

사익이 아닌 공익을 추구하기는 하지만 더 큰 공익 차원에서 볼 때는 비합리적 결과를 가져올 수도 있는 목표를 추구하는 것은 정치의 모순적인 측면이기도 하다. 정치인들이 철도나 고속도로 노선을 경제성과 무관하게 자기 지역구를 지나게 만들려고 노력하는 것이 대표적이다. 적자가 날 것이 너무나 명확한데도 새만금을 비롯해서 여러 지역에 공항이 계속 만들어지는 것도 마찬가지다. 해당 지역의 이익에는 부합하지만 더 큰 사회적 이익을 해칠 수도 있다. 그 지역에서 볼 때는 공익적이지만 사회 전체의 공익을 해치는 것이다.

정치에도 크고 작은 단위들이 있고, 입법과 행정, 사법으로 국가권력을 쪼개서 견제하게 만들어 놓은 것은 이런 이유에서라고 볼 수 있다. 정치는 작은 단위일수록 자신이 대표하는 사람들의 이해관계에 더 매몰되고, 그들로부터 독립성을 갖기 어렵다. 여러 지역의 이해관계를 어렵게 조정해서 내렸던 대형 국책사업 관련 결정이 특정 지역 광역 지자체장 보궐선거를 앞두고 순식간에 뒤집히기도 한다. 당장 선거가 치러지는 지역에서 표를 얻는 것이 급하기 때문이다. 어느 한쪽이 그런 공약을 내세우면 다른 쪽이 반대하기 어렵다.

각종 사회운동도 정치와 비슷하다. 마을이나 아파트 같은 단위에서부터 조금 넓은 지역 차원의 주민 자치활동도 있고, 소비조합 활동 같은 생활 중심의 사회운동도 있다. 환경이나 언론, 사회 복지나 인권 같은 사회적 가치를 추구하는 사회운동 등 다양한 방식이 존재한다. 어떤 지역이나 집단의 공통된 이익이나 특정한 사회적 가치를 추구하는 활동이라는 점에서 단순히 개인의 사적 이익을 추구하는 행위와는 구별된다. 국가권력을 얻기 위한 활동인 정치와도 차이가 있다.

물론 개인의 사적인 이익을 추구하는 것이 아니라 사회적, 집단적 이익을 추구하는 것은 물론, 더 나은 사회를 위해 노력하는 공익적 측면은 정치와의 공통점이다. 또 각 사회운동이 특정한 목표나 가치를 직접 대변하는 활동을 하는 점도 정치와의 공통점이다. 특정 소수집단의 권익 신장을 추구하는 사회운동가라면 그들의 이익을 최우선에 놓고 활동해도 이상하지 않다. 이들이 소수집단의 문제를 해결하겠다며 직접 나선다고 해서 독립성을 지키지 않는다고 비판하지 않는다. 환경 운동가라면 다른 무엇보다 환경 보호를 더 중요하게 생각하고 활동할 수 있다. 이런 목소리까지 참고해서 사회 전체적인 의사 결정을 하면 되기 때문이다.

| 언론에 요구되는 '독립성'…"취재 대상과 거리를 유지해야"

그런 면에서 자기 손으로 세상에 어떤 변화를 만들어보겠다는 생각이 확실한 사람은 정치나 사회운동을 하는 것이 좋다. 직접 권력을 획득해 제도를 바꾸거나 자원 배분에 개입할 수도 있고, 어떤 문제의 해법을 직접 제시하거나 문제 해결을 요구하는 실력행사를 할 수도 있는 것이 정치인이나 사회운동가이기 때문이다. 정치는 직접 구체적인 사업 내용을 결정하고 예산을 배정할 수도 있고, 사회운동은 특정한 해법을 제시하고 그것을 관철하기 위해 집회 등의 활동을 조직할 수도 있다.

지금부터 살펴보겠지만 언론은 이렇게 직접 자기 손으로 제도를 고치고 예산을 배정하거나, 특정한 해법을 관철하기 위한 실력행사를 하는 것과는 거리가 멀다. 언론은 정보를 널리 알려 다른 사람들이 제대로 된 의사 결정을 할 수 있도록 도와줄 뿐이다. 언론은 집행기관이 아니기 때문이다.

물론 언론도 정치나 사회운동처럼 공적인 이익을 추구한다. 개인적인 이해관계에 따라 글을 쓰고 방송을 하는 것은 아니다. 하지만 언론은 특정 지역이나 집단의 이익을 대변해서는 안 된다. 그것은 기관지의 영역이다. 정치는 누군가의 이익을 대변하기 위해 직접 세력을 키우고 다른 세력과 권력을 다툰다. 정치권력을 두고 벌이는 경쟁이 얼마나 치열한지는 굳이 말할 필요도 없다.

사회운동은 직접 특정한 목적을 위해 사회적 관심을 끌고 공적 의사결정이 원하는 방향으로 내려지도록 노력한다. 반대 세력을 압박하는 등 물리적 행동도 불사한다. 각종 시민단체나 노동조합 등의 활동이 대표적이다.

언론은 이들과 달리 사실에 입각해야 할 뿐만 아니라 취재 대상으로부터 독립성을 지켜야 한다. 독립성을 지킨다는 것은 언론 활동이 특정한 누군가의 이익을 대변하는 활동이 아니라 '일반적인 공익'을 위한 행위여야 한다는 의미다. 국내에서도 널리 알려진 저널리즘 교과서인 로젠스틸과 코바치의 『저널리즘의 기본 원칙』도 언론의 독립성을 강조한다.[52] 이 책의 네 번째 원칙은 "저널리즘을 실천하는 사람들은 반드시 그들이 취재하는 대상들로부터 독립을 유지해야 한다"는 것이다. 취재 대상의 사연이 안타깝다고 해서 아예 그들을 돕겠다고 발 벗고 나서는 일은 사회운동의 차원으로 넘어가는 것이다. 사실 보도를 함으로써 결과적으로 그들에게 도움이 되는 것은 상관없지만, 언론이 애초에 그들을 돕기 위한 활동을 벌이는 것은 안 된다는 말이다.

이 책의 다섯 번째 원칙은 "저널리즘은 반드시 권력에 대한 독립적인 감시자로 봉사해야 한다"는 것이다. 특정한 정치적 주장이 옳아 보인다고 그들의 대변자를 자처해서도 안 되고, 반대로 마음에 들지 않는 정치적 집단이라고 해서 그들을 공격하기 위해 보도하는 것도 안 된다는 말이다. 이 두 원칙을 지키기 위해서는 언론과 취재대상 사이의 거리두기가 필수적이다. 최소한의 거리가 유지되지 않는다면 언론은 독립성을 상실하고 기관지가 되어

버린다.

이런 독립성의 뿌리는 그 책의 두 번째 원칙에 있다. "저널리즘이 가장 충성을 바쳐야 할 대상은 시민들이다." 여기서 말하는 시민은 특정 언론의 취재원이나 특정 독자나 소비자를 말하는 것이 아니다. 그 사회의 구성원인 일반적인 시민이다. 소속된 집단이나 진영을 따지지 않는, 그냥 일반적인 시민이다. 특정인이나 집단, 진영에 충성하는 것은 일반적인 시민의 이익에 반할 수 있기 때문이다. 언론이 특정인, 특정 집단과 진영에 대한 독립성을 유지해야 하는 근본적인 이유다.

| 독립성 선언한 언론윤리 규범들

취재 대상으로부터 독립성을 지켜야 한다는 것은 『저널리즘의 기본 원칙』에만 나오는 이상주의적 원칙이 아니다. 2021년 한국기자협회와 인터넷신문협회가 공동 제정한 〈언론윤리헌장〉의 다섯 번째 원칙은 "독립적으로 보도한다"는 것이다.[53] 언론은 '모든 권력'으로부터 독립해서 오로지 시민과 공익의 관점에서 자율적이고 전문적인 판단을 내려야 한다는 것이다. 정치권력이나 경제 권력만이 아니라 '모든 권력'이라는 말이 중요하다. 예를 들어 언론이 독자적으로 판단하지 않고 특정한 뉴스 소비자나 집단의 요구를 따르는 것도 독립성 원칙에 어긋난다. "독자와 시청자의 의견과 비판을 겸허하게 경청하고 보도에 반영하되, 건전한 비판 보도를 막으려는 의도적이고 집단적인 공격에 위축되지 않는다"는 문

구에 잘 나타나 있는 정신이다.

　방송기자연합회가 2022년에 제정한 강령에도 "언론 자유와 독립 수호"라는 원칙이 있다.[54] "우리는 정치권력은 물론 자본, 종교, 집단 등 어떤 권력에 대해서도 당당하게 비판하고 감시하며 일체의 압력을 거부한다", "우리는 취재와 보도가 정치적 갈등의 도구로 이용되거나 특정 집단의 이해관계에 좌우되는 일이 없도록 최선을 다한다"는 구체적인 내용이 명시돼 있다. 언론의 독립성 원칙에는 이처럼 어떤 권력도 비판할 수 있어야 한다는 정신이 깔려 있다. 독립성을 잃고 기관지가 되면 잘못을 보고도 비판할 수 없게 되기 때문이다.

　진보, 보수를 떠나 여러 언론사의 자체 윤리규범들도 독립성을 언급한다. 언론의 기본적 기능을 생각해보면 너무나 당연하게 독립성이 요구되기 때문이다. 물론 특정한 시청자나 독자를 위한 언론도 있다. 하지만 어디까지나 내용적인 공익성과 함께 독립성이 있어야만 언론이라고 부를 수 있다. 독립성이 없다면 시청자, 독자, 지역과 관련한 잘못을 발견해도 비판할 수가 없다. 이것이 기관지와 언론을 가르는 엄청난 차이다.

스스로 정치인·사회운동가를
지향하는 언론인

| 관찰자에 머무르느냐, 직접 '선수'가 되느냐

단순히 직업의 하나로 언론인이 되는 사람도 있다. 하지만 대체로 언론인이 되는 사람들은 사회나 공동체에 관심이 있고 공적인 가치를 추구하려는 경향이 있다. 언론이 공익을 추구하는 것을 기본 사명으로 한다는 점을 생각하면 당연한 일이다. 종종 '월급쟁이는 다 똑같다'는 말을 달고 사는 기자들도 있지만 그래도 세상에서 벌어지는 일의 옳고 그름을 고민하면서 산다. 세상에 대한 관심과 고민, 문제의식이 없다면 언론인으로서 일을 지속할 수 없기 때문이다.

그런데 언론은 위에서 이야기한 것처럼 정치나 사회운동과 구분되는 윤리적 기준을 갖고 있다. 자신이 생각하는 방향으로 세상을 이끌어 가기 위해서, 특정한 가치나 사람들을 위해서 취재하고 보도하는 것은 언론 활동이 아니다. 자기가 볼 때는 옳은 일이라고 해도 큰 틀에서 공익에 어긋날 수도 있다. 무엇보다도 그렇게 하는 것은 독립성 원칙에 위반되는 일이다. 언론은 '선수'가 아니라 관찰자이거나 감시자여야 하기 때문이다. 그래야만 주권자인 국민이 중요 사안들을 제대로 파악해서 필요한 판단을 내릴 수 있는 정보를 공급할 수 있다. 시청자, 독자들에게 '이 사안은 이렇게 해야 한다'고 가르치는 것이 아니라 그들이 적절한 결정을 할 수 있도록 충분한 정보를 제공해 주는 것이 언론의 역할이다.

이런 역할이 필요한 가장 기본적인 이유는 대의민주주의 체제에서 주권자인 국민이 세상의 복잡한 사항들을 직접 두루 파악하기는 힘들기 때문이다. 누군가 직접적인 이해관계 없이, 독립적으로 이런 사안을 지켜보고 정보를 알려주는 사람이 필요하다. 세상은 너무나 복잡해서 언론인도 직접 취재한 범위 안에서만 해당 사안을 알고 있을 뿐이므로, 함부로 어떤 결론을 내리는 것은 위험하다. 기자들이 함부로 어떤 사안에 대한 결론을 내리다가는 자칫 자신만의 편협한 생각에 갇혀버릴 수 있다. 언론이 세상사의 잘잘못을 따지고 감시한다고 해서 섣불리 자신이 심판이나 감독이 된 것으로 오해하면 안 된다.

| 행동가가 되고 싶은 언론인들

세상일에 관심을 두다 보면 선수들의 수준이 성에 차지 않을 때가 있다. 직접 선수로 뛰고 싶은 마음이 생긴다. 세상의 불의를 직접 해결하고 싶고, 잘못을 직접 추궁하고 싶어진다. 그런데 여기서 한발만 더 나가면 아예 정치에 뛰어들게 된다. 매우 예민한 사례를 하나만 돌아보자.

언론은 권력을 감시, 비판하는 역할을 하는데 그런 감시와 비판 대상 중에는 검찰도 있다. 검찰에 잘못이 있다면 그것을 공개하고 문제를 지적하는 것이 당연하다. 잘못이 공개되면 책임을 묻는 것이나 개선책을 만드는 등의 조치는 적절한 공적 기구를 통해 진행될 것이다. 언론은 잘못만 공개하고 이후 처리가 어떻게 되는지는 신경쓰지 말라는 얘기가 아니다. 당연히 후속 조치에 대해 끝까지 관심을 가져야 한다.

그런데, 검찰이 자꾸 문제를 일으키는 것 같으니 아예 검찰 권한을 축소해야 한다며 검찰을 비난하는 내용의 글을 SNS에 올리거나 관련 집회에 참석하는 것은 어떨까? 제법 많은 언론인이 검찰-경찰 사이의 수사권 조정 문제가 논의되는 동안 검찰의 수사권 축소를 강하게 요구하고 검찰을 비난하는 내용의 글을 올렸다. 보도도 마찬가지다. 몇몇 언론은 이런 자신들의 주장을 집중적으로 보도하면서 검찰의 수사권을 축소하려는 당시 정부 방침을 적극적으로 옹호했다. 마치 검찰의 변호인을 자처한 듯이 반대쪽 주장을 펼친 언론들도 있다.

수사권을 검찰과 경찰이 어떻게 분담하느냐가 그 자체로 어떤 가치나 정의의 문제는 아니다. 국가마다 형사사법 제도는 많이 다르고 나름의 장단점이 있다. 중요한 것은 범죄 수사 과정에서 부당한 인권 침해와 같은 권력 남용이 발생하지는 않는지, 그리고 무엇보다도 범죄에 대한 적절한 대응이 이뤄지는지다. 그런데 희한하게 한국 사회에서는 수사권을 누가 갖는지, 그래서 검찰의 수사 권한을 어느 정도로 축소해야 하는지가 한동안 매우 중요한 쟁점이었다.

특이하게도 몇몇 언론은 검찰이 수사권을 조금이라도 더 갖는 것을 막기 위해 노력했고, 그로 인해 발생할 수 있는 어떤 문제보다 검찰의 권력 축소에 의미를 두는 보도를 했다. 검찰의 수사권 축소를 수사 관련 제도 '개혁안'으로 제시하고 추진하는 시민단체나 정치 집단은 있을 수 있다. 학자들이 특정한 방안이 옳다고 주장할 수도 있다. 그런데 언론이 특정한 수사권 행사 방식을 정의와 불의의 개념에서 접근하고, 어떤 결론을 관철하기 위한 보도를 하는 것은 언론이 아니라 정치나 사회운동의 역할이다.

마음속으로 검찰 수사권 축소가 옳은 방향이라는 신념을 가진 기자가 검찰 수사권 남용 사례 등을 집중적으로 보도해 결과적으로 검찰 수사권 축소라는 여론을 조성하는 것은 어떨까? 헌법 제19조는 '양심의 자유'를 규정하고 있다. 언론인을 포함해 누구든 마음속에 어떤 생각을 갖는 것은 절대적인 자유의 영역이다. 어떤 언론인이 마음속으로 검찰 수사권을 축소하거나 아예 폐지해야 한다고 생각하더라도 그런 생각만으로는 아무도 시비를 걸 수 없다. 검찰 수사 문제를 보도하면서 제대로 근거도 제시하지 않거나 혹은 경찰에도 비슷하거나 더 심한 문제가 있는데 그쪽은 무시한 채 검찰 관련 문제만 제기하는 등 현저히 균형을 잃은 보도만 하지 않으면 된다. 내심의 의사가 아니라 드러난 보도만 평가하면 그만이다.

어떤 정책적 사안에 대한 찬성과 반대 의사가 마음속에 있더라도 오로지 사실 취재를 바탕으로 보도해서 실질적으로 특정 진영에 도움을 준 것은 뭐라 할 방법이 없다. 적어도 그것은 외형적으로 정상적인 언론 활동이기 때문이다. 하지만 아예 특정 방향으로 정책이 추진되도록 만들기 위해 그 방향으로만 보도하거나, 사실 보도가 아니라 특정한 주장을 내세우며 일방적인 반대 활동을 벌이는 것은 정치 활동이나 사회운동이지 언론 활동은 아니다.

노동 문제도 마찬가지다. 대한민국에서 노동조합이 노동 문제에서 가장 큰 걸림돌이라고 생각하고 노조가 조금이라도 더 힘을 갖는 것을 무조건 비난하는 언론도 있다. 그들 스스로도 노동자이면서 노조에 대해 적대적인 표현을 주저 없이 사용하는 언론인도 적지 않다. 분명히 한국 사회에서 대규모 노조나 노동단체 등이 드러낸 문제들이 적지 않았다. 그럼 그런 사안을 가감 없이 드러내고 고발하면 된다. 그런데 아예 산별노조를 비롯한 대규모 노조, 그리고 민주노총과 같은 노동자 단체를 아예 존재해서는 안 되는 사회악으로 공격하는 것은 보도라기보다는 '반 노조 운동'으로 비칠 뿐이다.

정반대 경향도 존재한다. 정부가 대형 노조나 상급단체의 문제를 지적하기만 하면 무조건 '권력의 노조 탄압'이라는 프레임을 들고나오는 언론도 있다. 노조를 적대시하는 언론과 달리 노조를 거의 성역화하는 태도이다. 한쪽은 반노조 운동을, 한쪽은 노동운동을 하는 것이다. 언론인도 노동자이므로 당연히 노동운동도 할 수 있지만 보도 활동과 노동운동은 구분되어야 마땅하다. 그것은 언론의 독립성 원칙에서 비롯되는 당연한 요구다.

환경, 복지, 교육, 부동산, 지역, 언론 등 예민한 사회 현안마다 이런 문제가 노출된다. 이런 문제를 언론으로서 다루는 것과 정치나 사회운동으로 접근하는 것을 구별하지 못하는 언론인들이 많다. 이명박 전 대통령이 추진했던 4대강 사업 때도 그랬다. 아예 합리적인 비판이나 문제 제기, 사업에 대한 검증 등을 제대로 하지도 못하게 정권 차원에서 언론에 압력을 가하는 바람에 많은 갈등을 빚었다. 그런데 보도가 아니라 아예 환경단체들과 함께 반대 운동을 벌인 언론인들도 있었다. 한국 사회는 이런 경우 같은 생각을 가진 시청자, 독자들이 박수를 치고 관련 단체들은 상도 준다. 언론인만이 아니라 사회 전체가 언론과 정치, 사회운동을 제대로 구별하지 않기 때문에 벌어지는 일이다.

언론인의 정치적 의사표현과
외형적 공정성

| 언론인의 '공정하거나 공정해 보여야 할' 의무

언론인도 지지하는 정당, 지지하는 후보가 있을 수 있다. 당연한 일이다. 언론인도 정치적 자유가 있고, 아무리 바빠도 투표에 참여할 시간을 요구할 수도 있다. 언론인은 동시에 공정한 보도를 해야 하고, 소속사 보도가 공정해 보이도록 노력할 의무가 있다. 언론인으로서의 직업윤리는 개인의 정치적 자유보다 언론인으로서 공정해야 할 의무를 앞세울 것을 요구한다. 만약 자신의 개인적인 정치적 자유를 앞세운다면 그의 취재와 보도가 정치 활동으

로 오해받을 수 있다. 정치적이라고 의심받는 언론인이 소속된 언론사의 보도가 공정해 보이기는 어렵다. 소속 언론사와 동료 모두에게 악영향을 미치는 일이다.

전 세계 언론의 모범 사례로 꼽히는 〈뉴욕타임스〉는 이 문제에 대해 매우 구체적인 규범을 두고 있다. '윤리 가이드라인'은 정치에 대해서는 아무것도 해서는 안 된다고 명시적으로 규정하고 있다. 오로지 투표만 할 수 있을 뿐 자신이나 〈뉴욕타임스〉의 '직업적 중립성'(professional neutrality)에 의심을 불러일으킬 수 있는 일은 아무것도 해서는 안 된다는 것이다. 특정 후보를 지지하거나, 후보나 선거운동 등을 위해 돈을 기부하거나 모금하는 일, 공적인 직위를 얻으려 하는 것, 어깨띠를 두르는 것, 공적인 목적이나 운동을 지지하기 위한 행진이나 시위에 참여하는 것 등의 금지 행위를 구체적으로 제시한다.[55]

〈뉴욕타임스〉 가이드라인에는 이런 부연 설명도 있다. 이렇게 자사의 언론인들이 정치적 행사에 참여하지 않는다고 해서 그런 사안들에 대해 깊은 고민을 하지 않는다는 뜻은 아니라는 것이다. 문제는 언론인이 어떤 특정한 의견을 갖고 있다는 것이 드러나면 반대 의견을 가진 사람이 〈뉴욕타임스〉 보도를 어떻게 볼 것이냐는 점이다. 보도에서 모든 상반된 견해들을 공정하게 취급하는 것이 매우 중요하기 때문이다. 〈뉴욕타임스〉는 이런 독립성을 핵심적인 경쟁력이라고 생각한다.

이 때문에 〈뉴욕타임스〉 기자는 좋은 취지의 집회라고 해도 자신이 직접 참여하지 않고, SNS를 통해서 어떤 특정한 방향의 의견을 제시하지도 않는다. 정치적인 것만이 아니라 보도의 대상이 될 수 있는 모든 사안이 해당된다. 〈뉴욕타임스〉가 보도할 만한 쟁점에 대해 소속 기자가 어떤 의견을 제시하는 것만으로도 '직업적 중립성'에 대한 의문을 초래할 수 있기 때문이다. 실질적으로도 공정하면 더 좋겠지만 최소한 '공정하게 보여야 할' 의무가 있다는 것이다.

이런 주장은 모두가 전 세계적이라고 인정하는 〈뉴욕타임스〉에서만 통하는 것일까? 그렇지 않다. 미국 기자협회(SPJ: Society of Professional Journalists)는 회원들의 정치 활동 관련 질문에 단호하게 "No"라고 한다. 정치 활동을 하지도 말고, 관련되지도 말고, 돈을 기부하지도 말고, 선거운동에 참여하지도 말고, 로비도 하지 말고, 특히 직접 어떤 자리를 차지하려고 입후보하지 말라고 한다.[56] 그리고 이 문제가 이해충돌, 신뢰 훼손의 문제라는 점을 지적한다. 피할 수 없는 이해충돌 우려가 있다면 공개해야 하고, 누군가를 대변하는 것과 뉴스 보도를 구분하라고 요구한다.

모든 사람은 각자의 정치적 의견이 있고, 그래서 어떤 취재나 보도도 절대로 정치적으로 중립적일 수 없다는 궤변을 종종 듣는다. 이것이 궤변인 이유는 이런 주장이 '누구든 마음속의 정치적 견해에 영향을 받을 수밖에 없으니 아예 대놓고 자기 마음에 드는 대로 보도하자'는 주장으로 이어지기 때문이다. 어려우니 마음 편하게 포기하자는 식의 무책임한 주장이다. 공정성, 중립성은 '그런 마음속의 정치적 견해가 직업적 판단에 영향을 미치지 않도록 노력할 의무'를 언론인에게 부여한다. 불공정하다는 의심을 받지 않도록 더 노력하고 절제하라고 요구하는 것이다.

| 취재 기자의 "대통령님 파이팅" 발언

윤석열 대통령이 취임한 지 석 달쯤이 지난 2022년 8월에 있었던 일이다. 여름휴가를 마치고 돌아온 윤 대통령이 출근길에 기자들을 만나 문답을 하는 도중에 〈아리랑TV〉 소속 기자가 "대통령님 파이팅"이라고 외쳤다. 당시는 다른 기자가 사회부총리 겸 교육부장관의 거취 문제를 질문해 윤 대통령이 대답을 하던 중이었다. 당시 전체 영상을 보면 이 기자는 대통령 발언이 끝난 줄 알고 돌발 발언을 했고, 마지막으로 말을 마치고 이동하던 대통령에게 다른 사안을 질문해서 답을 받기도 했다. 맥락을 보면 자기 질문에 답을 얻으려는 마음에서 문제의 '파이팅' 발언을 했다고 볼 수도 있다. 그래서인지 이후 윤 대통령과 심각한 갈등을 빚은 MBC조차 유튜브 콘텐츠의 제목을 "질문하려고 '돌발 응원'?"이라고 단 것을 보면 현장에 있던 기자들은 이 발언을 크게 문제라고 보지 못했던 것 같다.[57]

이 발언은 이후 호된 비판을 받았다. 이를 공론화한 것은 한국에서 프리랜서로 활동하는 라파엘 라시드라는 영국 언론인이었다. 그는 SNS에 이날 약식회견 장면을 첨부하면서 "대통령실 기자단 소속인 일부 기자들이 치어리더처럼 윤 대통령의 발밑에서 굽실거리는(grovel) 모습이 민망하다"고 썼다.[58] 신미희 민주언론시민연합 사무처장은 〈미디어오늘〉 인터뷰에서 "기자가 지지하는 정치인이 있고 특정 정당과 정파가 있더라도 취재 현장에서 그런 발언을 하는 건 매우 부적절하다. 정부 홍보 매체일지라도 기자로서 참여한 현장에서 부적절한 발언을 하는 건 모든 언론과 기자에 대한 신뢰를 떨어뜨린다"고 비판했다.[59] 바른언론실천연대라는 언론단체도 성명에서 이 발언을 '충격적'이라면서 "'엄정중립', '불편부당'이라는 기자의 기본자세에 대해 아리랑TV 측은 어떻게 생각하는지 묻고 싶다"고 비판했다. 모두 옳은 지적이다.

이 기자의 소속사도 국회 문화체육관광위원회 소속인 정의당 류호정 의원실의 서면 질의에 "저널리스트로서 공정하고 균형잡힌 취재를 해야 하나 사려깊지 못한 발언이었다"며 "해당 기자에게는 강력한 주의 조치를 했다"고 답했다. 또 앞으로 이런 사례가 재발하지 않도록 교육을 강화하겠다며 구체적인 교육 방안까지 보고했다.[60] 류호정 의원은 질의에서 "기자는 특정집단, 세력, 견해에 치우치지 않고 공정하고 균형 잡힌 자세로 엄정한 객관성을 유지해야 한다. 공적인 장소에서의 기자의 이런 행동은 아리랑TV 보도에 대한 객관성과 공정성을 해친다는 지적이 있다"고 비판했다.

윤석열 대통령의 지지자 중에는 "같은 심정"이라고 이 기자를 감싸는 사람도 있었다. 하지만 기자의 이런 발언이 문제가 없다는 언론인은 없을 것이다. 류호정 의원이 잘 정리한 것처럼 이런 발언은 기자의 '공정하고 균형 잡힌 자세'를 의심받게 만들고, 소속 언론사 전체의 '객관성과 공정성'에 대한 인식을 해칠 수 있기 때문이다. 그럼 기자의 '공정하고 균형 잡힌 자세'를 의심받게 만들고, 소속 언론사 전체의 '객관성과 공정성'을 해칠 수 있는 주장을 지금도 많은 언론인들이 SNS를 통해 공개적으로 하고 있는 부분은 어떤가?

| 한국 언론인들의 거침없는 SNS 활동

대통령 앞에서 "대통령님 파이팅"이라고 말한 것에는 분노하고 공개적으로 질책하는 사람들이 언론인들의 공개적인 정치적 발언에 대해 분노하거나 질책하지 않는 것은 매우 특이한 현상이다. 심지어 개인 SNS 계정에서 어떤 주장을 하든 그것은 개인의 표현의 자유에 속하는 문제 아니냐는 너그러운 분들도 있다. 그렇다면 "대통령님 파이팅"은 오로지 업무 시간에, 공식 석상에서 한 것이어서 문제인가? 그 기자가 SNS에 그 말을 썼으면 괜찮은 걸까?

미국의 경우 기자협회 윤리 규정에 비해 개별 언론사들은 훨씬 자세한 규정들을 갖고 있고 이를 위반하면 해고될 수 있다. 미국 기자협회도 그런 점을 지적하면서 회원들에게 주의를 촉구한다. 실제로 미국 언론인들 사이에서 자신의 정치적 의사를 공개적으로 표명하는 것은 자칫 언론 경력을 끝장낼 수 있는 일로 받아들여진다.

〈뉴욕타임스〉가 2017년 10월에 제정한 〈소셜미디어 가이드라인〉을 보면 소속 언론인은 정파적인 의견, 특정한 정치적 견해나 후보를 지지하는 말을 해서는 안 된다. 또 회사의 평판을 훼손하는 거친 표현을 사용해도 안 된다. 이런 회사의 윤리 지침을 위반하면 해고를 감수해야 한다. 더구나 이 가이드라인은 정치나 정부를 취재하는 것과 무관하게 편집국의 모든 사람에게 적용된다. 소속 언론인이 SNS에서 공개 발언을 하면 사람들은 이것을 〈뉴욕타임스〉의 견해로 받아들이기 때문이라는 것이다. 가이드라인에는 소속 언론인의 트위터 계정은 회사가 아무런 관리나 통제를 하지 않더라도 사실상 회사 계정과 마찬가지라는 말도 나온다. 개인 계정에 쓴 말이 회사에 영향을 미치기 때문이다.[61]

정치적 의견이 거친 표현과 결부되면 최악이다. 정치적인 편향성을 드러낼 뿐만 아니라 공격성까지 보이는 SNS 글들은 언론인의 기본적인 자질까지 의심받게 만든다. 〈뉴욕타임스〉는 혹시라도 다른 사람이 남긴 거친 글에 대응하는 과정에서 공격적인 발언을 할 가능성을 차단하기 위해 공격적이거나 막무가내식 비판은 그냥 무시하라고 권고한다. 공격적이거나 위협적인 사람은 차단해버리는 것이 낫다는 것이다.

국내에서는 언론인이 공격적이거나 상대를 배려하지 않는 거친 표현을 동원해 SNS 공간에서 정치적 표현을 하는 것을 어렵지 않게 볼 수 있다. 심지어 공영방송에서 주요 직책이나 시사 프로그램 진행을 맡은 중견 언론인 가운데서도 그런 사례를 찾을 수 있었다. 자신이 동의하지 않는 다른 언론사 보도나 언론인을 인신공격 수준으로 비판하는 모습도 종종 볼 수 있다. 아예 상대를 언론으로 인정하지 않는, 욕설 수준의 발언을 하기도 한다.

"언론의 탈을 쓰고 보도가 아니라 민심을 조종하고 있다"는 표현이나 "○○○○는 언론으로 인정하지 않기 때문에 ○○○○ 애기할 때는 언론윤리 원칙을 지키지 않아도 된다"는 식의 표현은 그나마 온건한 표현에 속한다. 민감한 사회적 쟁점에 대한 보도가 이루어지고 있을 때나, 선거에 임박해서는 더욱 그렇다. 특정 정치인을 옹호하고 반대쪽 정치인을 공격하는 발언도 나온다. 특정 후보가 당선되면 나라가 망할 것이라는 식의 주장까지 한다.

이렇게 공영방송 소속이면서 거칠고 공격적인 발언을 공개적으로 했다고 제재를 받았다는 얘기는 들어본 적이 없다. 오히려 그런 주장에 동의하는 시청자나 독자들의 박수를 받는다. 언론 활동과 정치 활동의 경계가 무너진 탓이다. 물론 자기 업무에 충실한 언론인 대부분은 정치적인 발언을 공개적으로 하지 않는다. 하지만 그런 활동을 공공연하게 하는 일부 언론인이 아무런 제재도 받지 않을 뿐만 아니라 오히려 의식 있는 언론인으로 평가받는 것이 계속되다 보면 언론인 사회 전반의 윤리적 기준이 흔들리기 쉽다. 공적 책임을 더 크게 부여받은 공영방송 구성원들 사이에서조차 그런 행동이 아무렇지도 않게 통용되면 사회 전체의 언론윤리에 대한 인식도 영향을 받을 수밖에 없다.

미국에는 우리처럼 법률에 근거를 둔 공영방송은 없다. 공익재단이 운영하는 방송인 NPR(National Public Radio) 같은 곳을 흔히 미국판 공영방송이라고 부른다. NPR은 윤리 규정에서 소속 직원의 정치적 활동을 엄격하게 제한한다. 정치적 편향성, 즉 정파성을 배격한다는 원칙은 구성원들의 페이스북 계정 등 SNS를 포함해 개인들이 운영하는 모든 온라인 공간에도 그대로 적용된다고 밝히고 있다. 개인의 신상이 직접적으로 드러나지 않은 계정이라도 마찬가지 원칙을 적용한다. 결국은 계정의 주인이 드러날 수 있고, 그 개인과 NPR에 영향을 미치기 때문이다.[62] 앞에서 미국 기자협회 윤리규정도 언급했지만 SNS에서의 활동도 언론윤리 규범에 따라야 한다는 것은 특별한 일부 언론만의 원칙이 아니다.

| 느슨하고 사문화된 한국 언론의 SNS 가이드라인

SNS에 대한 지침은 미국 언론에만 있을까? 그렇지는 않다. 국내 언론사들도 SNS 관련 가이드라인을 갖고 있다. 대표적인 공영방송인 KBS도 〈방송제작가이드라인〉 안에 '소셜미디어 이용 원칙'을 두고 있다. 그런데 특이하게도 공영방송 구성원으로서의 다양한 사회적 책무와 영향력을 고려해야 한다면서도 제일 먼저 소셜미디어 이용을 적극 장려한다고 밝힌다. 소셜미디어를 사용할 때 KBS의 신뢰도와 평판을 저해하는 요인이 있는지 면밀히 검토해서 〈방송제작 가이드라인〉 등의 제반 규정을 준수하라는 내용도 있다. 하지만 소셜미디어 이용을 적극 장려한다는 부분에서 드러나듯 SNS 활동을 제한하는 것에는 전반적으로 유보적이다. "공영방송 직원으로서 그에 맞게 적절히 행동해야 한다"는 대목처럼 그야말로 훈시적 규정만 두고 있다.[63]

특히 "사적인 소셜미디어 공간에서 이루어지는 개인적인 관점의 의사 표현임을 명확히 해야 한다"는 부분을 보면 개인적 관점이라고만 명확하게 밝히면 정치적 의사 표현도 얼마든지 할 수 있다는 해석도 가능하다. 실명이 아닌 계정에서도 마찬가지로 엄격한 규정을 적용하는 NPR과는 사뭇 다른 태도이다. 그렇다면 프로필 사진에 KBS나 자신이 관여하는 프로그램을 표시해놓고, 프로그램 홍보와 함께 정치적 사안에 대한 의사표현을 하는 것은 이런 SNS 가이드라인 위반일까? NPR이나 〈뉴욕타임스〉 기준으로는 명확한 위반이지만 KBS 가이드라인을 기준으로 보면 판단이 쉽지 않다.

　MBC도 〈소셜 미디어 가이드라인〉을 두고 있다. 소셜미디어에 올린 게시물에 대한 책임은 개인에게 있다면서, 개인의 의견이 회사의 의견으로 받아들여지지 않도록 주의하라고 되어 있다. MBC의 공정성과 신뢰성에 해가 되지 않도록 노력하고, 개인적 견해를 나타낼 때는 그런 의견이 정치적으로 해석될 수도 있음을 유의해야 한다고 규정했다. 타인을 비방하거나 명예를 훼손하지 않도록 유의하라는 등의 내용도 있다. 이 가이드라인은 국내에서 트위터나 페이스북 등이 국내에 보급된 초기에 만들어진 것이다. 소셜미디어 보급 초기에 언론인의 SNS 활동을 장려하던 분위기 속에 만들어졌다는 뜻이다. 이런 내용으로는 소속 언론인들이 SNS에서 정치적이거나 거친 발언을 하는 것을 억제하기 어렵다.

　〈조선일보〉는 조금은 명확한 규정을 두고 있다. SNS를 각자 책임하에 자유롭게 사용하되 SNS 활동이 사회적 파문을 만들지 않도록 유의하고, 특정한 정치인에게 동조하는 것으로 오해를 받을 수 있는 행동을 하지 않는 등 정치적 중립을 지키라는 권고사항이 있다. 소셜미디어 활동으로 정파적이라는 인상을 주지 말라는 규정도 있다. 어떤 경우에도 자신이 〈조선일보〉 기자라는 것을 유의

해야 하며, 특정한 공공의 문제나 인물을 언급할 때는 신문 보도에 준하는 수준으로 공정성과 객관성, 정확성을 지키라고 돼 있다.

공영 뉴스통신사인 연합뉴스도 〈윤리헌장〉에서 온라인 소셜미디어 활동에 관해 비교적 자세한 규정을 두고 있다. 정치 문제와 관련해서는 "자신의 소셜미디어에 정치적 소속이나 관점 및 입장을 게시하는 것을 지양한다"고 규정했다. '금지'가 아니라 '지양'이다. 더구나 "사회적으로 논란이 있는 사안에 대해 의견을 밝힐 경우, 자신의 의견이 회사의 의견인 것처럼 비치지 않도록 한다"는 부분도 있다. 결국 연합뉴스 기자는 순전히 자기 의견이라는 것만 명시하면 일반적인 쟁점 사안에 대해 의견을 밝혀도 된다는 뜻으로 읽힌다. 명확하게 누군가를 지지하거나 반대하는 정치적 의사표현만 아니라면 정치적인 쟁점에 대해 개인적인 의견을 공개해도 되는 것처럼 읽힌다.

SNS 활동에 대한 가장 최신 규정은 2022년에 만들어진 방송기자연합회의 〈취재보도준칙〉이다. 이 준칙은 언론인의 SNS가 어떤 경우에도 순수한 개인적 영역으로 인식되지 않는다는 점을 명심해야 한다면서 SNS 활동에서도 전문직업인으로서의 자세를 유지하라고 권고한다. 개인의 SNS 계정도 소속사와 동료의 신뢰도와 평판에 영향을 미칠 수 있다며 기본적인 윤리규범과 예의를 지켜야 하고, 특히 타인을 비하하거나 명예를 훼손하지 말라고 권고한다. 특정 단체나 조직, 기업 등을 팔로우하거나 친구로 추가하는 것만으로도 공정성과 불편부당성에 영향을 줄 수 있다는 점을 인식하라고 요구한다.[64]

위에서 언급한 일부 공영방송 소속 언론인의 SNS 활동을 포함해 많은 한국 언론인의 SNS 활동은 이런 방송기자연합회 준칙이 제시하는 기준을 벗어난 것으로 보인다. 방송기자연합회의 준칙은 연합회에 가입한 방송사 기자협회들의 합의로 만든 것이다. 물론 이를 지키지 않는다고 직접적인 제재는 없다. 다만 위반 사실을 공개하거나, 방송보도상 심사 과정에서 당사자나 소속 기자협회에 감점을 하는 것처럼 우회적인 제재는 가능하다.

| SNS 기준 재검토해야…'공정해 보이는 것'의 중요성

지금과 달리 한국의 언론인이 SNS를 통해 정치적 맥락에서 해석될 수 있는 발언을 하지 않게 된다면 생각보다 큰 효과를 볼 수 있다. SNS에서 하는 발언까지 정치적으로 편향성 시비에 휘말리지 않게 조심한다면 기사나 프로그램은 더 신중하고 균형 있게 만들지 않을까? 어떤 경우에도 소속 언론사나 동료 언론인들이 정파적이라는 인상을 주지 않도록 조심한다면 똑같은 내용의 기사라도 덜 거칠거나 공격적이지 않게 하려고 노력하지 않을까?

시청자나 독자도 마찬가지다. SNS 등에서 활발하게 정치적 발언을 하며 자신이 싫어하는 진영을 납작하게 만들어주고 자신이 지지하는 정치인을 단호하게 옹호하는 언론인에게 박수를 보내는 사람에게는 언론도 그저 치열한 정치적 투쟁의 영역일 뿐이다. 이런 뉴스 소비자는 언론에서 정보를 찾으려는 것이 아니라 정치적 연대감을 얻으려 하는 것이다. 이들에게는 언론윤리를 지키는 언론인이 아니라 자신의 적을 대신 신나게 혼내주는 싸움꾼이 필요할 뿐이다.

이 부분에서 미국의 언론 연구기관인 포인터 연구소가 제시한 내용이 참고가 될 수 있다. 포인터 연구소는 어떤 기준을 만들어 놓고 이를 무시하고 지키지 않는 것은 아예 아무 정책도 없는 것보다도 나쁘다면서, 모든 언론사가 소셜미디어 정책을 계속 업데이트해야 한다고 지적한다.[65] 특히 포인터 연구소는 왜 소셜미디어 활동에 제한을 가해야 하는지 구성원들을 잘 이해시키라고 권한다. 무작정 소셜미디어 활동을 제한할 것이 아니라, '왜' 소셜미디어 사용에 회사 차원의 대응을 해야 하는지 설득하라는 말이다.

포인터 연구소는 특히 소셜미디어 활동을 하는 당사자와 동료를 포함한 소속 언론사 전체가 시청자나 독자에게 어떻게 비칠 것인지를 명확하게 인식해야 한다고 지적한다. 외부에서 볼 때 공정하게 인식되도록 해야 한다는, 이른바 '공정하다는 외관'에 대한 이야기다. 언론이 지금과 같은 정파성의 늪에서 벗어나기를 진심으로 바란다면 지킬 수 있는 SNS 기준을 만들고 이를 실제로 적용해야 한다. 그래야만 조금이라도 더 외형적으로 정파성에서 벗어날 수 있다. 공정성, 중립성은 그렇게 한발씩 노력함으로써 가까이 갈 수 있는 목표이기 때문이다.

스스로가 정의를 실천한다고 믿고, 불의를 보면 SNS에서라도 질타를 마다하지 않아야 한다는 사명감에 사로잡힌 일부 언론인이 소속사와 언론 전체에 끼치는 폐해는 심대하다. 사회적으로 언론의 공정성이나 정치적 중립성은 아예 이상주의자의 잠꼬대로 들리게 만들어버렸다. 군사독재 정부 아래서 민주화 운동에 나섰던 사람들처럼 자신도 힘겨운 투쟁을 하고 있다는 지체된 역사의식에 사로잡힌 사람들이 알아서 바뀌기를 기대하기는 어렵다. 약식 브리핑장에서 튀어나온 기자의 "대통령님 파이팅" 발언에는 그렇게 분노하는 사람들이 소셜미디어 공간에서의 언론인들의 정치적 발언에는 박수를 보내거나 최소한 아무렇지도 않다는 것은 사람들이 언론인의 정치적 행동에 얼마나 선택적으로 반응하는지 보여준다. 시청자와 독자들이 그런 발언에 반응할수록 SNS에서 언론인의 적극적인 정치적 발언은 계속될 것이다.

지켜지지 않는 언론윤리:
사문화된 정치권 진출 제한 규정

| 한겨레신문사가 지면에서 유감을 표한 이유

2019년 1월 10일 자 〈한겨레〉 8면에 "한겨레신문사의 입장"이라는 글이 실렸다.[66] 당시 청와대 인사에서 여현호 전 선임기자가 국정홍보비서관에 임명된 것에 유감을 표하는 내용이다. 〈한겨레〉는 이 입장문에서 자신들이 그동안 현직 언론인의 정부와 정치권 이직에 비판적 태도를 유지해온 것은 "권력을 감시하고 견제하는

> **한겨레신문사의 입장**
>
> 한겨레신문사는 이번 청와대 인사에서 여현호 전 〈한겨레〉 선임기자가 국정홍보비서관에 임명된 데 대해 깊은 유감을 표한다.
> 한겨레신문사는 그동안 현직 언론인의 정부 및 정치권 이직에 대해 비판적 태도를 유지해왔다. 권력을 감시하고 견제하는 언론의 역할을 훼손할 수 있기 때문이다. 이런 원칙은 한겨레신문사 소속 기자에게도 당연히 적용되어야 한다.
> 물론 기자 개개인에게는 직업 선택의 자유가 있다. 그러나 여현호 전 선임기자가 사실상 현직에서 곧바로 청와대 비서관으로 이직한 것은 한겨레신문사가 견지해온 원칙, 임직원과 독자들의 기대에 어긋나는 일이다. 청와대 역시 인사 과정에서 저널리즘의 가치와 언론인의 윤리에 대한 충분한 고려가 부족했다는 비판에서 자유롭지 못할 것이다.

그림 1 한겨레신문 2019년 1월 10일자 8면.

언론의 역할을 훼손할 수 있기 때문"으로, 이런 원칙은 〈한겨레〉 소속 기자에게도 당연히 적용되어야 한다고 밝혔다. 이어 자사의 선임기자가 사실상 현직에서 청와대 비서관으로 이직한 것은 〈한겨레〉가 견지해온 원칙은 물론 임직원과 독자들의 기대에 어긋나는 일이라고 지적했다. 특히 "인사 과정에서 저널리즘의 가치와 언론인의 윤리에 대한 충분한 고려가 부족했다는 비판에서 자유롭지 못할 것"이라며 인사를 한 청와대를 향해서도 문제를 지적했다.

같은 면에는 언론단체들이 현직 기자의 청와대 직행을 언론윤리 위반이라고 비판하는 성명을 냈다는 소식도 별도 기사로 실렸다.[67] 〈한겨레〉 노동조합도 여현호 전 선임기자의 청와대행을 비판하는 성명을 냈다. 같은 날 인사에서 청와대로 들어간 MBC 출신의 사실상 현직 언론인도 있다. 국민소통수석으로 임명된 윤도한 전 MBC 논설위원이다. 언론노조 MBC본부는 "언론인의 청와대 직행, 매우 유감스럽다"는 제목의 성명을 냈다. MBC본부는 "권력을 감시하고 고발하는 것을 소명으로 여기던 분이 청와대를 대표해 홍보하는 자리로 갔다는 것을 쉽게 납득할 수가 없다. 이제 그는 우리 언론인들의 감시와 견제의 대상이 되었음을 알린다"는 비교적 담담한 표현을 담았다.

언론개혁시민연대도 이 인사에 대해 논평을 냈는데 "정권이 얼마나 '언론윤리'를 하찮게 여기길래 이런 일을 반복하고 있는지 되물을 수밖에 없다"고 했다. 사실 인상적인 것은 바로 이 대목이다. 이런 일이 끊임없이 반복되는 점이다. 문재인 정부 이전과 이후에도 언론인을 현직이나 퇴직 직후에 곧바로 대통령의 참모로 영입한 사례가 있었다. 멀리 갈 필요도 없이 문 대통령의 전임자인 박근혜, 이명박 대통령 때도 그랬고, 2022년 5월 윤석열 대통령이 취임한 뒤에도 그랬다.

문재인 정부 첫 청와대 대변인으로 거론됐던 사람은 김의겸 〈한겨레〉 선임기자였다. 현직이었을 뿐만 아니라, 때 이른 대선의 출발점이 된 박근혜 대통령과 최순실의 국정농단 사건을 취재한 특별취재팀장이었다. '최순실'이라는 이름을 처음 신문 지상에 등장시키며 정권 교체에 큰 역할을 한 김의겸 선임기자의 청와대 대변인 내정설이 돌자 〈한겨레〉는 발칵 뒤집혔고, 많은 후배들이 청와대행을 만류했다는 보도도 나왔다.[68]

정식으로 사표를 내거나 내정 발표가 있었던 것은 아니어서 소동으로 끝났지만, 해당 정권 출범에 기여한 보도를 이끌어 한국기자상을 받은 현직 언론인을 바로 정권의 대변인으로 발탁할 수 있다고 생각한 것은 정말 '정권이 얼마나 언론윤리를 하찮게 여기는 지' 적나라하게 보여준 것이다. 김의겸 기자는 잠시 업무에 복귀한 뒤 사직했다가 이듬해 2월 초 결국 문재인 대통령의 두 번째 대변인으로 임명된다. 이때는 퇴직한 지 6개월 정도가 지난 뒤였다.

김의겸 대변인이 부동산 투기 논란으로 사직하자 KBS 아나운서 출신인 고민정이 후임이 됐다. 그는 대선 전인 2017년 2월, 현직에서 바로 대선 캠프에 합류했었다. 대선 과정에서 캠프에 언론인이 합류하는 것은 워낙 빈번해 별로 논란이 되지도 않는다. 총선 출마를 위해 고민정 대변인이 사직하자 또 현직 언론인이 뒤를 이었다. 강민석 〈중앙일보〉 부국장이었다. 사표를 낸 지 사흘 만에 임명장을 받았다. 〈중앙일보〉-JTBC 노동조합은 강 부국장이 냉각기 없이 청와대로 직행한 것에 유감을 표하며 "청와대가 언론과 권력의 건강한 관계를 해쳤다는 비판으로부터 자유롭지 못하다는 것을 분명하게 밝힌다"고 임명권자에 대해서도 비판의 뜻을 밝혔다.[69] 〈중앙일보〉도 지면에 "중앙일보의 입장"이라는 공지문을 내고 유감을 표시했다.[70]

| 정권을 불문하고 반복되는 '사실상 현직' 언론인의 권력행

현직 언론인을 청와대 대변인으로 임명해 논란을 빚은 건 박근혜 대통령도 마찬가지다. 2014년 2월 5일 민경욱 당시 KBS 문화부장이 청와대 대변인으로 임명됐다. 민 부장은 당일 오전 KBS 보도국 편집회의에 참석해 회의를 마친 뒤 곧바로 청와대로 가서 기

자들 앞에 서는 비현실적인 장면을 선보였다. 넉 달 전까지 KBS 간판뉴스인 〈뉴스9〉 앵커를 지냈고, 보도국 오전 편집회의에 참석한 사람이 바로 청와대 대변인으로 임명돼 KBS 기자를 포함한 청와대 출입기자들 앞에서 브리핑을 하는 일이 벌어진 것이다.

당시 〈한겨레〉는 "KBS 앵커 출신 청와대 대변인, 참담하다"는 제목의 사설까지 싣고 민경욱 대변인 임명을 비판했다. "그가 속했던 한국방송뿐 아니라 언론계 전체가 욕을 얻어먹게 된 것은 참담한 일"이라고 질타했다. KBS에 대한 비판은 날카로웠다. "한국방송은 입이 열 개라도 할 말이 없게 됐다. 그처럼 천박한 인물을 방송의 얼굴로 수년간 내세우며 공정방송을 하고 있다고 너스레를 떨어온 위선적 행위에 대한 책임을 면할 수 없다", "앵커 등의 일을 한 사람은 해당 직무가 끝난 뒤 6개월 이내에 정치활동을 못 하게 하는 내부 규정이 있는데도 변명하기에만 급급하다. 이렇게 스스로 '권력의 시녀'임을 자임하면서 어떻게 국민에게 수신료를 올려달라는 얘기를 할 수 있는지 궁금하다"고 썼다.

민 대변인을 임명한 청와대를 향해서도 "권력을 비판·감시하는 언론의 역할을 인정하지 않고 언론계를 그저 인력 공급처 정도로 생각하는 편의적인 발상으로는 언론과 권력 간의 건전한 관계가 형성될 수 없다"고 강하게 비판했다.[71]

마지막으로 윤석열 정부를 보자. 2022년 3월 대선에서 이긴 뒤 인수위원회가 구성되면서 당선인 외신대변인으로 임명한 사람은 직전까지 〈조선일보〉 부국장이던 강인선이었다. 며칠 전까지 칼럼을 썼고, 〈조선일보〉의 유튜브 방송을 진행했다. 윤 대통령 취임 직전인 5월 8일에는 이재명 전 채널A 앵커가 대통령실 부대변인에 임명된다. 1주일쯤 전까지 뉴스 프로그램을 진행했다. 홍보기획관실 행정관으로는 보름쯤 전에 현직을 떠난 전 KBS 기자가 임명됐다. 이들에 대해서는 성명이든 보도든 문제 삼는 곳조차 없었다. 1급 비서관인 대변인급 이상이 아니면 현직에서 바로 대통령실로 가도 신경조차 쓰지 않는 것이다.

여기가 끝이 아니었다. 2022년 8월에는 YTN 정치부장 출신인 이기정 디지털뉴스센터장이 대통령실 홍보기획비서관에 내정됐다는 발표가 나왔다. 기자협회 YTN 지회는 명예퇴직 사흘 만에 내정 발표가 나온 것은 현직 기자 신분으로 인사 검증을 받았다는 것이라며, "기자에서 고위공무원으로의 직행, 남겨진 이들에게 공개적인 사과나 양해는 찾아볼 수 없었다"는 비판 성명을 냈다.[72]

2023년 2월에는 이도운 전 〈문화일보〉 논설위원이 대변인에 내정된다. 〈서울신문〉 기자였던 이 대변인은 2017년 반기문 전 유엔 사무총장이 대선 출마를 검토할 때 〈서울신문〉을 퇴직하고 잠시 대변인을 맡았던 인물이다. 그는 반 전 총장이 대선 불출마를 선언하자 〈문화일보〉 논설위원으로 언론계에 복귀했다가 이번에는 대통령 대변인이 됐다. 언론과 정치권을 오가는 운신이 매우 빨랐다.

| 공영 언론사 현직 기자가 특정 후보 지지선언 참석하기도

대선을 일주일쯤 앞둔 지난 2022년 3월, 현직 중견 기자가 이재명 민주당 후보 지지선언에 참석했다. 국가기관 뉴스통신사인 연합뉴스의 국장급 기자가 국회에서 열린 지지선언 행사에 나타난 것이다. 기자직을 사퇴하면서 곧바로 정치권으로 가는 경우는 많았지만 현직 기자가 정치 행사에 참여하는 것은 매우 이례적이다. 당시 이 기자는 〈미디어오늘〉 기자의 질문에 자신은 정치 관련 기사를 쓰지 않기 때문에 괜찮은 것 아니냐고 반문했다. 이날 행사에는 전직 언론인들도 상당수 참여했지만 현직 기자는 그가 유일했다.[73]

그의 특정 후보 지지선언을 놓고는 언론윤리 위반 여부에 대한 논란이 일지도 않았다. 대부분의 언론인 사이에서 너무나 당연하게 잘못된 행동으로 받아들여졌기 때문이다. 연합뉴스 내부에서도 별 이견은 드러나지 않았다. 문제의 기자는 같은 달인 2022년 3월 중순 '정치적 중립 의무'를 규정한 사규 위반으로 감봉 징계를 받는다. 보도를 보면 곧바로 열린 연합뉴스 수용자권익위원회에서 한 위원이 "공개적인 자리에 참석해 특정 후보를 지지했다는 건 정치적 중립성이라는 직업윤리를 어긴 것으로 보인다. 이런 부분은 사측 차원에서 자제할 수 있도록 해달라"고 지적했다. 그러자 연합뉴스 편집총국장은 징계 사실을 언급하며 "앞으로도 연합뉴스 기자가 정치적 중립에 어긋나는 일을 하지 않도록 경계하겠다"고 답했다.[74]

그런데 다음 달 열린 연합뉴스 감독기구인 뉴스통신진흥회 회의에서 김주언 이사장은 조금 다른 견해를 밝힌다. 〈미디어오늘〉이 속기록을 입수해 보도한 김 이사장의 발언은 이렇다. "수용자권익위에서는 징계가 당연한 것처럼 얘기했는데, 글쎄요", "기자가 자신의 정치적 의견이나 의사표시를 하는 것이 헌법에 위반이나 위법 사항은 아닌데 그런 점도 고려할 필요가 없지('있지'를 잘못 말했거나 오기로 보임-필자) 않나 생각한다", "어떻게 보면 언론인들의 정당 가입을 비롯한 의사 표현의 자유를 보장하는 것이 헌법 조항이다"라고 했다는 것이다. 언론인도 정치적 의사 표현의 자유가 있으므로 징계가 당연한 것이 아니라고 이 기자를 옹호한 것이다.

공영 언론사의 감독기구가 해당 언론사의 사규에까지 규정된 정치적 중립성 원칙을 소속 언론인들이 잘 지키게 하라고 촉구하는 것이 아니라 오히려 특정 후보를 지지하는 행위가 헌법적으로 보호되어야 한다는 취지로 발언한 것이다. 이런 주장대로라면 기자가 회사를 그만두고 출마하거나 대통령실을 비롯한 공직으로 직행하는 것은 너무나 당연한 참정권의 행사일 뿐만 아니라 직업 선택의 자유로 보장해야 한다. 이 또한 헌법상 권리이기 때문이다. 그렇다면 공무원이나 정부 유관기관도 아닌 언론인들에게 90일의 현직 사퇴시한을 두는 등 출마에 특별한 제한을 두는 것부터 위헌이라고 주장하는 게 맞지 않을까?

이런 발언을 보면 한국의 일부 언론인들이 SNS에서 정치적 색채가 짙을뿐더러 공격적이기까지 한 정파적 발언들을 거침없이 하는 것이 이해되는 측면도 있다. 언론이 공정성, 정치적 중립성을 추구해야 한다는 전통적인 언론윤리 규범과 가치를 진심으로 존중하지 않는 것이다. 사실 이것은 언론윤리 규범보다 정치적 판단이 더 우위에 있기 때문이라고 볼 수도 있다. 정치적 반대편을 존중하는 마음이 없으니 그들을 공격하는 행위를 직업윤리로 제한하는 것을 수긍하지 못하는 것이다. 이런 문제에서 헌법상 기본권을 내세우는 것은 직업윤리 위반에 대한 비난을 회피하려는 주장에 불과하다.

| 언론사마다 다른 규정들⋯실제 발동 사례도 없어

KBS는 매체를 불문하고 시사프로그램을 진행하거나 정치 관련 취재나 제작을 하는 담당자는 해당 직무가 끝난 뒤 6개월 이내에는 정치활동을 하지 않도록 〈윤리강령〉에 규정하고 있다. 그런데 이유를 "공영방송 KBS 이미지의 사적 활용을 막기 위해"라고 적어놨다. 이 이유는 합당한 것일까? 일종의 공적 자산인 공영방송 KBS 이미지를 개인적으로 활용하는 것을 막는다는 것이다. 좋게 해석하자면 이를 통해 선거의 공정성도 지킬 수 있고 KBS 시사보도에 대한 신뢰훼손도 막을 수 있는 것이기는 하다. 하지만 문구로만 보면 KBS 이미지를 개인적으로 활용해서 KBS에 손해를 주는 것을 막겠다는 취지로 읽을 수도 있다.

정치활동을 제한하는 대상도 '시사프로그램 진행자'와 '정치 관련 취재나 제작 담당자'로 한정하고 있다. 단순히 일반 사회나 경제, 국제, 문화 관련 보도를 하던 사람은 아예 이 규정의 적용 대상이 아니다. 박근혜 대통령 시절 현직에서 곧장 청와대 대변인으로 가서 논란을 일으켰던 민경욱의 경우도 이 규정을 근거로 따져보면 4개월 전까지 간판 뉴스 프로그램인 〈뉴스9〉 앵커였던 것이 문제였을 뿐이다. 청와대로 갈 때는 정치 관련 취재나 제작을 맡지 않는 문화부장이었기 때문이다. 그가 두 달만 늦게 청와대로 갔다면 현직 문화부장이 오전 편집회의에 참석한 뒤 오후에 청와대에서 기자들 앞에 섰더라도 KBS 〈윤리강령〉에 비추어서는 아무런 문제가 없었을 것이다.

KBS 〈윤리강령〉은 결국 언론의 정치적 중립과 독립성을 지키고 언론이 정파성에 휘둘리지 않도록 해야 한다는 측면에서 언론인의 정치 진출을 제한한다는 점을 제대로 반영하지 못하고 있다. 언론의 정파성 문제에 대한 인식이 부족해서일 수도 있고, 언론인의 정치 참여 문제를 언론 활동을 선거에 활용하지 못하게 하는 '선거의 공정성' 문제로만 파악하고 있기 때문일 수도 있다. 어느 것이든 정치 참여 제한의 중대성을 명확하게 이해하지 못한 것으로 볼 수밖에 없다.

SBS의 관련 규정도 조금 특이하다. 〈윤리강령〉의 실천 지침 중에 '공정방송 실현을 위한 취업 제한'이라는 조항을 두고 있는데, 우선 재직 중에 보도나 시사 관련 부서의 책임자를 지낸 사람을 적용 대상으로 한 것이 눈에 띈다. 직급이 아무리 높아도 부서 책임자가 아닌 사람은 적용 대상이 아니다. 이 규정에 해당하는 사람은 퇴직 이후 1년 안에는 방송의 공정성에 영향을 미칠 우려가 있는 임명직 고위 공무원이나 30대 재벌 대기업의 홍보나 대외협력 담당 임원으로 취업하지 못한다고 규정한다.

KBS 규정과의 차이는 정치 참여 전반을 규정한 KBS와 달리 임명직 고위 공무원만 제한 대상으로 하고 있어서 선출직으로 가는 것에는 선거법만 어기지 않는다면 아무런 제한이 없는 것이고, 반대로 경제계 진출까지 제한한 점이 특징적이다. 또 KBS는 시사보도 프로그램 진행자와 정치 보도 관련자만 제한하되 직위 제한은 없는 대신 SBS는 모든 보도, 시사 관련 부서에서 근무했던 사람을 대상으로 하되 부서장을 맡았던 사람만 대상으로 한다. KBS는 해당 직무를 벗어난 지 6개월만 지나면 되지만 SBS는 재직 중에 그런 직위에 있었다면 얼마나 시간이 지났든 퇴직 후 1년 안에는 임명직 공무원이 될 수 없다는 것이다.

이런 차이는 해당 언론사 출신들의 정치권 진출 경험에서 비롯된 것일 수 있다. 하지만 어느 쪽이든 왜 이런 제한을 해야 하는가에 대한 원칙적 측면에서 보면 아쉬운 점이 많다. 이들 외에도 언론사들은 내부적으로 소속 직원에 대한 정치 참여 제한 규정을 둔 곳들이 있는 것으로 알려져 있다. 하지만 본질적으로 이런 규정이나 언론윤리 원칙을 위반해서 충분한 냉각기 없이 정치권으로 가는 행위를 막을 수 있는 실질적인 방법은 없다. 사표를 낸 뒤에는 윤리 원칙이나 사규상의 제한 규정을 위반하고 정치권으로 가는 것을 막기가 쉽지 않기 때문이다.

하지만 만약 언론사들이 이 문제를 매우 중요하게 생각하고 법과 원칙이 허용하는 범위 안에서 최대한 강경하게 대응하기로 한다면 지금보다는 다양한 제재 수단이 마련될 수 있다. 사표가 수

리되기 전에 해당 언론사의 윤리규정 등을 위반하고 정치권으로 가는 것이 확인되면 단순히 사표를 수리하는 '의원면직'이 아니라 징계를 할 수 있다. 심지어 해고와 같은 강력한 징계도 가능하다. 소속됐던 업계에서 윤리적으로 냉정한 조치를 취하기 시작하면 당사자는 물론 그를 영입하려던 쪽에도 적지 않은 영향을 미칠 수밖에 없다. 기자협회 등 언론인 단체에서 이런 윤리 위반 행위에 대한 징계를 하는 것도 효과가 있을 수 있다. 단순한 비판 성명과 달리 정식 절차를 거친 징계 조치는 확실한 공개 질책으로 작용할 것이기 때문이다.

언론계에서 수없이 많은 정치권 진출과 그에 대한 논란이 있었지만 이런 식의 징계가 이뤄진 사례는 찾을 수 없다. 언론사들이 현직에서 정치권력으로 직행한 언론인들을 비판하는 기사까지 내면서도 실제로 징계를 하지 않고 사표를 수리한 이유는 무엇일까? 우선 언론인 사이에서 이렇게 동료들이 정치권으로 가는 것이 어떤 문제가 있는 것인지에 대한 문제의식이 부족하기 때문이다. 언론과 정치가 서로 위험한 관계를 맺는 것에 대한 인식이 부족한 셈이다.

다른 면도 있다. 언론사 경영진은 기왕에 정치권, 특히 권력 핵심부로 옮기게 된 사람과 적대적인 관계를 맺지 않으려고 할 가능성이 크다. 굳이 정밀한 규정을 만들어서 구성원들이 권력 기관으로 가는 것을 막거나 징계를 해서 불명예를 안기려고 하지 않는다. 심지어 정치권에 진출하는 것을 돕기 위해 명예 승진을 시키거나 형식적으로 주요 직책으로 보직 발령을 낸 뒤 사표를 수리해

주는 황당한 사례도 있다. 최종 경력을 기재할 때 활용할 수 있도록 직급도 높여주고 가짜 경력까지 만들어주는 것이다. 언론사가 정치권력과 거리를 두려는 것이 아니라 오히려 유착관계를 만드는 셈이다. 언론과 정치 사이의 후견주의적 관계를 더 깊게 만드는 행위라고 할 수 있다. 특히 이런 행태는 언론인이 정치권으로 가는 것을 마치 영전을 하는 것으로 비치게 할 위험성도 있다.

| '정치참여 제한' 규정들, 애초에 장식용이었나

어쩌면 애초에 언론사들의 정치 참여 제한 규정은 실제로 적용하겠다는 것보다는 정치적 독립성과 중립성을 내세우기 위한 장치에 불과한 것일 수도 있다. 지금까지 사규 등을 들어 징계하는 사례가 한 번도 없었던 것만 봐도 그렇다. 실제로 언론의 중립성, 공정성이 특정 언론인의 정치 참여로 인해 훼손되지 않도록 해야 한다는 인식도 높지는 않은 것 같다. 문제는 떠나는 사람보다는 언론계에 계속 남아 있을 사람들이 정치적 독립성에 대한 부담을 지게 되는데 이들이 할 수 있는 것은 기껏 성명을 내는 정도밖에 없다는 점이다. 방송사 가운데는 뉴스 프로그램 앵커가 이미 총선 출마 기사까지 났는데도 선거법상 사퇴 시한이 남았다는 이유로 뉴스 진행을 계속하겠다고 주장하는 사례도 있었다.

 이런 태도는 언론의 사회적 역할과 기능의 중요성을 제대로 인식하지 못한 데서 비롯되는 것이라고 볼 수 있다. 자신이 하던 언론인으로서의 일을 별로 존중받을 가치가 없는 것으로 만드는, 스스로의 정체성을 부정하는 행동이기도 하다. 그러니 이런 사람들이 정치권으로 진출하면 얼마 전까지 동료였던 언론인에게 자기 진영에 유리한 보도를 하라고 압박하기도 하고, 새롭게 동료가 된 정치인들에게 기자들을 괴롭히는 방법을 전수해주기도 한다. 이명박, 박근혜 정부 때는 물론 문재인, 윤석열 정부로 이어가면서 주로 언론사를 압박하고 보도에 개입하려는 사람들은 거의 대부분 전직 언론인들이다. 어쩌면 언론 출신을 계속 정치권에서 영입하려는 이유가 이처럼 언론 보도에 압력을 가하는 등 부당한 영향력을 행사하는 것을 쉽게 만들기 위해서일 수도 있다.

언론인이 평생 쌓아온 자신의 경험과 식견을 바탕으로 정치적 역량을 펼치는 것이 아니라 비판적인 보도를 막기 위해 항의 방문을 하는 등 자신이 소속됐던 언론사나 동료 언론인들을 상대하는 것을 언론인 출신인 자기 역할이라고 당당하게 생각하는 것은 매우 심각한 문제다. 이것은 언론인 집단 전체의 자긍심을 훼손하는 일이기 때문이다. 언론인이 헌법과 법률이 정한 것보다도 더 엄격하게 정당 가입을 비롯한 정치 참여를 제한하는 것은 언론의 사회적 역할을 매우 중요하게 인식한다는 선언일 것이다. 따라서 이런 원칙이 제대로 지켜지려면 언론인들이 먼저 스스로의 사회적 역할을 명확하게 인식하고 그에 따른 자긍심을 갖는 것이 필요하다.

이런 인식의 전환이 없이는 아무리 엄격한 규정을 만들어 놓는다고 해도 현실적으로 아무 의미 없는 공허한 장식에 불과할 가능성이 높다. 언론인들 사이에서 언론의 독립성에 대한 인식이 명확하지 않다 보니 정치권과 일정한 관계를 형성한 채 자신의 미래를 도모하고 또 정치권에 들어가면 과거의 동료 언론인들과의 관계를 이용해 보도에 영향을 미치는 대신 정치적 보상을 챙겨주는 식의 후견주의적 관행이 지속되는 것이다.

제 3 장

한국 언론의
정파적 장면들

한국 언론의 정파성과 관련해 꼭 기억해야 하는 것은 언론과 언론인만 정파적인 것이 아니라는 점이다. 언론의 정파성은 함께 호흡을 맞추는 정치권, 언론 소비자와 시민단체, 학계 등과 연결된 하나의 생태계 속에서 파악해야 한다. 이른바 '정파적 언론 생태계'이다.

대통령이 바뀌면 언론사들의 논조가 바뀌고 제목도 달라진다. 정파성을 노골적으로 드러내는 보도가 소비자들 사이에서 '개념 있는 보도'로 평가받고, 누군가를 불편하게 만드는 사실을 꼼꼼하게 따지는 보도는 거꾸로 '역사의식이 부족한 보도'라며 폄하된다. 실제로는 특정 진영의 논리를 대변하면서도 뭔가 정의로운 일을 한다는 확신에 찬 언론인들과 학자, 시민단체 관계자들이 많다. 기계적 중립을 비판하는 것을 넘어 아예 객관성을 지키려는 노력을 비난하는 이들도 있다. 양쪽 진영이 마찬가지다.

보도의 방향성을 기초로 좋은 언론, 나쁜 언론을 가르는 것은 전형적인 정파적 태도다. 이런 식으로 언론을 평가하는 사람들은 자신이나 혹은 자신이 지지하는 진영 쪽에 불리한 보도를 문제가 많은 보도라고 공격한다. 세상의 보도 가운데 거의 절반은 나쁜 보도인 셈이다. 불편한 보도가 나오면 무슨 의도가 있는 것이 아니냐고 따지고, 취재원과 유착한 것 아니냐고 공격한다. 이런 식의 공격이나 비난은 대체로 일관성도 없어서, 반대편이 불편한 보도는 정보의 출처를 따지거나 의도를 의심하지 않는다.

언론정책에서도 마찬가지다. 선거 기간에는 언론의 중립성, 공정성을 이야기하면서도 공영방송을 대선 승리의 전리품으로 취급하는 것은 어느 정권에서나 비슷했다. 왜 자신이 집권했을 때 이런 문제를 대승적으로 고치려는 정당은 없을까? 이 문제를 어떻게 고칠 것인지를 생각하기에 앞서 이런 문제의 실상을 있는 그대로 살펴보는 것이 필요하다. 정파적 언론 생태계가 만들어진 책임을 상대방에게만 떠넘기거나, 어느 특정 시기의 문제로만 여겨서는 조금이라도 개선을 기대하기 어렵기 때문이다.

미디어 비평,
'정파성 비판'에서 '정파성 논란'까지

| 대통령 바뀌면 논조 · 제목 급변하는 신문들

한국 언론의 정파성을 KBS가 다룬 적이 있다. KBS는 이명박 대통령 집권 2년째였던 2009년 12월 말, 언론비평 프로그램인 〈미디어비평〉에서 언론의 정파성 문제를 특집으로 다뤘다. 제목은 "정파성에 갇힌 한국 언론".[75] 이 프로그램은 먼저 〈한겨레〉와 〈조선일보〉, 〈동아일보〉의 사설 논조가 노무현 대통령 시기와 이명박 대통령 시기에 어떻게 변했는지를 보여준다. 서울대 언론정보연구소에 의뢰해 조사한 결과를 구체적인 수치로 제시했다.

정권에 긍정적인 사설 비율이 전체 노무현 대통령 재임 기간을 통틀어 〈한겨레〉는 9.8%, 〈조선일보〉 5.4%, 〈동아일보〉 3.8%였다. 이 정도만 해도 논조의 차이가 분명하게 드러난다. 그런데 이명박 대통령이 취임한 뒤로는 〈동아일보〉 14.3%, 〈조선일보〉 10.8%, 〈한겨레〉 1.1%로 바뀐 것으로 나타났다. 〈한겨레〉에서는 긍정적인 사설이 사실상 사라졌고, 〈동아〉와 〈조선일보〉에서는 두 배 이상 늘었다. 특징적인 것은 노무현 대통령 시기에 비해

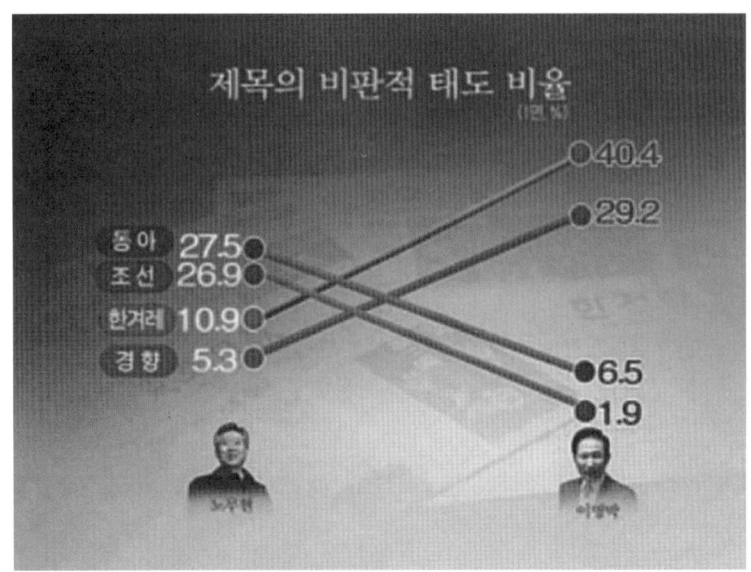

그림 2 2009년 12월 25일 밤 방송된 KBS 〈미디어비평〉 인터넷 다시보기 화면 캡처.

〈한겨레〉와 〈조선일보〉·〈동아일보〉의 격차가 훨씬 커졌다는 점이다.

이 세 신문에 〈경향신문〉까지 포함해서 집권 2년차 또는 3년차에 1면에 실린 대통령 관련 기사 1,452건을 분석한 결과는 더 극적이다. 기사의 제목이 대통령에게 비판적인 태도를 보이는 비율을 보니 노무현 대통령 때는 〈동아일보〉 27.5%, 〈조선일보〉 26.9%로 〈한겨레〉 10.9%, 〈경향신문〉 5.3%에 비해 크게 높았다. 반면 이명박 대통령으로 바뀌자 〈한겨레〉 40.4%, 〈경향신문〉 29.2%로 비판적 기사가 크게 늘었고, 반대로 〈동아일보〉 6.5%, 〈조선일보〉 1.9%로 비판적 기사는 거의 자취를 감췄다. 서로 완전히 반대 방향으로 움직인 것이다.

누구나 언론사들의 논조가 정권에 따라 상당히 바뀐다는 정도는 알고 있었지만 이렇게 구체적인 숫자를 보면 충격적일 것이다. 이 조사에서 눈에 띄는 것은 언론을 진보-보수로 편가르기 했다고 많은 비판을 받은 노무현 대통령 집권 시기 이후에 언론의 정파적 쏠림이 더 강해졌다는 것이다. 이것은 노 대통령 집권 시기에 강화된 언론 사이의 진영적, 정파적 대립 양상이 정권 교체 이후 아예 상대를 인정하지 않는 쪽으로 더 강화된 것이라고 볼 수 있다. 특히 이명박 대통령 취임 이후 광우병 파동 등 사회적인 갈등 국면이 계속됐다는 점, 전직 대통령에 대한 수사와 죽음이 진영 간 갈등을 극단적으로 몰아가면서 언론의 정파성을 강화하는 쪽으로 작용했다고 해석할 수 있다.

| 정파성 논란에 빠진 저널리즘 비평

이런 언론의 정파적 태도는 몇몇 언론사에 국한된 문제일까? 당장 이 문제를 보도한 KBS는 정파성에서 자유로울까? 무엇보다, 이명박 대통령 집권 시기 이후로는 이런 문제가 조금이라도 나아졌을까? 모두가 이미 알고 있겠지만 이런 모든 질문에 긍정적인 대답을 할 수가 없는 상황이다. 실제로 이런 특집 보도를 하던 당시 KBS에 대해 왜 자신의 논조는 분석하지 않느냐는 지적이 제기됐다.[76] 이명박, 박근혜 정부와 같은 성향의 경영진이 들어선 뒤 공영방송들이 정부에 대해 매서운 비판을 하는 일을 찾아보기 어려워졌기 때문이다. 심지어 이런 미디어 비평 프로그램도 곧 폐지

되고 만다.

KBS는 문재인 정부로 정권이 바뀐 다음해인 2018년 6월 미디어비평 프로그램을 다시 만들었다. 제목은 〈저널리즘토크쇼J〉였다. 이 프로그램은 "기자들의 취재와 전문가 패널의 신랄한 토크를 통해 사회 부조리와 그 안에 깔려있는 한국 저널리즘의 문제를 조목조목 파헤친다"는 목표를 내걸었다. 매주 일요일 밤 9시 40분이라는 황금 시간대에 편성됐다. 그런데 한국 저널리즘의 문제를 조목조목 파헤친다는 이 프로그램은 포맷과 출연진부터 상식을 넘어섰다는 지적을 받았다. 저널리즘의 문제를 파헤친다는 것이 무슨 강력범죄나 비리 혐의를 추적하고 고발하는 것이 아닌데, 이것을 전문가 패널의 '신랄한 토크'로 파헤친다는 것부터가 애초에 달성하기 쉽지 않은 목표였다. 신랄한 토크는 원래 무리한 단순화나 악마화를 초래할 수 있는 방식이기 때문이다.

'전문가 패널'로 출연한 사람 중에는 팟캐스트와 유튜브 등에서 예능 프로그램을 진행하던 사람을 비롯해 저널리즘 전문가라고 보기 어려운 사람들도 있었다. 물론 전문가가 아니라도 누구든 뉴스 소비자로서 저널리즘을 평가할 수는 있다. 하지만 공영방송이 진지하게 한국 저널리즘의 문제를 조목조목 파헤치려고 한다면 이런 식으로 화제와 신랄함을 추구하는 포맷은 근본적인 한계가 있다. 진지함보다는 예능적 가벼움을 통해 시청자 반응을 얻으려는 제작 방식도 마찬가지다. 저널리즘의 문제들은 정파적 이해에 따라 보도하거나, 차분하게 사실 확인을 제대로 하지 않고 성급하게, 또는 관심을 더 받으려고 선정적으로 보도하는 과정에서 생긴다. 그런 저널리즘의 문제를 다루는 프로그램치고는 처음부터 위험한 길을 선택한 것이다.

실제로 이 프로그램은 정파성 논란에서 자유롭지 못했다. 이 프로그램에 출연한 적도 있는 언론학자 손석춘은 2020년 6월에 열린 세미나에서 〈저널리즘토크쇼J〉를 TBS의 〈김어준의 뉴스공장〉과 함께 정치적 편향성을 드러낸 프로그램의 대표적인 사례로 들었다. 그는 "저널리즘을 바로잡겠다는 KBS의 〈저널리즘토크쇼J〉가 보여주듯 KBS·MBC, TBS 시사프로그램들은 친정부 편향 세력의 영향권 아래 있다"고 비판했다.[77] 손석춘이 〈저널리즘토크쇼 J〉와 관련해 제기한 대표적인 논란은 2020년 5월 10일 조국 전 법무부 장관 아들의 법무법인 인턴 증명서를 허위 발급한 혐의로 재판에 넘겨진 최강욱 당시 열린우리당 대표를 출연시켜 조 전 장관에 대한 보도를 평가하게 한 부분이다.

당시 비례대표 국회의원 당선자 신분이던 최강욱은 방송에서 이른바 조국 사태 당시 언론 보도를 '분풀이 저널리즘'이라고 규정하면서 "큰 틀에서 보면 결국 (언론은) 사양 산업이고 국민들에게 버림받고 잊힐 수 있는 존재이기 때문에 마지막 발버둥을 치는 거라고 생각해서 속상하고 안타깝다"고 했다. 실제로 당일 방송분에서는 조국 전 장관 관련 보도 전반과 함께 이른바 채널A 검언유착 의혹 보도를 둘러싼 쟁점들을 다뤘다. 두 사안 모두 최강욱 당선인이 상당 부분 관련된 사건이다. 당시 방송분을 보면 출연자들은 김경록 PB에 대한 인터뷰 논란 등 조국 전 장관 관련 보도, 채널A 기자의 검언유착 의혹 등과 관련해 한목소리로 언론

그림 3 2020년 5월 10일 최강욱 당시 열린민주당 대표가 출연한 〈저널리즘토크쇼J〉. 당일 방송분의 제목은 "진실은 어디에도 없었다"였다. / 출처 KBS 인터넷 다시보기 화면 캡처

보도 전반을 강하게 비판하고 질타했다. 당시 화면 왼쪽 위에는 "진실은 어디에도 없었다"는 문구까지 띄웠는데, 화면을 보면 이 사건 관련 보도의 사실성을 부인하는 주장에 힘을 싣는 것으로 비친다.[78]

이에 대해서는 이후 KBS 보도국장이 된 성재호 기자가 사내 게시판에 "조국 장관 사건의 일부 관여자로서 기소됐고, 누가 보더라도 최측근인 사람을 불러서 당시 조국 관련 보도를 평가하게 한다는 것은 저널리즘 비평이라고 할 수 없다"고 비판했다. 이 사안은 다음 달 KBS 시청자위원회에서도 거론됐다. 민주사회를 위한 변호사 모임 소속으로 당시 시청자위원이던 정민영은 "최 당선인 비평이 균형 잡힌 것이었는지도 의문이지만 미디어비평 프로그램에서 여러 사안의 핵심적 당사자에게 굳이 오해를 살 만한

자리를 마련해 주는 것이 적절한 일이었는지 의문"이라고 지적했다.[79] 무엇보다 조국 전 장관 관련 사건으로 기소돼 재판을 받고 있고, 채널A의 이른바 검언 유착 의혹 사건에서도 명예훼손 혐의로 고발된 '당사자'를 출연시킨 것은 내용을 떠나 문제라는 것이었다.

KBS 측도 시청자위원회에서 "최 당선인의 조국 사태 당시 언론 보도에 대한 비판이 부적절하게 비칠 수 있다"고 인정했다. 문제는 이 프로그램이 '저널리즘 비평' 프로그램이었다는 점이다. 이런 단순한 문제가 프로그램 제작 과정에서 전혀 걸러지지 않았다. 어떤 사건 전반에 관련된 사람을 바로 그 사건 관련 보도를 비평하는 출연자로 내세우는 것이 저널리즘 비평 프로그램에서 가능하다는 발상은 상식적이지 않다. 저널리즘 비평 프로그램이라면 공정성을 비롯한 기본적인 언론윤리 원칙을 다른 프로그램들에 비해 더 엄격하게 적용하는 것이 기본이기 때문이다.

물론 이 사안에서 최 당선인에게 방송 출연의 책임을 묻기는 어렵다. 관련된 사안으로 검찰 조사를 받고 기소까지 된 상황이라는 점을 감안해 스스로 출연을 사양했더라면 더 좋았겠지만, 정치인으로서 공영방송의 주요 프로그램에 출연할 기회를 스스로 고사하기를 바라는 것은 무리한 일이다. 이 문제에 대한 책임은 전적으로 이런 상식적인 문제를 무시하고 그를 출연시킨 제작진에게 있다. 제작진은 자신이 직접 관련된 사건은 얘기하지 않기로 했으므로 출연에 문제가 없다고 주장했는데, 어디까지가 자신과 관련된 것인지, 어디부터가 객관적 논평이 가능한 부분인지 구분할 수 있을까? 비평 대상이 되는 사람들이 그렇게 해명해도 받아 줄 수 있을까? 너무나 억지스러운 주장일 뿐이다.

이 문제는 애초에 '저널리즘 비평'을 하는 프로그램에 '저널리즘 원칙'과 '냉철한 분석'보다는 재미와 색깔을 입히는 것에 더 초점을 둔 프로그램 기획에 뿌리를 두고 있는 것으로 보인다. 저널리즘 비평 프로그램에서 출연진은 정말 중요한 부분인데, 냉철함과 원칙이 아니라 프로그램의 재미와 나름의 색깔을 앞세운 것이 고정 출연진 구성에서 드러난다. 사람들의 관심이 낮은 것보다는 낫다고 보는 사람도 있겠지만, 그럼 시청률이나 조회 수 경쟁에 나서서 물의를 빚는 다른 콘텐츠는 무슨 기준으로 비판할 것인지 답하기 어렵다.

〈저널리즘토크쇼J〉가 언론계의 잘못된 관행이나 일부 기자들의 부도덕한 행실, 이른바 뒷광고 등으로 사리사욕을 채우는 악덕 언론사 뉴스를 비판한 것은 긍정적인 측면이다. 하지만 종종 모든 언론을 통째로 매도하는 듯한 태도를 보인 것은 매우 아쉬운 부분이다. 언론계 전체를 싸잡아 비난하는 것은 시청자에게 언론에 대한 막연한 부정적 인식을 심어주는 행동일 뿐이다. 언론 전체를 통째로 '개혁' 대상으로 지목하는 것도 마찬가지다. 특정 정치권이 비판적인 언론을 향해 수시로 제기하는 '언론개혁'이라는 문구를 무비판적으로 사용하는 것도 정파적이라는 의심을 받을 수밖에 없다.

이런 문제는 〈저널리즘토크쇼J〉가 KBS 인터넷 홈페이지와 유튜브 계정 등에 올렸던 동영상 제목이나 간판 이미지 등에서 두

그림 4 유튜브 계정 'KBS 추적'에 올라 있는 2020년 5월 10일 〈저널리즘토크쇼J〉 클립 가운데 하나. 제목은 "[J컷] 언론개혁 생각에 신난(?) 최강욱"이다.

드러진다. 2020년 6월 12일 방송된 KBS 1TV 옴부즈맨 프로그램 〈TV비평 시청자데스크〉에 출연한 유용민 시청자평가원은 "자극적이고 과격한 표현들이 프로그램 홍보 영상에 우후죽순 등장한다. 언론개혁이 '짜릿하다'는 건 무슨 말인지 시청자로서 도대체 알 수가 없다. 언론개혁이 무슨 한여름 무더위에 즐기는 레저활동도 아니라면 말이다"라고 질타했다.[80]

실제로 2020년 5월 10일 방송분을 보면 조국 전 장관 수사나 채널A 검언유착 의혹 등을 거론하며 한국 언론 전반을 통째로 한심하고 치졸하며 취재원과 유착, 인터뷰 조작 등을 일삼는 집단으로 매도하고 있다. 하지만 이후 정경심 전 교수에 대해 징역 4년의 실형이 확정된 것이나 조국 전 장관에게도 1심에서 징역 2년형이, 정 전 교수에게는 추가로 징역 1년이 선고된 상태에서 상급심이 진행되고 있는 점을 보면 이 프로그램의 지적이 얼마나 설득력을 가질지 의문이다. 최 당선인도 조국 전 장관의 아들에게 인턴 증명서를 위조해준 혐의와 전 채널A 기자 이동재의 명예를 훼손한 혐의로 각각 유죄 판결을 받았는데, 2023년 9월 인턴증명서 위조 혐의로 징역형의 집행유예가 확정되면서 결국 의원직을 상실했다. 그날의 방송이 저널리즘의 사실성과 공정성, 이해충돌 방지 등의 원칙에 비추어 얼마나 위험한 것이었는지 잘 알 수 있는 대목이다. 채널A 사건만 해도 정작 이동재 전 기자에게는 무죄가 확정됐다. KBS의 〈방송제작가이드라인〉이 왜 재판 진행 중인 사건에 대한 방송을 제한하고 있는지 잘 보여준다.

〈저널리즘토크쇼J〉가 이처럼 언론 전체의 신뢰도를 통째로 공격하면서 언론 혐오 현상을 부추겼다는 지적도 주의깊게 생각해 볼 대목이다. 이런 언론 혐오 정서를 바탕으로 정치권이 징벌적 손해배상제 도입을 추진하는 등 언론에 대한 공격적인 규제 도입을 시도하면서 사회적으로 큰 갈등이 빚어졌다. 수시로 인용되는 언론에 대한 시민들의 낮은 신뢰도 조사 결과가 이런 방송 프로그램, 그리고 유튜브 등에 올린 언론에 대한 자극적 비판 영상과 무관하다고 볼 수는 없다.

이런 자극적인 이미지나 제목 등 표현의 문제는 제작진이 이 프로그램을 어떤 방향에서 접근하고 있는지를 보여준다. 실제로 이 프로그램의 유튜브 계정이 공영방송으로서는 부적절한 표현을 홍보 문구 등으로 사용한다는 지적이 있었는데, 당시 제작진의 입장은 좋은 콘텐츠를 많은 사람에게 보여주기 위해서는 어느 정도 자극적인 표현도 용인될 수 있다는 것이었다. '우리가 만드는 콘텐츠는 정당성이 있다'는 믿음이 출연진 선정이나 표현 방법 등에서 기존 윤리 기준 등에 구속될 필요가 없다는 결론으로 이어진 것으로 볼 수 있는 대목이다.

저널리즘 비평 프로그램이 원칙에 기초해서 만들어지는 것이 아니라 각각의 사건에 대한 자신들의 자의적인 판단과 평가에 기초할 경우 거기에 동의하지 않는 사람은 처음부터 이 프로그램을 수긍할 수 없게 된다. 그것이 이 프로그램이 줄곧 KBS 내부에서조차 논란이 되다 막을 내린 이유라고 볼 수 있다.

| '신화'와 현실의 거리…저널리즘 비평도 한 차원 높아져야

〈저널리즘토크쇼J〉에 대해서는 '조중동'으로 불리는 보수 언론에 갇혀버렸다는 지적도 있었다. 진보적 언론학자와 활동가 등의 모임인 미디어공공성포럼이 2021년 4월 주최한 "미디어(저널리즘) 비평의 성취와 한계, 방향"이라는 토론회에서 김언경 뭉클 미디어인권연구소 소장은 "한 주에 가장 뜨거운 주제 위주로 다루다 보면 프레임을 주도한 보수언론 시각에 갇히게 된다"며 "어느 순간부터 저리톡('저널리즘토크쇼J'의 줄임말-필자)이 보수언론의 지적에 반박하고 잘못된 보도를 지적하는 데 치우쳤다"고 지적했다.

임동준 민언련 정책모니터팀장도 "조중동 문제가 심각하니 조중동을 다뤄야 한다는 시각에서 벗어나야 한다"며 이 프로그램이 보수신문 비판에 매몰됐다고 지적했다. 그러다 보니 이른바 진보로 분류되는 쪽의 문제는 아예 다루지 않는다는 것이다.[81] 이 밖에도 여러 언론학자 등이 편향성 시비 문제 등을 지적했다. 주목할 것은 이런 지적이 모두 이 프로그램에 우호적인 사람들에 의해 제기됐다는 점이다.

언론이 사회적으로 중요한 역할을 하는 것에 비해 국내 언론은 상호 매체 비평을 잘 하지 않는다는 지적은 새로운 것이 아니다. 언론의 상호 비판은 일종의 '동료 비판(peer review)'으로 서로 잘못을 감시함으로써 좋은 보도를 위한 자극이 된다. 하지만 저널리즘 비평이 정치적 성향이 다른 매체에 대한 공격 수단이 된다면 얘기가 달라진다. 실제로 〈저널리즘토크쇼J〉는 물론이고 국내 공영방송들이 갖고 있던 몇몇 미디어 비평 프로그램은 주로 '조중동'으로 대표되는 보수 언론에 대한 공격 수단이었다는 시각이 있다. 이렇게 정파적 공격에 저널리즘 비평이 동원된다면 차라리 그런 비평은 없는 것이 더 낫다. 이는 〈미디어오늘〉과 같은 언론 전문지에 대해서도 항상 제기되는 비판이다. '조중동'으로 대표되는 보수 언론도 공영방송을 포함한 진보적 언론을 단골 비판 대상으로 삼는다.

〈저널리즘토크쇼J〉는 2020년 12월 막을 내릴 때까지 117회를 방송했다. 일부에서는 대부분이 정치적으로 특정 진영 입맛에 맞는 것들이었다고 주장한다. 몇몇 언론을 표적으로 했다는 주장도 있다. 반면에 이 프로그램을 옹호한 사람들은 공영방송이 '기계적 균형을 버리고', '나름의 관점을 가지고' 미디어 비평을 한 것이 좋았다고 생각한다. '기계적 균형' 대신 '관점을 갖는' 비평이라는 말은 그 자체로 이 프로그램이 특정한 시각에 편향되거나 사실관계를 균형있게 다루지 않았다는 것을 인정하는 것은 아닐까? 언론비평 프로그램이 스스로 정파성 등 언론윤리 논란에 휩싸인다면 언론을 놓고 벌어지는 진영 대결의 연장에 불과하다. 더구나 언론비평 프로그램이 언론윤리 원칙이 아니라 특정한 색깔을 내세운다면 그것 자체가 언론윤리에 어긋나는, 사실상 정치 활동의 연장으로 비칠 가능성이 크다.

한국 언론들은 지난 2014년 〈뉴욕타임스〉가 무려 161년 만에 사람 이름을 잘못 표기한 것을 고백하며 정정한 것을 경쟁적으로 소개했다. '역시 뉴욕타임스'라는 칭찬이 쏟아졌다. 당시 KBS도 이 사실을 보도했는데, 기사에서 "잘못을 바로잡거나 사과하는 걸 주저하지 않는 태도, 언론에 대한 신뢰도는 이런 데서 나오는 게 아닐까요?"라며 사실 보도에 철저하지 않고 잘못이 있어도 정정에 인색한 한국 언론을 비판했다.[82] 이런 지적은 항상 스스로에게 먼저 적용할 필요가 있다.

대선 승리의
전리품 취급되는 공영방송

| 결국 현실이 된 2023년판 공영방송 사장 해임 시도

앞에서 우리는 정권이 바뀌면 방송규제기구와 공영방송 지배구조 등을 인위적으로 바꾸는 작업이 마치 필수적인 정권 인수 절차의 하나인 것처럼 진행되는 실태를 알아보았다. 2023년 들어서는 집권 2년차를 맞는 윤석열 정부에 의한 공영방송 인적 교체 작업이 착착 진행됐다.

먼저 KBS를 보자. 윤석열 대통령 취임 당시 KBS 이사회의 여야 비율은 4대 7로 야권이 우위였다. TV조선 재승인 심사 점수 조작 의혹과 관련해 구속 기소된 윤석년 이사가 7월 해임됐고, 법인카드 부정 사용 의혹 등을 이유로 남영진 이사장이 8월에 해임됐다. 그 자리를 보수 언론학자인 황근, 전 헌법재판관 서기석이 채움으로써 6대 5의 여권 우위 구조가 만들어졌다. 여권 성향의 이사들은 곧바로 사장 해임안을 발의했고, KBS 이사회는 야권 이사들이 모두 퇴장한 가운데 여권 이사 6명 전원 찬성으로 김의철 사장 해임 제청안을 의결했다. 윤 대통령은 당일 저녁 해임안을 재가했다.

남영진 전 이사장의 해임 처분에 대한 집행정지 신청은 물론 김의철 전 사장의 해임 처분 집행정지 신청도 서울행정법원에서 기각됐다. 본안 소송 결과와 무관하게 일단 KBS는 이전 정부에서 임명된 사장을 교체하는 작업이 착착 진행된 셈이다. 사장 후보 선임 과정의 여러 절차를 둘러싼 논란에도 불구하고 사장을 바꾸는 것 자체는 일사천리로 진행되었기 때문이다.

하지만 MBC 쪽 상황은 훨씬 복잡하게 진행됐다. 방통위는 남영진 KBS 이사장 해임 직후 MBC 감독기구인 방문진의 권태선 이사장도 해임했다. 권 이사장 자리에 MBC 출신인 김성근을 임명하면서 3대 6의 여야 비율이 4대 5로 바뀌었다. 그 사이에 MBC 기자 출신인 이사가 사퇴하자 그 자리는 이명박, 박근혜 대통령 당시 방문진과 KBS 이사를 두루 역임했던 보수 인사인 변호사 차기환으로 채운다. 그런데 서울행정법원은 권태선 이사장에 대한 해임 처분의 집행을 정지해버렸다. 예상치 못한 복병을 만난 셈이다.

법원은 방통위가 여러 해임 사유를 제시했지만 "MBC 경영과 관련해 방문진 이사회 결정은 다수결로 이뤄지는데 권 이사장에게만 책임을 묻기 힘들다"고 판단했다. 법원은 또 "방문진 이사의 임기를 원칙적으로 보장하되 직무 수행에 장해가 될 객관적 상황이 발생했을 때만 해임을 허용하는 게 공익에 더 부합한다"고도 했다. 이미 방통위가 권 이사장의 후임을 임명한 상황에서 권 이사장이 직무에 복귀하는 바람에 방문진은 일시적으로 법에 정해진 정원 9명을 초과한 10명의 이사가 재직하는 상황이 됐다.

방통위는 이미 무리한 이사장 해임이 법원에 의해 저지당한 상황에서 또 민변 소속인 변호사 김기중을 해임한다. 하지만 법원에서는 같은 날, 애초에 권태선 이사장 자리에 임명됐던 김성근 이사의 임명 효력을 정지시키는 결정이 나온다. 비록 김기중의 후임으로 여권 성향 이사를 임명하더라도 여전히 여야 비율은 4대 5로 여소 야대가 되는 것이다. 야권 성향 이사장을 해임하고 여권 성향 이사로 교체하려던 것이 통째로 효력 정지가 되면서 방문진을 여권 우위로 개편하려던 계획은 일단 차질을 빚게 되었다.

남영진 KBS 이사장과 권태선 방문진 이사장에 대한 법원의 결정은 같은 날에 나왔지만 결과는 정반대였다. 그 결과 KBS 사장과 MBC 사장의 운명도 갈렸다. 얼핏 비슷해 보이는 사안인데도 완전히 다른 결정이 나온 이유는 뭘까? 구체적인 해임 사유로 제시된 내용이 달랐다는 점, 구체적으로 남 이사장에 대해서는 법인카드 부정 사용 의혹으로 국민권익위 조사를 받게 된 점 등이 작용했을 수 있다. 문재인 정부 초기 KBS 사장 교체의 출발점도 이사들의 법인카드 부정 사용 논란이었다. 그런데도 정권이 바뀐 뒤에 똑같은 논란이 제기되고 사장 교체로 이어지는 빌미의 일부가 된 셈이다.

하지만 윤석열 정부가 MBC 사장을 조기에 교체하겠다는 계획을 포기한 것으로는 보이지 않는다. 국민권익위원회가 권태선 방문진 이사장과 야권 성향 이사 1명에 대해 청탁금지법 위반 혐의로 경찰청에 수사를 의뢰했기 때문이다. KBS 남영진 이사장 등을 해임할 때와 유사한 상황이 만들어진 것이다

| 공영방송이 대선 전리품이 되는 이유는 무엇일까

정권을 잡은 진영이 이처럼 공영방송 장악을 중요하게 생각하는 이유는 앞에서도 언급했지만 전체 여론 시장에서 공영방송이 차지하는 비중이 크기 때문이다. 또 정권이 마음을 먹으면 원하는 성향의 인물을 사장으로 앉히는 것이 가능하기 때문이다. 무리해서라도 사장을 바꾸면 연쇄적으로 임원진부터 시사, 보도 책임자들까지 일제히 바뀐다. 실제로 과거 정권 교체 과정에서 벌어졌던 일들을 보면 이런 인사가 방송의 전반적인 운영이나 내용에 얼마나 큰 영향을 미치는지 알 수 있다. 물론 상황에 따라 조직 내부가 일사불란한 모습을 보이기도 하고 파열음이 날 수도 있다. 하지만 권력을 쥔 쪽에서는 어떻든 사장을 자기 성향 사람으로 앉히려고 시도할 현실적인 이유가 있다.

공영방송 경영진이 방송 논조에 미치는 영향을 가늠해 볼 수 있는 방법이 있다. 노무현 대통령 당시 임명된 경영진이 있던 이명박 전 대통령 취임 초기와 문재인 대통령 때 임명된 경영진이 있던 윤석열 대통령 시기의 MBC 논조를 비교해 보면 상당한 유사성을 발견할 수 있다. 〈PD수첩〉을 통해 미국산 쇠고기 수입 문제를 공격적으로 다뤘던 이명박 대통령 초기나, 이른바 '바이든-날리면' 발언 보도를 포함해 정권과 정면 충돌한 윤석열 대통령 초기 보도는 매우 기조가 비슷하다. KBS도 마찬가지다.

정권이 바뀌고 그 여파로 사장이 바뀌기 전후의 변화를 비교해도 된다. 이명박-박근혜 대통령 시기에는 공영방송 보도에서 정권에 비판적인 모습이 사라져버렸다. 그런데 마찬가지로 문재인 정부 들어 새롭게 사장이 바뀐 공영방송들에서도 정권의 핵심적인 문제를 파고드는 탐사 보도가 실종됐다는 지적이 적지 않았다. 실제로 문재인 정부 당시 양대 공영방송의 탐사보도 조직은 축소됐다. 앞에서 주요 신문들의 논조가 정권에 따라 확연하게 바뀌는 것을 보았는데, 마찬가지 현상이 공영방송에서도 나타났다.

이는 앞에서도 살펴보았던 KBS의 〈저널리즘토크쇼J〉에 대한 평가 과정에서도 제기됐던 문제다. 2021년 4월에 열린 토론회에서 〈경향신문〉 기자 출신 언론학자 박영흠은 "문재인 정권 이후 조중동이라는 '전통적 성역'과 김어준으로 대표되는 '새로운 성역'이 생겼다고 보는데 저리톡은 새로운 성역에 대한 문제제기나 비판적 접근이 부족하지 않았나 싶다"고 했다. 이런 현상이 특정 프로그램만의 문제라고 보기는 어렵다.[83]

단순한 논조만의 문제도 아니다. 공영방송의 경영진이 어떤 사람들이 되느냐에 따라 방송 출연진에도 영향을 미친다. 이명박 대통령부터 박근혜 대통령 때까지 공식, 비공식적으로 방송 출연에서 인위적으로 퇴출된 사람들이 있었던 반면 문재인 대통령으로 바뀐 뒤에는 한동안 방송에서 배제됐던 사람들이 각광을 받았다. 김어준이나 주진우 등 이른바 '나꼼수' 멤버들의 활약은 특히 두드러졌다. 공영방송 시사프로그램들은 가능하면 정치색이 두드러진 사람을 피하려는 경향이 있었지만, 이때는 오히려 내외부 인사 모두 확실한 색깔이 있는 사람들이 약진했다. 시사 프로그램 고정 출연자 중에는 2022년 대선 과정에서 민주당 후보 지지를 공개적으로 선언한 사람이 계속 방송에 나서는 사례도 나왔다. 일부 언

론이 문제를 제기했지만 해당 언론사 내부의 감시나 관리는 제대로 작동하지 않았다.[84]

한국 언론의 근본적 문제 가운데 하나인 정치적 후견주의가 공영방송에서 특히 잘 작동한다는 의혹이 제기되기도 한다. 어떤 정치적 관계 속에서 사장에 오르게 되면 정치권의 압력에 취약할 것이라는 의심을 받을 수밖에 없다. KBS의 지역 총국장이 특별한 사유 없이 불과 넉 달 만에 교체된 것과 관련해 구체적인 정치권 연관설이 언론에 보도되기도 했다.[85] 실제로 KBS는 고위직의 잦은 교체가 경쟁력에 큰 부정적 영향력을 미치는 요소다. 보도국장, 보도본부장 등의 교체도 잦아 1년만 지나면 언제든 교체 대상이라는 인식이 퍼져있을 정도다. 고위직의 잦은 교체는 조직이 품질을 놓고 진지하게 고민하고 연구하는 것보다 승진이나 보직에 민감하게 움직일 가능성을 높인다. 정치적 후견주의가 작동하기 쉬운 환경이 되는 것이다.[86]

청와대 홍보수석실의 지시로 2010년 6월 국정원이 작성했다는 보고서를 보면 아예 정권 차원에서 KBS 인사에 개입하려는 의도가 드러나기도 한다. "KBS 조직개편 이후 인적쇄신 추진 방안"이라는 문건에는 사장 비서실장 등 몇몇 인사에 대한 특별 관리가 거론되어 있다. 이런 일을 검토했다는 것은 실제로 그런 관리가 가능한 구조였기 때문일 것이다.[87]

이런 구조는 문재인 정부 5년 동안에도 아무런 변화가 없었다. 과거 이명박, 박근혜 정부 때 제 역할을 하는 공영방송을 만들기 위해 정권과의 싸움을 불사했던 구성원들은 문 대통령 재임 기간에는 똑같은 제도 아래서 경영진부터 주요 보직을 두루 맡았다. 하지만 방송의 내용적인 측면에서 이전과 달리 정파성을 넘어서는 원칙적 측면을 보여주거나, 정치적 독립성이 취약한 공영방송 지배구조를 바로잡으려는 노력은 보이지 않았다.

공영방송 사장의 임기가 대체로 3년이라는 점을 감안하면 문재인 정부 아래서 적어도 두 번의 기회가 있었다. 2017년 처음 정권이 바뀐 직후엔 전임 정부 때 임명된 사장을 바꾸고 체제를 정상화하는 것이 시급했다고 치자. 그런데 그 다음에도 왜 아무런 지배구조 개선을 위한 노력을 하지 않았을까? 여전히 공영방송을 대선이 끝날 때마다 전리품 취급을 받을 수밖에 없는 구조로 방치한 것, 그것이 2023년의 공영방송 장악 논란을 불러온 출발점임을 부정할 수는 없다.

하나의 언론만 봐서는
사실 파악이 어려운 사회

| '진실 찾기' 도움 안 되는 '소비자 영합' 뉴스

우리는 앞에서 KBS 〈미디어비평〉이 2009년 12월에 방송한 "정파성에 갇힌 한국 언론" 편을 통해 한국 언론의 정파성이 어떤 상태인지 살펴보았다. 이날 방송편은 무엇보다도 언론이 정파성에 빠지면 무엇이 문제인지를 정확하게 지적했다. 언론이 정치적으로 첨예하게 맞서는 사안이 있을 때마다 정반대로 보도하다 보니 진실찾기가 더욱 어려워졌다는 점이다.[88] 이는 사회적 갈등에 관한 보도에서 더욱 그렇다. 안 그래도 복잡한 이해관계 때문에 정확한 사실을 알기 힘든데 언론이 정치적 색안경까지 쓰고 사안을 보면 제대로 사실을 파악하기는 더 어렵다. 의견 보도에 속하는 사설은 그렇다 치더라도 사실 보도가 핵심인 1면 기사에서부터 정권에 따라 정파성을 보인다면 일반 시민들이 사회에서 발생한 사실들을 어떻게 파악할 수 있느냐는 것이다.

이런 상태에서는 뉴스 소비자가 어떤 언론사의 기사를 보느냐에 따라 기본적인 사실조차 다르게 파악하게 된다. 적어도 '우리 사회에서 무슨 일이 일어났는지'는 제대로 파악해야 의견이 다르더라도 구성원들 사이에서 이성적이고 합리적인 대화가 가능하다. 예를 들어서 조국 전 법무부 장관 관련 사건에서 조 전 장관 부부에게 유죄 판결이 내려진 것은 판사들이 검찰의 압박에 떠밀려 조작된 증거를 채택했기 때문이라고 믿는 사람들이 있다. 반대로 적어도 재판에서 확인된 사실관계는 받아들여서 실제로 조국 전 장관 부부가 잘못한 것이 있다는 점은 인정해야 하지 않느냐는 사람도 있다. 이들 사이에는 합리적이고 이성적인 대화는 불가능하다.

이 사안에 대해 세 가지 보도 방식을 생각해볼 수 있다. 첫 번째는 조국 전 장관 가족은 잘못한 것이 전혀 없으며 오로지 정치적인 검찰과 언론의 무차별적인 공격에 따른 희생양이라는 맹목적인 지지자의 시각에 맞춰 기사를 쓰는 것이다. 법정에서 변호인들이 주장한 것들을 마치 확인된 사실인 것처럼 보도하고, 재판장의 말을 확대 해석해 검찰의 무리한 기소가 법정에서 드러났다고 보도하는 식이다. 두 번째로, 조국 전 장관 가족은 너무나 엄청난 범죄를 저지른 것이 명확하고, 검찰이 공소장에 쓴 내용을 재판을 하기 전부터 모두 사실로 확인된 것처럼 기사를 쓰는 것이다. 조 전 장관을 강경하게 비판하는 진영의 시각에 맞춰 변호인 등의 반론도 필요하지 않다는 식으로 몰아서 기사를 쓰는 것이다.

실제로 첫 번째 방식으로 변호인의 주장을 확대 해석하거나 법정 분위기를 일방적으로 전달하는 보도가 적지 않았다. 반대로 두 번째 방식으로 검찰 주장을 모두 사실인 것처럼 단정적으로 전하는 보도도 일부 있었다. 극단적인 유튜버들 사이에서는 이 두 방식의 보도가 치열한 경쟁을 벌였다. 물론 대체로 첫 번째 방식의 보도가 많이 눈에 띄었지만, 어느 쪽이든 정확한 재판 절차도 이해하지 못한 상황에서 법정에서 진행된 논박을 입맛에 맞게 해석해서 전달했다.

그러니 이런 식의 편향적인 재판 보도만 계속 지켜봤던 사람들은 조국 전 장관과 부인에 대한 재판 결과를 도무지 납득하지 못할 것이다. 검찰의 주장이 모조리 깨지고 있다는 소식만 듣던 사람들은 판사들이 검사들의 협박에 굴복해 부당한 판결을 내렸다고 믿을 수밖에 없다. 반대로 모조리 유죄가 날 줄 알았는데 일부 무죄가 난 것을 수긍하지 못하는 사람들도 있을 것이다. 이런 사람들 사이에서 사안에 대한 어떤 의미 있는 대화도 이뤄지기 어렵다.

마지막 세 번째 방법은 기본적으로 법정에서 확인된 사실과 아직 재판에서 명확하게 판가름 나지 않은 사실 등을 엄정하게 구분해서 보도하는 것이다. 검찰 수사 과정도 전달하되 반론 취재도 충실하게 하는 것, 그리고 공인의 책임이라는 측면과 함께 검찰의 수사가 과도하게 진행됨으로써 불필요한 피해를 주는 것은 없는지도 함께 취재해서 보도하는 것이다. 물론 공인인 조국 전 장관 부부에 대해 제기된 의혹들을 직접적으로 탐사, 기획 취재하는 것도 가능하고, 또 필요하다. 부당하게 사생활을 침해하거나 함부로 예단을 갖고 보도하지만 않으면 된다. 재판 과정을 보도할 때도 정확하게 그날 진행된 내용을 전반적인 재판의 맥락 속에서 사실을 중심으로 보도하면 된다.

실제로 진행됐던 보도들에 대한 평가는 어떻게 하는 것이 옳을까? 조국 전 장관 지지자들과 그 밖의 사람들 사이의 평가는 극단적으로 엇갈렸다. 강성 지지자들의 경우는 위의 세 번째 유형에 속하는 보도들까지 모조리 억울한 피해자에 대한 악의적인 보도라고 규정하고 공격적으로 반응했다. 이런 사람들은 대법원에서 확정된 사실조차 '그것은 그렇게 중요한 부분이 아니'라거나, '제기됐던 핵심 의혹은 모두 무죄가 났다'는 식으로 부정해버리는 것을 어렵지 않게 볼 수 있다. 판결을 일부라도 인정하는 순간 그때까지 갖고 있던 모든 믿음을 버려야 하기 때문일 수는 있다. 이런 현상은 일부 언론인을 포함한 지식인들 사이에서도 나타난다. '그런 사실에도 불구하고 수사가 과도했으므로 조 전 장관 가족은 억울한 피해자다'라는 주장이나 보도도 있다. 사실을 부정할 방법은 없으니 '과도한 수사를 한 검찰이 문제'라는 식으로 프레임을 다르게 가져가는 것이다.

물론 일부 극단적인 보도도 있었다. 특히 상황이 과열되면서 무리한 보도 경쟁이나 과도한 보도가 있었다는 지적은 피하기 어렵다. 이런 상황은 2016년에서 2017년 사이의 이른바 '박근혜 정권 적폐수사' 관련 보도에서도 벌어졌던 일이다. 당시와 조국 전 장관 사건에서는 수사나 보도에 문제를 제기하는 진영이 정반대로 바뀌었다. 조국 전 장관에 대한 보도에 반발하던 사람들 중에 박근혜 정권 적폐수사와 보도가 심했다고 비판하는 사람은 본 적이 거의 없다. 이것은 기본적으로 사회적 사실을 인식하는 방식이 근본적으로 다르기 때문이다. 물리적으로 같은 공간에 살더라도 사실에 대한 인식을 공유하는 것이 없으면 대화는 불가능하다. 서로 상대방을 이해할 수 없는 허상 속에 사는 사람으로 취급하는 것이다.

이런 상황은 언론 매체들이 발생한 사안을 객관적으로 검증해 보도한다는 기본적인 저널리즘의 원칙을 지키지 않아서 생기는 것이다. 사실에 기초해 보도할 내용을 정하는 것이 아니라 무엇이 소비자로 설정한 사람들의 마음에 들 것인지를 살펴 일방적인 주장까지 보도하기 때문이다. 언론학자 강명구가 사용한 표현을 빌린다면 '언론이 자신들의 진실을 만들어 내는 것'인 셈이다. 원래 이런 수법은 정치인들이 주로 사용하는 것이다. 사실의 문제를 평가의 문제, 혹은 주장의 영역으로 바꿔버리는 것이다.

예를 들어 인턴증명서를 위조한 것으로 처벌받게 된 정치인이 처음에는 위조한 적이 없다며 사실을 부인하다 그것이 물리적인 증거로 입증되면 전략을 바꿔 증거의 적법성을 다툰다. 최종적으로 증거의 적법성이 인정되더라도 인턴증명서 위조를 인정하고 사과하는 것이 아니라 오히려 증거의 적법성이 넓게 인정된 것은 문제라고 판결을 비판한다. 사실의 문제를 절차의 문제, 평가의 문제로 비틀어 버리는 것이다. 누군가 이런 '비틀기'의 문제를 지적해도 지지자들은 증거의 적법성을 놓고 그 정치인이 법원을 비판한 사실만 기억한다.

'사실관계 비틀기'는 여야나 보수 진보를 가리지 않고 일어난다. 지지자들은 한쪽에는 한없는 이해와 관용을 베풀면서 반대쪽에는 악마화는 물론 음모론까지 덧씌우는 것을 서슴지 않는다. 이런 보도를 반복적으로 접하면 사회 전반에 대한 매우 비현실적인 관념을 형성하게 된다. 언론이나 유튜버 채널이나, 독자나 시청자를 상대로 프로파간다, 혹은 일종의 심리전을 펼치는 셈이다.

| 참사 보도에서도 사실 확인 앞서는 '눈치보기'

언론 보도를 통해 사회 구성원들이 공통의 사실을 파악하기 어려운 일은 참사와 관련해서도 계속 발생한다. 어떤 참사가 발생하면 그 원인을 꼼꼼하게 따지고, 구조적인 원인과 함께 책임이 어디에 있는지를 밝히는 것은 매우 중요한 일이다. 언론은 이런 조사 과

정 등에 대해 항상 의심의 눈초리를 갖고 지켜보아야 한다. 그런데 언론이 객관적 조사 결과에 막연한 의문을 제기하는 것은 때로는 무책임한 행위일 수 있다. 나아가 이것이 일정한 진영적 경향성을 갖게 되면 이 또한 정파적 보도가 될 수 있다. 세월호 참사 보도가 대표적이다.

전국언론노동조합 민주언론실천위원회는 2023년 5월 4일 세월호 진상규명을 다룬 언론보도를 평가하는 보고서를 발표했다.[89] 이 보고서는 세월호 참사 원인을 과학적으로 추적 보도해온 〈뉴스타파〉 김성수 기자가 집필하고 이를 언론노조 민실위원들의 회람을 거쳐 공식 채택한 보고서다. "세월호 참사 진상규명 관련 보도 평가와 권고"라는 제목의 이 보고서는 그동안 언론이 보도해온 사항들 중에 사실이 아닌 것으로 확정된 사항들에 대해서 '편집자 주'를 달아 바로잡으라고 권고했다. 보고서를 보면 사실이 아닌 것으로 판명된 의혹은 대표적으로 세월호가 어떤 외부의 힘에 의해 침몰했다는 주장, 세월호의 항적 기록을 조작했다는 주장, 세월호의 CCTV 등 관련 증거를 조작하거나 은폐했다는 주장이다.

보고서에 등장하는 부실한 보도를 한 언론사들은 KBS, MBC, 목포MBC, 한겨레TV '파파이스'를 포함한 〈한겨레〉 등이다. 참사 초기부터 세월호 문제를 집중적으로 다룬 매체들이다. 엄청난 참사 앞에서 진실을 밝혀내려고 노력한 것은 칭찬받아 마땅하지만, 문제는 어느 순간 객관적인 자료나 과학적 분석에 기반해야 한다는 '사실성 원칙'을 넘어섰다는 것이다. 기본적으로 그 큰 배가 갑

자기 침몰해 수많은 생명을 희생시킨 데에는 어떤 거대한 음모가 존재할 것이라는 가설이 입증되지 않는 한 어떤 조사 결과도 납득하지 않으려는 태도에서 비롯된 것일 수도 있다. 그러다 보니 누군가 개인적인 의혹이나 가설을 제기해도 검증 없이 보도함으로써 사람들의 의구심을 한없이 키워놓았다.

이 보고서가 사실이 아닌 것으로 확정된 것과 관련해 정정보도를 하라고 권고한 것에 대해 당사자들은 부정적 반응을 보였다. 이들의 반응을 보면 최대한 사실에 다가가는 것이 아니라 그냥 끊임없는 의혹 제기 자체를 언론의 의무라고 착각하거나, 혹은 자기 나름의 논리에 사로잡혀 있다는 점을 알 수 있다.

대표적으로 KBS에서 세월호가 외력에 의해 침몰했다는 의혹을 제기해온 기자는 언론 인터뷰에서 "세월호 참사로 인해 학생과 일반인이 300명 넘게 죽었는데 분명하게 밝혀진 게 없다", "언론이 여러 가능성을 보도하는 게 뭐가 잘못됐다는 건지 이해하지 못하겠다", "털끝만큼이라도 가능성이 있다면 의혹을 제기하는 게 언론 역할"이라고 강하게 반발했다. 언론노조 보고서를 보면 이 기자는 "잠수함이 맞다고 확신"하게 됐다고 SNS에 밝힌 것으로 나와 있다.[90] 그는 언론노조의 권고에도 불구하고 이런 확신을 바꿀 생각은 없는 것으로 보인다.

보고서는 이른바 '부족했던 보도들'과 관련해 "대다수 기자와 매체는 세월호 참사 초기 유가족과 국민에게 큰 상처와 실망을 줬던 '보도 참사'를 만회하기 위해 최선의 노력을 기울인 흔적을 어렵지 않게 찾아볼 수 있다"고 했다. 하지만 문제는 여기서 시작됐을 수도 있다고 지적한다. "유가족에게 도움이 되는 보도를 내놓겠다는 진심과 열정이 부지불식간에 유가족의 관점과 입장을 취재 기자가 자연스럽게 내면화하는 데로까지 이어진 것이 문제의 시작이었다"는 것이다. 여러 국가기관이나 조사위원회의 조사 결과가 나오면 그 기관이 유가족들의 의심을 받는지 아닌지를 보도가 따라가는 경향을 보였다고 보고서는 지적했다. 사실 판단에 앞서 유가족의 심기를 살피느라 엄정한 판단을 하지 못했다는 말이다.

세월호 참사에 대한 여러 차례의 진상조사가 있었지만 항상 기사의 끝에 아쉬워하는 유가족의 반응을 붙이면서 조사 결과 전체를 사실상 부정해버리는 식의 보도가 이어진 것도 마찬가지다. 지금까지 수많은 음모론이 보도되면서 생긴 의구심을 모두 지울 수 있는 조사는 애초에 불가능한 것인지도 모른다. 어떤 조사가 나와도 완벽할 수는 없다. 그렇다고 모든 조사를 한마디로 폄하해버리는 식의 보도들이 정말 최선이었는지 잘 생각해볼 필요가 있다. 이런 보도들이 결국 사회 전체적으로 세월호 참사 자체를 계속 정쟁 소재로 소비하게 만드는 역효과를 가져온 것일 수도 있기 때문이다.

털끝만큼의 가능성도 외면하지 않는 자세는 사실을 대하는 신중한 자세로서는 중요하다. 그런데 털끝만큼이라도 틀렸을 가능성이 있다면 어떤 조사나 연구도 믿지 않겠다고 한다면 믿을 수 있는 조사는 사실상 하나도 없을 것이다. 모든 재난이나 사고 등의 조사를 같은 기준으로 다루어 왔는지, 그렇지 않다면 왜 그랬는지를 겸허하게 살펴보아야 한다. 조사결과들을 무조건 믿으라는 것이 아니다. 그것들을 합리적인 수준에서 다루고 있는지 돌아보라는 말이다.

| 상대에 대한 야멸찬 공격…정파적 보도의 현실적 효용성

언론은 각종 의혹을 취재하고 보도한다. 또 잘못이 드러나면 비판도 한다. 이것은 언론의 당연한 역할이다. 그런데 똑같이 의혹을 제기하고 잘못을 비판하더라도 사안에 걸맞은 적정한 표현의 수위가 있다. 이는 보도 대상에 대한 기본적인 존중일 뿐만 아니라, 시청자와 독자를 존중하는 것이기도 하다. 언론이 일정한 품위를 지켜야 한다는 것은 이런 의미에서다. 사실 중심의 보도를 하고, 감정적인 표현을 자제하는 것은 기본이다. 감정적인 표현을 동원한 거친 보도는 당사자에게 너무 가혹하고, 정제되지 않은 거친 표현은 소비자들에게 예의가 아니다.

그런데 한국 언론에서는 거칠고 모멸적인 표현, 음모론 같은 무책임한 의혹 제기를 어렵지 않게 발견할 수 있다. 기본적인 사실관계를 전하는 기사에서조차 과격하고 단정적이며 모멸적이기도 한 표현을 쓰는 것은 큰 문제다. 정치적 프레임에 해당하는 표현을 인용 형식을 빌어 거침없이 제목에 쓴다. 사실관계를 전하는 데에 아무런 도움이 되지 않는 감정적 표현이 사용되면 언론의 품격을 떨어뜨리는 것은 물론 정파적 분위기를 강화한다. 마치 극단적인 유튜브를 보는 것 같은 자극적인 제목이나 표현을 이른바 전통 매체가 1면에서 사용한다. 이런 문제는 오래전부터 '전 지면의 사설화'라는 지적을 받았다. 사설도 그러면 안 되겠지만 이젠 사실 보도까지 의견 보도처럼 함부로 쓴다는 말이다. 특정 매체 몇 개에 국한된 일이 아니다.

이런 보도는 보면 볼수록 민주주의 사회에서 시민으로 살아가기 위한 정보를 얻는 것이 아니라 왜곡된 사실관계를 각인시키고 특정 진영에 대한 분노, 멸시, 혐오의 감정을 일으킨다. 보도를 통해 세상이 어떻게 돌아가는지를 파악하는 것이 아니라 서로를 함께 살아갈 수 없는 악의 집단으로 느끼게 만든다. 이렇게 사회 전반에 감정적 대립이 깊어지게 하는 것은 정파적 언론이 한국 사회에 끼치고 있는 심각한 해악이다.

끊임없이 정치적 반대파를 비정상적인 집단으로 공격함으로써 국민 사이에는 상대가 정권을 잡으면 나라가 망할 거라고 생각하는 수준에 이르렀다. 주요 언론들이 서로 상대에게 이런 공격을 가하면 사회 전체에 대한 불신과 불만이 가득 찰 수밖에 없다. 반대쪽 언론을 불신하게 되는 것도 당연하다. 이런 보도가 계속되는 이유는, 바로 '적'으로 규정하고 있는 반대 진영으로부터 우리 진영을 보호하고, 반대 진영에는 타격을 줄 수 있으면 충분하기 때문이다. 우리 사회에 불신과 불만이 팽배한 것이 이런 보도와 무관하지는 않을 것이다.

2021년 1월 〈한겨레〉 현장 기자 41명이 자사의 법조 보도가 정권 편향적이라고 비판한 일이 있다. 〈한겨레〉는 2020년 12월 21일 당시 이용구 법무부 차관의 택시기사 폭행 사건에 특정범죄가 중처벌법을 적용해 송치하지 않은 것과 관련해 서울중앙지검 수사지침 때문에 검찰로 송치했어도 처벌하기 어려웠다는 취지로 보도했다. 이 기사는 인터넷에 먼저 보도되고 다음날 지면 기사로 이어졌다. 경찰이 이용구 차관에게 특가법을 적용하지 않고 내사 종결한 것을 정당화하는 보도였다. 그것만 본 사람이라면 경찰은 잘못한 것이 없는데 일부 언론과 정치권이 엉뚱한 시비를 거는 것으로 오해할 수 있었다. 그런데 이 지침은 특가법 개정 전의 것으로 보도 당시는 이미 효력을 잃은 상태였다.

결국 〈한겨레〉는 "해당 보도는 사실관계를 충분히 확인하지 않았고, 사안의 본질과 정확한 진실을 전달하는 데 미흡했다. 결과적으로 맥락을 왜곡 오도할 수 있었다는 점도 부인하기 어렵다"고 지면을 통해 사과했다.[91] 사회부장과 법조팀장이 책임을 지고 사퇴했다. 당시 편집국장은 "특정 정당, 정치 세력을 이롭게 하려는 목적으로 기사를 다루지 않았다는 점만은 분명하게 말씀드릴 수 있다"는 글을 내부에 올렸다.

당시 현장 기자들이 낸 성명에는 이런 부분이 있다. "이 사건이 검찰에 송치됐어도 어차피 특가법 적용을 하지 못했다는 여론을 만들기 위해 추미애 라인 검사에게 받은 자료를 사실 확인도 하지 않고 받아써 준 결과"라는 것이다. 더구나 "사실관계가 틀린 자료라는 현장 보고가 수차례 있었음에도 일부 내용만 수정해 이를 지면에까지 실은 이유가 무엇인지 국장단에 묻고 싶다"며, "무리한 편들기가 오보로 이어졌다"고 지적했다.[92] 여기서 언급된 이른바 '추미애 라인 검사'로 지목된 취재원은 대검찰청에 있던 검사장급 간부로 알려졌다.

비슷한 보도는 KBS에서도 있었다. KBS는 2020년 7월 18일자 〈뉴스9〉에서 ""유시민-총선 관련 대화가 '스모킹건'"…수사 부정적이던 윤석열도 타격"이라는 제목의 보도를 했다. 이날은 한동훈 당시 검사장과 공모하여 취재원에게 제보를 강요했다는 이른바 '검언유착' 의혹으로 이동재 전 채널A 기자가 구속된 다음날이다. KBS는 그해 2월에 한 검사장과 이 전 기자가 부산고검에서 만나 대화한 녹취록 내용을 취재했다면서 "이동재 전 채널A 기자와 한동훈 검사장이 4월 총선을 앞두고 유시민 노무현재단 이사장의 신라젠 주가 조작 연루 의혹을 제기하자고 공모했다는 정황이 확인됐다"고 단정적으로 보도했다. 여기에 "유 이사장은 정계 은퇴를 했다", "수사하더라도 정치적 부담이 크지 않다"는 말을 한동훈 검사장이 했다면서 "총선을 앞두고 보도 시점에 대한 이야기도 오간 것으로 확인됐다"고 보도했다.

당시 '검언유착' 의혹을 MBC가 제기한 뒤로 엄청난 논란이 벌어졌고, 의혹의 중심에 선 기자는 해고에 이어 구속까지 된 상황이었다. 이런 때에 부산고검 차장이던 한동훈 검사장이 문제의 기자와 이런 구체적인 '공모'까지 했다는 사실이 확인됐다면 간단한 일이 아니다. 특히 공영방송 KBS가 '확인됐다'고 반복해서 단정적으로 보도할 정도라면 상당한 수준의 근거가 확보됐다고 짐작할 수 있다. 하지만 사실은 전혀 달랐다. 실제로 이 전 기자 측은 곧바로 부산고검에서 있었던 대화 녹취록 전문을 공개했는데 거기에는 KBS가 보도한 것과 같은 대화는 없었다. 이 전 기자의 변호인도 사전에 KBS 취재진에게 "녹취록에 관련 대화는 없다. 무리 안 하는 게 좋다. 나중에 전체 내용이 공개되면 민망해질 수 있다"고 경고했다고 한다.

KBS는 보도 다음날 "다양한 취재원들을 상대로 한 취재를 종합해 당시 상황을 재구성했지만 기사 일부에서 정확히 확인되지 않은 사실이 단정적으로 표현된 점 사과드린다"고 밝혔다. 문제의 KBS 보도 동영상은 삭제됐고 지금은 제목만 남아 있다.[93] 다양한 취재를 종합해 '상황을 재구성'한 것이라면, 도대체 어떻게 반복해서 '확인됐다'고 자신있게 보도할 수 있었을까?

정권이 바뀐 뒤 수사에 나선 검찰은 이 보도가 당시 대검찰청에서 근무하던 한 검사장이 KBS 기자에게 보도에 사용한 허위 정보를 제공하고 보도를 독촉하기까지 한 것으로 조사됐다고 밝혔다. 해당 검사장은 물론 담당 KBS 기자도 기소됐으니 진실은 법정에서 밝혀지게 됐다. 이 사건에 대해서는 이동재 전 기자가 제기한 민사소송도 진행 중인데, 〈미디어오늘〉 보도를 보면 KBS 기자들은 "보도 내용은 허위 사실이 아니다. 최선을 다해 사실 확인후 보도했기 때문에 주의 의무 위반도 없다"고 주장했다고 한다. 만약 녹취록에 존재하지 않는 내용을 '확인됐다'고 단정적으로 보도했다면 그렇게 믿었던 이유를 제시해야 한다. 그것이 대검에서 근무하던 검사장의 말뿐이라면 이를 최선을 다한 사실 확인이라고 보기는 어렵다.

〈한겨레〉와 KBS의 두 오보는 구조가 매우 비슷하다. 어떤 목적에서인지 당시 대검에서 근무하던 서로 다른 검사장급 고위 간부가 〈한겨레〉와 KBS에 '제보'를 했고, 실제로 그대로 보도된 것이다. 두 사안 모두 곧바로 오보로 확인됐고 정정과 사과가 이뤄졌다. 세부적인 차이점이라고 한다면, 내용으로 보아 〈한겨레〉 기사는 윤석열 총장 징계 절차를 주도한 이용구 당시 차관을 지키는 데 도움이 되는 것이었고, KBS 기사는 윤석열 총장의 최측근인 한동훈 검사장을 공격하기 위한 것이라는 점이다. 그런데 정말 중요한 것은, 이렇게 치열한 쟁점 사안에서 사실관계를 왜곡해 사람들을 엉뚱한 방향으로 이끌 수 있는 보도가 실제로 이루어졌다는 사실이다.

대검에 있던 제보자들은 특정 언론에 왜곡된 정보를 건네면서 그것이 그대로 보도될 것이라고 기대했을 가능성이 높다. 그들은 이런 내용을 공개적으로 발표할 수는 없었다. 순식간에 여러 언론의 검증이 이뤄지고 거짓으로 드러났을 것이기 때문이다. 이들이 특정 매체를 선택해 '단독'이라는 타이틀을 달고 보도하게 만든 것은 나름의 계산이 있었다고 볼 수밖에 없다. 하지만 이런 '선택'을 받았다고 해서 제대로 된 확인도 없이, 사실과 다른 보도에 나서는 것은 '언론은 사실을 전한다'는 기본적인 소비자의 믿음을 훼손하는 것이다.

| 선거 기간 넘쳐난 녹취록 보도…김건희 녹취록의 경우

2022년 대선 과정에서는 유난히 여러 개의 녹취록이 등장했다. 과거에도 녹취록 보도가 없었던 것은 아니지만 이번에는 특정 대

통령 후보의 배우자가 장시간 등장하거나, 특정 후보를 직접 겨냥한 녹취록이 등장하면서 대선판을 흔들었다. 녹취록을 입수한 언론사가 보도를 포기하자 취재 기자가 사표까지 던지며 반발하면서 외부로 흘러나온 녹취록도 있었다. 생각해볼 점은 이런 녹취록 보도가 정말 보도 가치에 대한 순수한 판단에 따라 이뤄졌느냐는 점이다. 오로지 공익성과 사실성이라는 원칙에 따라 보도가 이뤄졌다면 몰라도 정파적 입장에서 대선에 영향을 미치려는 의도였다면 이런 보도는 정파성이 매우 나쁘게 발현된 사례가 될 수도 있다.

후보의 부인이 장시간 등장한 〈서울의소리〉의 이른바 '김건희 녹취록'은 그것이 만들어지는 과정을 과연 취재 활동이라고 볼 수 있는지, 보도에 사용한 부분들이 정말 공익성 있는 내용인지가 논란이었다. 〈서울의소리〉 관계자는 뭔가를 도와줄 것처럼 김건희 씨에게 접근해 장시간 대화를 나눈 뒤 그 내용을 자신은 보도하지도 않고 MBC에 넘겼다. MBC는 녹취록에서 공적 관심사에 해당하는 '사실'을 검증해 보도한 것이 아니라 관심을 끌 만한 내용을 줄줄이 방송에서 틀었다. 2회에 걸친 보도를 예고했던 MBC는 결국 두 번째 보도를 포기했다.

이 녹취록을 통째 틀어준 것을 정파적 보도로 지목할 수 있는 가장 큰 이유는 이것이 어떤 구체적 사실 검증에도 도움을 주지 못하는, 단순히 후보 부인의 육성을 생생하게 들려준 것에 불과했기 때문이다. 이것은 〈서울의소리〉가 한 녹취 행위의 성격과도 관련이 있다. 만약 그것이 취재 행위였다면 자신들은 보도하지 않은 녹취 파일을 통째로 다른 언론사에 넘겨준 것이 설명되지 않는다. 육성 공개로 쟁점으로 만들기 위해 파급력이 큰 MBC에 넘긴 것으로 볼 수밖에 없기 때문이다.

언론인이 중요한 사실을 밝혀내기 위해서는 신분을 위장하거나 취재라는 것을 숨기고도 취재할 수 있다. 하지만 사안의 긴급성이나 공익적 중대성 등이 인정되는 경우에만 정당성이 인정된다. 당연히 특정 '사실'을 취재하기 위한 것이어야 정당성을 인정받을 수 있다. 막연하게 잘 알려지지 않은 사람의 이모저모를 살펴보고 또 생생한 육성을 들어보는 것은 취재의 정당성을 따지기에 앞서 애초에 취재 행위로 인정받기가 어렵다. 하지만 여러 언론 또는 매체가 녹취록을 모두 공개하거나 음성을 그대로 내보냈다. 법적으로 공개를 사전 금지해야 할 대상이냐는 것은 다른 문제다. 정말 공익성이라는 측면에서 보도의 가치를 따져 '녹취록 전면 공개'를 한 것으로 보기는 어렵다는 말이다.

| 대선 1년 반이 지나 불붙은 '김만배–신학림' 녹취록

대선이 치러지기 불과 사흘 전에 공개되어 선거 막판 큰 쟁점이 된 녹취록도 있다. 신학림 당시 〈뉴스타파〉 전문위원이 대장동 사건의 핵심 인물인 김만배와 2021년 9월 15일에 대화한 녹취록을 탐사전문 매체인 〈뉴스타파〉가 2022년 3월 6일 공개한 것이다. 윤석열 당시 후보가 대검 중수부 과장일 때, 부산저축은행 불법 대출 사건 수사의 일부를 무마해줬다는 의혹을 제기하는 내용이

다. 조우형이라는 피의자에게 커피를 타 주고는 사건을 덮었다는 의혹이다.

이 내용은 보름쯤 전인 2022년 2월 21일 JTBC가 보도해 이른바 '커피 게이트'라는 용어까지 나온 상태였다. 이 사건 주임검사가 박영수 전 특검을 변호사로 선임한 조우형이라는 사람에게 커피를 타 주고 수사를 제대로 하지 않았는데, 당시 주임검사가 바로 윤석열 과장이었다는 내용이었다. 이런 와중에 김만배의 육성 녹취가 공개되자 대선 후보 토론에서 이재명 후보는 윤석열 후보에게 "왜 조우형에게 커피를 타줬냐"고 공세를 펼치기도 했다.

2023년 9월 1일, 신학림 전 위원에 대한 검찰의 느닷없는 압수수색 발표로 이 사안은 완전히 새로운 국면을 맞았다. 두 사람이 만난 직후 신 씨가 쓴 책 3권을 1억 6,500만 원을 주고 김만배가 샀다는 사실이 드러났기 때문이다. 논란이 커지자 〈뉴스타파〉는 약 72분에 걸친 녹음 파일 전부를 공개했다.[94] 또 나름 구체적인 보도 경위도 설명했다.

이 과정에서 두 가지가 새롭게 확인됐다. 하나는 〈뉴스타파〉가 실제로 녹음 파일을 보도하기에 앞서 독자적으로 사실 확인을 한 것이 별로 없다는 점, 그리고 최초 보도를 하면서 녹취록에서 잘라낸 부분 때문에 맥락이 오해를 초래할 수 있도록 편집됐다는 점이다.

이 녹취는 대장동 사건의 핵심 인물이 자신을 향해 수사망이 좁혀오는 과정에서 일방적으로 한 말을 담고 있다. 녹취가 이뤄질 무렵 주요 언론은 그를 '언론인 A씨' 등으로 지목하고 있었고, 사실상 실명만 쓰지 않았을 뿐 핵심 인물로 부각된 뒤였다. 신학림 전 위원이 그를 만나려는 생각을 한 이유도 당연히 그가 관심 인물로 떠올랐기 때문일 것이다. 그렇다면 그가 한 주장을 보도하려면 상당한 수준의 검증을 거쳐야 하는 것이 당연하다. 대장동 사건이 진행될 때의 내부 논의 등 객관적 기록이 아닌 김 씨의 주장에 불과하기 때문이다.

〈뉴스타파〉도 이런 점을 잘 알고 있었을 것이다. 녹취록을 건네받은 뒤부터 보도를 하기 전까지 나름의 검증을 거쳤다고 밝히기도 했다. 그런데 공개한 취재 경위를 보면 녹취록에 언급된 박영수 전 특별검사 측으로부터 '기억나지 않는다'는 답을 들은 것이 전부다. 다른 관련자들로부터는 반론조차 받지 못했다. 〈뉴스타파〉는 박영수 전 특검이 그런 일이 없었다고 부인하지 않고 '기억나지 않는다'라고 말한 것을 수사 무마 의혹을 시인한 것으로 판단했다고 밝혔다. 그동안 공개했던 것과는 달리 실질적인 사실 검증은 없었다는 말이다.

녹취록을 편집하는 과정에서 수사무마 의혹에 관한 김만배의 발언 맥락을 과장하고 오해를 유발한 사실도 드러났다. 녹취록에서 잘려 나간 부분은 1) 조우형이라는 피의자는 어느 검사와도 커피를 마신 적이 없으며, 2) 그에게 커피를 타 준 사람은 검찰 직원이었고, 3) 사건을 봐준 것으로 지목된 사람은 박 모 검사라는 부분이다. 그 부분이 통째로 잘려나가고 바로 윤석열 검사 얘기인 것처럼 조 씨의 말을 연결해 보도했던 것이다.

〈뉴스타파〉관계자는 언론 인터뷰에서 이렇게 내용을 잘라낸 것에 별 문제가 없다고 주장한다. 부산저축은행 사건 수사에 봐주기가 있었느냐가 핵심이기 때문이라는 논리다. 하지만 〈뉴스타파〉에 우호적인 보도를 한 〈한겨레〉조차 이를 '주어 생략 편집'이라고 지적했다. 나아가 결과적으로 사람들이 윤석열 당시 검사가 조우형이라는 사람에게 커피를 타 주고 사건을 덮었다고 이해하도록 발언을 이어붙인 것이 아무것도 아니라면, '커피 게이트'라는 말이 만들어지고, '조우형에게 커피를 왜 타줬느냐'는 질문이 대선후보 토론에서 나온 것은 무엇이란 말일까? 적어도 자신들의 보도 때문에 이재명 후보가 '조우형에게 커피를 타준 이유'를 물을 정도로 오해를 초래했다면 신속하게 바로잡을 책임이 있지 않았을까?

속보 매체가 아닌 탐사보도 전문 매체가, 대선에 영향을 미칠 것이 확실한 중대 사안을 보도하면서 검증에서나 편집에서나 이렇게 사실관계를 엄정하게 다루지 않은 이유는 무엇일까? 사실 신학림 전 위원이 책 세 권을 얼마를 받고 팔았는지는 이 문제에 비하면 본질적인 것은 아니다. 철저한 검증과 엄정한 편집을 기본으로 삼는 탐사보도 매체가 이렇게 검증이 부족한 상태에서 보도한 것이 당시 임박했던 대선과 무관하다고 생각하는 사람은 많지 않을 것이다. 실제로 당시 보도를 했던 〈뉴스타파〉 기자들은 언론 인터뷰에서 대선이 지나간 뒤라면 이런 것을 보도할 필요도 없었다며 사실상 대선에 미칠 영향을 고려해 보도를 서둘렀다는 점을 스스로 인정하기도 했다.[95]

당사자가 '기억나지 않는다'고 한 것을 의혹을 인정한 것으로 보고 기사를 썼다면 일간지나 방송처럼 속보 매체라고 하더라도 보도의 정당성을 주장하기 힘들다. '사안의 본질은 수사무마 의혹'이라며 녹취의 일부를 잘라내는 바람에 주어를 착각하게 만든 것이 아무 문제가 없다는 주장도 어느 정도나 설득력을 가질 수 있을지 의문이다.

〈뉴스타파〉 보도 다음날에는 MBC가 간판 뉴스인 〈뉴스데스크〉에 무려 네 개의 리포트를 내보냈다.[96] 녹취록 전문을 확보하지 못한 상태에서 〈뉴스타파〉가 보도한 녹취록을 그대로 소개하는 보도를 집중적으로 내보낸 것이다. 네 개의 기사 중에는 "이재명은 난 놈이야. 욕 많이 했지"라며 이재명 당시 민주당 후보가 공익 환수를 많이 했다는 내용의 보도도 있었다. 김만배의 일방적인 말로 대선 이틀 전에 특정 후보를 공격하면서 상대 후보는 돋보이게 한 것이다.[97] KBS를 비롯한 여러 언론사들도 〈뉴스타파〉를 인용해 보도했다.

이것이 전부는 아니다. 〈뉴스타파〉 보도 이후 TBS 〈김어준의 뉴스공장〉을 비롯해서 여러 시사 라디오 방송들이 일제히 이 녹취록의 내용을 기정사실처럼 다뤘다. 검증이 필요하다는 전제를 깔고 '이런 녹취록이 공개됐다'는 객관적 보도 태도를 취한 것이 아니라, 이렇게 중요한 것이 나왔으니 꼭 보라는 식의 방송이었다. 물론 대선 과정에서 시사 프로그램의 공정성 시비가 일었던 것이 한두 번은 아니다. 문제는 이 때문에 정권이 바뀔 때마다 공영방송 장악 논란이 벌어진다는 점이다.

| 정파적 공세 격화되면 '권력의 언론 탄압'만 남아

'김만배-신학림 녹취록' 보도의 허점과 이들 사이의 금전 거래를 계기로 대대적인 검찰의 수사가 벌어지고 국민의힘이 이 사건 보도에 관련된 사람들을 무더기로 고발한 것은 이 사안이 완전히 정파적 대결의 소재가 되었음을 보여준다. 국민의힘은 아예 이 녹취록 보도의 배후에 민주당과 이재명 대표가 있다는 전제를 깔고 공세를 벌였다. 당의 핵심 인사들이 '사형'에 처할 범죄라거나 '폐간'을 시켜야 한다는 식의 거친 발언을 쏟아냈다. 녹취록을 기정사실화해서 발언했던 방송사 시사 프로그램 관계자들을 고발했다. 검찰은 〈뉴스타파〉와 JTBC 등에 대한 압수수색을 벌였다. 방송통신심의위는 심의 대상이 아니었던 〈뉴스타파〉 대신 MBC와 KBS, JTBC에 대해 과징금 부과를 의결했다. 녹취록 보도의 문제와 돈거래를 계기로 삼아 관련 국가기관들이 일제히 나서서 전방위적인 압박을 펼친 것이다.

이런 정부와 여당의 공세가 계속되자 보도 경위와 거액 돈거래 문제로 방어적이던 〈뉴스타파〉도 '권력의 언론 탄압'이라고 이 사안을 규정짓고 오히려 공세적으로 나섰다. 검찰의 압수수색에는 협조하면서 압수수색 과정을 유튜브로 생중계하며 스스로를 탄압의 피해자로 규정했다. 당초 보도의 핵심 관계자들은 각종 언론 인터뷰 등을 통해 자신들의 보도에는 '아무런 문제가 없었다'며 그런 녹취록을 입수하고도 보도하지 않을 기자는 없다고 목소리를 높였다.[98]

〈뉴스타파〉 독자들도 이에 호응해 후원회원 가입이 급증했다.

구체적인 수치를 밝히지는 않고 있지만 〈뉴스타파〉의 전반적인 분위기는 오히려 여유를 되찾았다. 돈거래가 드러난 직후 취재와 보도 경위에 대한 객관적인 조사를 약속했지만, 정작 당사자들은 이미 보도에 아무런 문제가 없었다고 공개적으로 선언해버렸다. 무차별적인 고발에다 전방위로 벌어지는 검찰 수사까지, 정부와 여당의 공세가 선을 넘었다고 해서 해당 보도 과정의 문제가 사라지는 것은 아니다. 난전이 벌어질수록 해당 보도와 관련된 애초의 문제점을 명확하게 인식하는 것도 중요하다. 그렇지 않으면 이 사안을 야권에 대한 정치적 공격 소재로 활용하는 사람들과 크게 다를 것이 없다. 언론이 정치의 도구로 전락하는 것을 용인하는 것이나 마찬가지기 때문이다.

〈뉴스타파〉를 인용 보도했던 방송사들은 유감을 표시했다. MBC는 〈뉴스타파〉가 녹취록 전문을 공개한 당일인 2023년 9월 7일 〈뉴스데스크〉에서 "녹취록 원문 제공을 거부당한 상황에서 김 씨의 발언을 그대로 전달하는 데 한계가 있었다"며 "결과적으로 시청자 여러분께 혼란을 드렸다"고 밝혔다. 또 당시의 보도 경위를 확인하고 있다고 전했다.[99] KBS는 다음날 〈뉴스9〉에서 "당시 원문 전체를 입수할 수 없는 상황이었지만, 결과적으로 시청자 여러분께 혼선을 드렸다"며 "앞으로 사실 확인 노력을 더 강화하도록 하겠다"고 밝혔다. KBS는 〈뉴스타파〉가 공개한 전체 녹취록을 확인한 결과 인용했던 녹취의 일부가 "발췌 편집된 것으로 드러났다"고 명시했다.[100]

〈뉴스타파〉의 김만배-신학림 녹취록 보도에 앞서 이른바 '커피' 이야기와 함께 부산저축은행 수사 무마 의혹을 보도했던 JTBC는 〈뉴스타파〉의 녹취록 전문 공개보다 하루 앞서 자신들의 보도에서 사실 왜곡이 있었다고 시인하고 사과했다. JTBC는 뉴스 리포트와 앵커멘트를 통해 부산저축은행 수사를 윤석열 당시 검사가 무마한 것 아니냐는 의혹을 제기하는 과정에서 상반된 주장의 한쪽만을 보도했다고 밝혔다. JTBC는 이례적으로 보도를 했던 기자의 실명을 공개하고, 당시 관련자들을 직무에서 배제했다고 발표했다.[101]

JTBC가 왜곡 보도를 한 당사자로 지목한 기자는 자신의 반론도 듣지 않은 엉터리 보도라며 문제의 보도는 정당했다고 반박했다. 핵심은 윤석열 대통령의 수사 무마 의혹이라는 것이다. 그는 2022년 하반기에 〈뉴스타파〉로 옮겨 윤석열 대통령이 검사 시절 수사를 축소했다는 의혹 등을 계속 보도하고 있었다. 이제 녹취록 보도에 대한 검찰 수사는 '수사 무마 의혹'을 덮기 위한 것이라는 논리도 등장한다. 사실의 문제를 프레임의 문제로 바꿔버리는 것이다. 강경 대치 속에 언론 보도가 정치화되는 과정을 생생하게 보여준다.

| 사실 검증 생략된 오보들이 계속 나오는 이유

기억나지 않는다는 말을 의혹을 시인한 것으로 믿어버린 김만배 녹취록 보도도 그랬지만, 주요 언론사가 세상을 깜짝 놀랄 만한 보도를 했는데 결국은 근거가 부실한 것으로 드러나 세상을 다

시 놀라게 하는 경우가 있다. 언론은 수사기관과 달리 조사를 할 수 있는 강제력이 없다. 언론의 취재가 완벽하기는 어렵다는 말이다. 그래서 언론이 보도 과정에서 나름의 노력을 충분히 기울였고, 취재 결과 그것이 사실로 믿을 만했다고 보이면 오보를 했더라도 언론에 책임을 묻지는 않는다. 대법원 판례로 확립된 이른바 '상당성 원칙'이다.[102] 언론이 그렇게 믿을 만한 '상당한 이유'가 있다는 표현에서 나온 말이다.

문제는 앞에서 살펴본 두 건의 검찰 고위 인사발 보도를 포함해서 이런 '상당한 이유'가 있는 것인지 고개를 갸웃하게 만드는 오보들이다. 중요한 것은 진실로 믿을 만한 상당한 이유를 찾기 힘든 오보가 나오는 데 정파성이 적지 않은 영향을 미친다는 사실이다. 어떤 특정한 정파에는 큰 이익이 되고 반대쪽에는 심각한 타격을 주는 오보들을 잘 살펴보면 통상적인 취재와 보도를 할 때와 같은 수준의 주의만 기울였어도 피할 수 있는 것들이 많다. 사회적으로 매우 큰 파장을 부를 것이 뻔한 기사라면 보통의 기사를 취재, 보도할 때보다 더 주의를 기울여서 신중하게 보도하는 게 맞을 것이다. 보도 관계자들이 주관적으로 믿기로 하면 되는 것이 아니라, 객관적으로 그 정도면 할 만큼 했다고 인정받을 수 있어야 한다. 그런데 큰 사회적 파장을 부른 오보들의 경우 통상적인 수준의 검토조차 하지 않은 것으로 드러나는 사례들이 적지 않다.

2019년 10월 윤석열 당시 검찰총장이 과거 건설업자 윤중천으로부터 별장에서 접대를 받았다는 진술을 대검찰청 과거사진상조사단이 확보했지만 검찰이 그냥 덮었다는 보도가 〈한겨레〉에서 나왔다. 당시는 검찰이 조국 법무부 장관에 대한 대대적인 수사를 진행하면서 대검찰청 주변에서 조 장관 지지자들이 '검찰 개혁'을 주장하는 시위를 벌이고 국회에서는 민주당이 검찰 수사권 축소를 추진하고 있을 때였다. 이런 상황에서 윤 총장을 겨냥한 엄청난 보도가 나온 것이다.

〈한겨레21〉이 취재해서 〈한겨레〉와 함께 보도한 기사는 매우 구체적이고 단정적이었다. 기사는 윤 총장이 김학의 전 법무부 차관의 스폰서였던 건설업자 윤중천의 별장에 들러 접대를 받았다는 윤 씨의 진술이 나왔지만 추가조사 없이 마무리한 것으로 '드러났다'는 문장으로 시작한다. '김학의 성접대 사건' 재수사 과정에 대해 잘 아는 3명 이상의 핵심 관계자를 취재한 결과라면서 건설업자 윤 씨의 다이어리 등에서 '윤석열'이라는 이름도 '확인'했으며 그가 윤 총장과 친분이 있다는 진술도 '확보'했다고 썼다. 이런 내용을 검찰이 기본적인 사실 확인조차 않은 채 덮었다는 것이다.[103] 분석이나 의견이 아니라 분명히 '사실'에 관한 보도였다.

이 기사가 '사실'이라고 보도한 것들만으로도 윤석열 검찰총장과 검찰이 받을 타격은 심각해 보였다. 윤 총장과 검찰이 그 정도 타격을 받으면 당시 진행되던 조 장관에 대한 수사도 동력을 잃을 것이 분명했다. 하지만 대검찰청 대변인이 곧바로 "완전한 허위사실이고 검찰총장은 윤 씨와 전혀 면식조차 없다"며 법적 대응에 나서겠다고 밝히고, 바로 다음날 윤 총장이 관련 기자들을 고소하면서 분위기가 급변한다. 명예훼손으로 고소할 경우 '사실 적시 명예훼손'과 '허위사실 적시 명예훼손'을 구분하는 우리 형법

조항 때문에라도 의혹이 사실인지에 대한 조사가 불가피하기 때문이다. 사실에 자신이 없으면 섣불리 고소를 할 수가 없는 것이다. 윤 총장은 국회 국정감사에서 당시 여당이던 민주당 의원들이 〈한겨레〉 고소를 철회할 것을 압박했지만 〈한겨레〉가 사과를 하는 것이 먼저라는 입장을 굽히지 않았다.

윤 총장의 고소 직후 오히려 강하게 반발하며 전의를 불태우던 〈한겨레〉는 이듬해인 2020년 5월, 1면과 2면에 걸쳐 사과와 정정 보도를 실었다. 자체 조사를 벌인 결과 당초 보도는 사실 확인이 불충분하고 과장된 표현을 담은 보도로 판단됐다며 사과했다. 취재원에게 간접적으로 들은 말을 직접 들은 것처럼 인용하는 형식으로 썼고, 보고서에 없는 단어를 기사와 제목에 사용했다는 점도 인정했다. 완전히 오보를 인정한 것이다.

이 기사가 보도된 경위도 간략하게 설명했는데, 무엇보다 사실 확인이 충분히 이뤄지지 않은 상황에서 충분한 논의 없이 보도 결정이 내려졌다고 밝혔다. 이 과정에서 〈한겨레〉 뉴스룸의 게이트키핑 시스템은 제대로 작동하지 않았다고 했는데, 편집회의 등에서 충분한 토론도 없이 보도됐다는 부분까지 공개했다. 보도 참사라는 말은 이런 경우에 쓸 수 있을 것이다. 그런데 이런 설명을 보면서 의문점이 생긴다. 도대체 〈한겨레〉는 왜 그 시점에, 그렇게 기본적인 절차도 거치지 않고 확인되지 않은 보도를 했을까? 이것이 이른바 조국 사태 와중에 당시 윤석열 검찰총장에게 타격을 줄 수 있는 기사였다는 점을 빼놓고 생각할 수 있을까?

앞에서 살펴보았던 이용구 법무부 차관 관련 오보는 이 오보

사태 뒤에 나온 것이다. '끊임없는 성찰과 취재보도 원칙의 체화'를 다짐했던 〈한겨레〉의 약속은 어디로 가고 거의 비슷한 맥락의 오보가 또 나오게 됐을까? 왜 〈한겨레〉는 '윤석열'과 '검찰'만 등장하면 기본적인 판단이 흔들리는 걸까? 꼭 〈한겨레〉만의 문제도 아니다. KBS의 검언유착 의혹 관련 오보도 마찬가지다. 비슷한 구도에서 비슷한 유형의 오보가 계속된다면 이런 것을 단순 실수라고 보기는 어렵다. 어딘가 통상적인 기사 판단을 흐리는 공통적인 요소가 분명히 있다. 다른 목적 의식이 앞섰다고 볼 수 있다는 말이다. 이런 식의 보도에는 진보나 보수, 신문이나 방송의 구분도 없다.

〈조선일보〉가 2023년 5월 17일에 보도한 "분신 노조원 불붙일 때 민노총 간부 안 막았다" 보도는 충격적이었다.[104] 모자이크 처리를 하긴 했지만 '독자 제공'이라고 표시된 분신 순간의 사진까지 첨부한 기사는 많은 사람을 놀라게 했다. 자매지인 〈월간조선〉은 다음날 분신한 노조 간부의 유서가 위조, 대필된 의혹이 있다고 '단독' 보도했다. 이 보도들을 근거로 보수 단체들 중에는 '자살 방조자'로 지목된 이를 고발했고, 정치권에서도 논란이 됐다. 하지만 두 기사 모두 근거가 부족하거나 오보인 것으로 드러났다.

먼저 분신 방조 의혹 기사부터 보자. 당시 '독자 제공'이라던 사진은 여러 언론의 확인 결과 검찰청사에 설치된 CCTV 영상으로 나타났다. 그럼 영상을 제공한 독자는 검찰일까? 왜 기사에 영상 출처를 제대로 표기하지 않았을까? 당시 현장 취재를 했던

YTN 기자의 진술도 〈조선일보〉 기사의 취지와 달랐다. '자살 방조자'로 지목된 노조 간부는 분신을 만류했다는 것이다. 경찰은 분신한 사람의 동료가 말리려고 다가갔다가는 둘 다 죽을 수 있는 상황이었다고 했다. 〈조선일보〉 기자가 아예 경찰에 취재도 하지 않았다는 주장도 제기됐다.[105] 건설노조가 기사를 쓴 기자 등을 고소해 경찰이 수사에 착수한 상태인데, 〈조선일보〉는 이후 분신 방조 기사와 관련해 아무런 진전된 보도를 내놓지 못했다.

유서 대필 의혹 보도는 〈월간조선〉이 오보를 인정하고 사과했다.[106] 인터넷에 공개된 사과문을 보면 기사 판단에 말 그대로 '중대한 결함'이 있다. 기본적으로 첫 보도는 두 개의 유서 필적이 다르다는 기자의 판단이 근거였다. 반론도 확보하지 않고 기자가 유서의 필적에 대한 자신의 판단을 근거로 쓴 기사가 그대로 출고된 것이다. 정작 〈월간조선〉이 필적 감정을 한 것은 5월 21일과 29일이었고, 모두 두 개의 유서가 같은 사람의 필체라는 감정 결과가 나왔다. 기자가 필적 전문가라고 하더라도 제3의 검증을 거치는 것이 기본이다. 이런 엄청난 기사가 어떻게 사실 확인 과정을 통째로 생략하고 보도될 수 있었을까? '자살 방조' 의혹을 제기해놓고 기사와는 상반된 증언이 이어지는데도 아무런 후속 보도를 하지 않을 수 있을까?

2020년에는 조국 전 장관의 딸 조민 씨가 세브란스 병원에 지원했다는 오보가 있었다. 〈조선일보〉는 2020년 8월 조 씨가 세브란스병원 피부과의 모 교수를 찾아가 "조국 딸이다, 의사고시 후 여기서 인턴하고 싶다" 했다고 보도했다.[107] 〈조선일보〉는 바로 다음날 정정과 사과 기사를 냈다. 내용을 보면 취재 경위가 나온다. 기자는 먼저 '조민 씨가 세브란스병원 피부과를 찾아가 인턴 지원을 했다'는 제보를 받았다. 이를 확인하는 과정에서 "26일 저녁 서울 강남의 한 식당에서 연세대학교 의료원 고위 관계자와 외부인 등 4명이 식사를 했다. 이 자리에서 조민 씨가 세브란스병원을 찾아가 피부과 A교수를 면담했고 그에 따른 의료원 측 고충을 토로하는 대화가 오갔다"는 이야기를 그 모임 참석자로부터 들었다. 기자는 그날 저녁에 실제로 그런 모임이 있었다는 걸 확인했고, 다른 참석자로부터도 비슷한 내용의 대화가 오갔다는 말을 들었다고 했다.[108]

취재 경위에 관한 이런 모든 내용을 그대로 믿는다고 하더라도 〈조선일보〉는 당사자에게 확인하는 절차를 아예 거치지 않았다. 조 씨, 그리고 조 씨가 만났다고 지목된 A교수다. 보도 직후 세브란스병원 피부과 간부들이 이런 일이 없었다고 부인했고, 〈조선일보〉 스스로 "2차 취재원의 증언만을 토대로 작성됐다"고 오보를 인정했다. 그런데 '2차 취재원의 증언'만을 토대로 기사를 썼다는 설명을 보면 사실은 저녁 모임에 참석한 복수의 사람으로부터 당일 대화 내용을 확인했다는 취재 경위도 그대로 믿기 어렵다. 조 씨가 A교수를 만난 사실 자체가 없다면 세브란스병원의 고충이라는 게 발생할 수조차 없기 때문이다. 세브란스 병원 고위 관계자들이 그날 저녁 있지도 않은 고충을 논의했거나, 혹은 그 모임에 참석한 복수의 사람들이 있지도 않은 말을 들었다고 기자에게 말한 것이 되기 때문이다.

무엇보다 기자는 제보를 받자마자 관련자를 직접 확인하거나 당사자의 반론도 취재하지 않고 바로 당일에 기사를 썼고, 그것이 출고됐다. 이 기사를 이렇게 급하게 '질러버린' 이유는 무엇일까? 이것이 조 전 장관 관련 사안이 아니었어도 〈조선일보〉가 몇 마디 제보가 있다고 제대로 확인도 없이 당일치기로 기사를 쓰지는 않았을 것 같다.

〈한겨레〉나 〈조선일보〉에서 문제적인 오보 사례가 이것만 있는 것도 아니고, 또 이들 신문만 이런 식의 오보를 하는 것도 아니다. 그런데 문제는 특정 신문에는 항상 특정한 방향의 오보가 실린다는 점이다. 〈한겨레〉와 〈조선일보〉가 서로 상대방이 했던 오보를 낼 가능성이 있을까? 아마 절대로 없을 것이다. 〈한겨레〉와 〈조선일보〉 애독자들도 각자 상대방이 낸 오보만 크게 질타한다. 자기가 믿고 보는 신문의 오보에는 뭔가 이유가 있을 거라며 미련을 갖는다. 생산자와 소비자의 이런 끈끈한 상호작용이 일관되게 같은 방향의 오보를 계속 만들어 낸다.

정보를 조작해 사람을 속이는 심리전은 너무나 오래된 전쟁의 기술이다. 이 기술은 어디까지나 적국을 향해서 사용해야 한다. 하지만 "전체주의는 폭력을 휘두르고 민주주의는 선전을 휘두른다"는 노엄 촘스키의 말처럼 현대 민주주의는 정치적인 거짓 선전에 휘둘리는 일이 잦다.[109] 언론이 작심하고 특정한 방향의 정보만 퍼뜨리는 것도 모자라 아예 확인되지 않은 정보까지 기사로 포장해 내보내는 것은 촘스키가 말한 바로 이런 정치적 선전 활동으로 보일 가능성이 크다.

홍보의 귀재로 『프로파간다』라는 책으로도 유명한 에드워드 버네이스는 선전, 홍보 활동조차 사실이 아닌 것으로 대중을 속이는 일을 해서는 안 된다고 주장했다. 홍보를 하려는 사람이 언론에 자료를 제공할 때는 출처를 분명히 밝히고 사실을 정확하게 전달해야 한다고 강조했다.[110] 그런데 사실 검증을 가장 기본적인 윤리 원칙으로 삼는 언론이 사실 검증에 대한 두려움 없이 섣부르고 일방적인 기사를 내놓는 것은 심각한 자기부정 행위다.

소비자의 정파성으로 완성되는 정파적 언론 생태계

| 언론 신뢰도 조사에 나타나는 한국 언론 소비자의 정파성

해마다 발표되는 영국 로이터저널리즘연구소의 "디지털 뉴스 리포트"의 일부인 언론 신뢰도 조사 결과는 국내에서 매우 많이 인용된다. 주로 한국 언론 신뢰도가 올해는 몇 년째 세계 꼴찌라는 식의 기사들이 나온다. 흥미로운 것은 언론에 대한 불신이 이렇게 심각하다는 뉴스를 남 얘기하듯 앞다퉈 속보로 전하며 조회 수를 올리는 것도 한국 언론이라는 사실이다. '단독' 같은 표시까지 해가며 신속하게 발표를 전하느라 여념이 없다. 심지어 꼴찌를 한

횟수를 잘못 계산해 과장 보도를 하기도 했다.

한국 언론에 대한 소비자들의 낮은 신뢰도가 화제가 되자 2020년 조사에 새로운 항목이 추가됐다. 바로 '뉴스 이용의 편향성'을 조사한 것이다. 조사에서는 "귀하가 이용할 수 있는 다양한 유형의 뉴스 중, 귀하는 무엇을 선호하십니까"라고 물으면서 '귀하와 같은 관점을 공유하는 언론사의 뉴스', '특정 관점이 없는 언론사의 뉴스', '귀하와 반대되는 관점의 언론사의 뉴스'를 선택지로 제시한 것이다. 이 질문에 대한 답은 인상적이다. 특정 관점이 없는 뉴스를 보겠다는 사람이 52%로 제일 많기는 했다. 하지만 같은 관점의 뉴스를 보겠다는 사람이 44%나 됐다. 반대 관점의 뉴스를 보겠다는 답은 4%에 불과했다.[111]

조사 대상 40개국을 비교해 보자. 같은 관점의 뉴스를 보겠다는 응답은 우리가 터키, 멕시코, 필리핀에 이어 네 번째였다. 다르게 말하면 특별한 관점이 없는 뉴스를 보거나 반대 관점의 뉴스를 보겠다는 응답이 조사 대상 국가 중에서 뒤에서 네 번째로 낮았다는 말이다. 조사 대상국 전체에서 같은 관점의 뉴스를 보겠다는 응답의 평균값은 28%로 한국에 비해 16% 포인트나 낮았다. 당시 이 조사를 분석한 연구자들은 "정치성향이 분명하고 정치적 관심이 높은 사람들이 같은 관점의 뉴스를 더 선호"한다고 분석했다. 자기주장 강하고 정치 활동을 활발하게 하는 사람들일수록 같은 방향성을 가진 언론을 선호한다는 말이다. 한국 언론의 정파성 문제는 바로 이런 소비자 부분을 빼놓고는 얘기하기 어렵다.

당시 조사에서 눈에 띄는 대목이 하나 더 있다. 한국 뉴스 소비

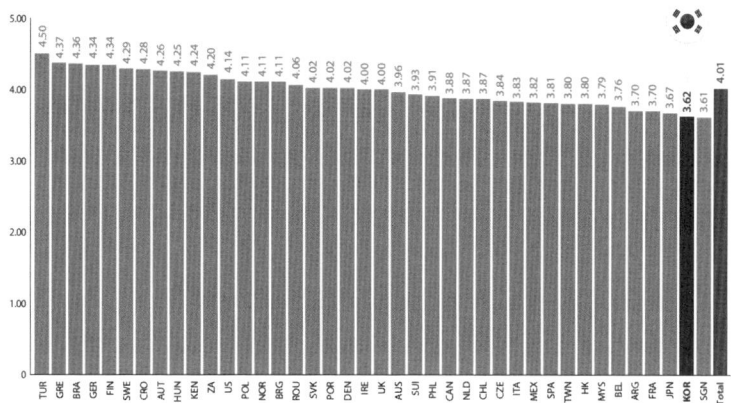

그림 5 〈디지털뉴스리포트2020〉의 저널리즘의 독립성 중요도에 대한 조사 결과. 한국언론진흥재단 (2021), 45쪽.

자들이 '언론의 독립성'이라는 가치를 얼마나 중요하게 생각하느냐는 부분이다. 언론의 독립성이 왜 중요한지는 이 책의 앞부분에서 설명했다. 거칠게 말하면, 독립적이지 않으면 언론이 아니라고 요약할 수 있다. 그만큼 언론은 어떤 진영이나 집단이든, 특정한 이해를 관철하기 위한 도구로 사용해서는 안 된다. 그런 매체를 우리는 언론이 아니라 기관지나 홍보지라고 한다. 그런데 '언론이 독립성을 가져야 한다'는 원칙에 대한 한국 소비자들의 인식은 조사 대상 가운데서 상대적으로 매우 낮은 것으로 나타났다.

이 조사에서 사용한 질문은 이렇다. "독립적인 저널리즘이 사회의 적절한 기능을 위해 얼마나 중요하다고 생각하십니까"라고 묻고 '전혀 중요하지 않음', '별로 중요하지 않음', '어느 정도 중요함', '많이 중요함', '매우 많이 중요함'의 다섯 단계로 답하게 했다. 다행스러운 것은 '중요함'과 '많이 중요함'을 합친 비중이 그래도 절반은 넘어 55%였다는 점이다. 그런데 '어느 정도 중요함'과 '중요하지 않음'을 선택한 사람들이 44%나 됐다. 특히 '전혀 중요하지 않음'에서부터 '매우 중요함'까지를 1점에서 5점으로 환산한 평균 점수는 3.62점으로 전체 평균 4.01에 비해 한참 낮았을 뿐만 아니라 3.61점인 싱가포르에 이어 뒤에서 두 번째였다.

저널리즘의 독립성을 중요하다고 보는 태도와 뉴스 전반에 대한 신뢰의 상관관계를 보면 완전 정비례 관계는 아니지만 저널리즘의 독립성을 중요하게 볼수록 뉴스에 대한 신뢰도가 높은 것으로 나타났다. 이 말은 한국 언론을 비판할 때 단골로 등장하는 '신뢰도 조사에서 몇 년째 꼴찌'라는 비판이 언론에만 해당되는 것이 아니라는 뜻이기도 하다. 한국 뉴스 소비자들의 정파적 뉴스 소비와 언론의 독립성에 대한 왜곡된 인식이 한국 언론이 강한 정파성을 보이는 큰 이유 가운데 하나라는 것이다.

물론 언론 소비자를 포함해서 사회 전반의 정파적 성향이 강화되는 것은 최근 한국만의 문제는 아니다. 미국에서 언론을 포함한 정치, 사회 전반을 연구하는 공익 연구기관인 퓨리서치센터(Pew Research Center)가 조사한 내용을 보면 미국 사회도 점점 급격한 정파성의 강화를 경험하고 있다. 아래 그림의 왼쪽과 오른쪽은 각각 민주당 지지자와 공화당 지지자의 이념적 지표의 중간값을 표시한 것인데 1994년부터 2004년까지는 큰 격차를 보이지 않던 것이 2014년이 되면서 몇 배로 격차가 벌어졌고 불과 3년 뒤인 2017년 조사에서는 그 격차가 더 벌어졌다. 상대방에 대한 인식

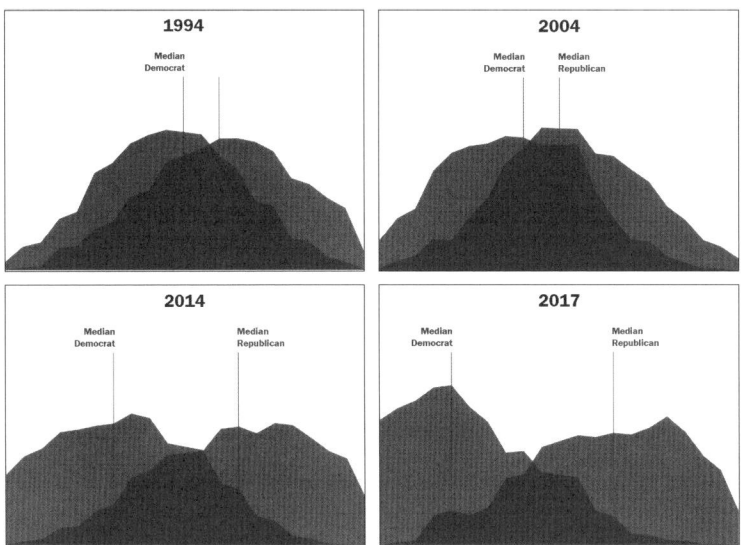

표 1 미국 민주당 지지자와 공화당 지지자 사이에 이념적 분포의 변화. 2004년에서 2014년, 2017년으로 갈수록 양측의 이념성향 평균값의 격차가 급격히 벌어졌음을 알 수 있다.

출처: Pew Research Center.

도 단순히 싫어하는 것을 넘어서서 상대방을 사회의 해악으로 인식하고 있다는 내용도 나온다.[112]

흔히 미국에서 트럼프 전 대통령이 취임한 뒤로 사회적 정파성이 훨씬 더 심해졌다고 하는데, 이 조사를 보면 미국 사회에서는 이미 2014년 조사에서부터 정파성이 크게 강화된 것으로 나타난다. 여기에 트럼프 대통령이 취임한 2017년 이후로 정파성에 따른 사회적 갈등이 폭발적으로 심해졌음을 알 수 있다. 어쩌면 2014년부터의 정파적 분위기가 트럼프 당선의 원동력이었을 수도 있다. 여기에 2021년 1월에 벌어진 미국 의회 폭동을 생각하면 그의 재임 동안 그런 경향이 더 강화됐다는 짐작이 가능하다.

여러 불법 혐의로 기소가 된 전직 대통령 트럼프가 차기 대선 지지도에서 현직인 바이든을 앞섰다는 조사 결과는 미국 사회가 겪고 있는 분열 양상의 심각성을 보여준다.[113]

이러한 미국 사회의 정파성 강화에도 언론은 중요한 요소로 등장한다. 트럼프가 유행시킨 '가짜뉴스(fake news)'라는 딱지붙이기는 전세계 권력자들에게 퍼졌는데, 한국의 정치인들도 여야를 막론하고 이 표현을 즐겨 사용한다. 언론이 어떤 사실을 보도했는데 그것이 자신에게 불리한 것이면 과거처럼 그에 대해 해명이나 변명을 하는 것이 아니라 아예 '가짜뉴스'라고 통째로 부정해버리는 것이다.

대신 그런 보도를 한 언론을 향해 역으로 온갖 의혹을 제기한다. 아예 이런 의혹을 뒤집기 위한 가상의 사실관계를 만들어내기도 한다. 실제 존재하는 사실이 아니라 반복해서 사실인 것처럼 주장해서 지지하는 사람들이 그런 가상의 사실을 믿게 하는 것이다. '대안적 사실'이라는 그럴듯한 이름도 붙인다. 사실이면 사실이고 거짓이면 거짓인 것이지 사실의 대안이라는 것이 존재할 수 없으므로 '대안적 사실'은 그냥 '허구', '거짓말'을 교묘하게 비틀어 표현한 것일 뿐이다. 문제는 사실이 아닌 말을 반복적으로 제기해서 사람들이 믿게 만들려는 시도가 2차 세계대전 당시 히틀러 치하가 아닌 21세기 한국에서도 벌어지고 있다는 점이다.

| '비판적 언론 소비'로 포장된 사실상의 정치 활동

한국 언론의 품질을 아마도 가장 많이 걱정하는 사람들은 정치인이 아닐까 싶다. 정치인들은 언론을 대상으로 이른바 실력행사도 자주 한다. 선거 때에 특히 자주 나타나는데, 언론이 자기 정당이나 주요 후보 등을 비판적으로 보도하면 대변인이나 당사자가 반박을 하는 것과 별개로 의원 등으로 방문단을 꾸려서 해당 언론사를 찾아간다. 항의 방문단은 주로 해당 언론사의 사장이나 보도 책임자를 만나 보도에 대한 불만을 표시하고 사과나 후속 보도를 요구하기도 한다. 이런 것을 '비판적인 언론 소비'라고 생각할 사람은 별로 없다. 이는 비판적인 보도를 한 언론사를 압박하고, 동시에 지지자들을 단합하려는 정치 활동이다.

일반 언론 소비자들은 어떨까? 최근에는 언론을 하나의 권력 집단으로 상정하고 이들의 기득권에 대항할 '시민 언론'이 필요하다고 주장하는 사람들도 있다. 하지만 기성 언론의 어떤 면을 어떻게 고친다는 것인지가 명확하지 않으면 이 또한 정치 활동으로 흐르기 십상이다. 기성 언론을 비판적으로 소비하고 소비자들의 뜻을 모아 좋은 언론을 만들어 나가는 것을 목표로 제시하는 시민 단체들의 경우도 비슷하다. 앞에서 살펴보았던 일부 언론 시민단체들은 특정 정치 집단과 매우 밀접한 움직임을 보인다. 주로 특정 정치 집단에 비판적인 보도만을 중점적으로 모니터하고 비판 활동을 집중한다. 심지어 시민단체 활동을 하면서 특정 후보 지지 활동을 벌이기도 한다. 언론 관련 활동과 정치 활동 사이에 거리를 두어야 한다는 인식 자체가 없는 것이다.

겉으로는 아무런 정치적 활동과 연관이 없어 보이는 언론에 대한 비판적 소비 운동이라도 그런 활동을 하는 사람이 특정 정치권과 보조를 맞춰 움직인다거나, 특정 정치권에 관한 보도를 중심으로 비판적 소비 활동을 한다면 그 의미가 반감될 수밖에 없다. 나아가 정치와 전혀 거리를 두지 않고, 심지어 직접 정치 활동에 참여하면서 언론 관련 시민단체 활동을 하는 것은 언론 소비자 운동 전체를 왜곡할 수도 있다. 정상적으로 정치적 독립성을 갖고 활동하는 사람들까지 한꺼번에 비판받을 수 있기 때문이다.

언론에 대한 비판적 소비를 기치로 내건 단체나 집단의 활동을 제대로 평가하기 위해서는 그들이 주로 어떤 보도에 민감하게 반응하는지, 그들은 어떤 윤리적 기준을 일관성 있게 적용하고 있는지를 살펴보아야 한다. 언론비평을 한다면서 사실관계도 제대로 확인하지 않거나, 특정 사안에 대한 보도의 방향을 바꾸려는 활동도 있다. 조국 전 장관 가족 관련 수사가 진행 중인 검찰청 앞에서 시위를 하던 사람들이 이 사안을 다소 객관적으로 보도하던 JTBC 취재진에 공격적인 태도를 보이면서 "돌아와요 손석희" 같은 손팻말을 생방송 중인 카메라 앞에 들이민 것은 상징적이다. JTBC가 박근혜 전 대통령 관련 국정농단 사건에서 태블릿 PC를 입수해 보도함으로써 큰 전환점을 만들어 낸 뒤로 줄곧 지지하던 손석희 앵커의 〈뉴스룸〉에 대해 자기들과 같은 목소리를 내라고 요구한 것이었기 때문이다.

이들의 행동에서 알 수 있는 것은 손석희 앵커와 〈뉴스룸〉에 대한 그동안의 지지가 보도에 대한 객관적 평가보다 자신들과 생각이 같거나 혹은 자신들의 목적 달성에 도움이 됐기 때문이라는 점이다. 정치적으로 같은 편이라고 생각하던 방송이 기대와 다른 방송을 하자 반발한 것으로 볼 수밖에 없다. 한국의 뉴스 소비자들이 언론의 독립성을 높게 평가하지 않는다는 점, 그리고 언론에서 정보를 얻으려 하는 것이 아니라 자신들과 연대하고 공감하기를 바란다는 연구 결과와 같은 맥락이다.

트럼프가 유행시킨 '가짜뉴스'라는 주장은 이런 식의 언론에 대한 정치적 공격에 단골로 사용된다. 자신들에게 불편한 보도를 가짜뉴스라고 통째로 부정하는 것은 매우 효과가 좋은 공격 수단이다. 열 가지 사실을 들어 자신을 공격하는 보도에서 한 가지라도 사실과 다른 것을 발견하면 그것만 공략하면 된다. 그것이 핵심적인 사안이 아니라면 법원에서 정정보도 판결을 받아내기는 어렵다. 보도에서 '주요한 사실'이 실제와 부합하면 다소 주변적인 내용에서 오류가 있더라도 정정보도를 할 정당한 이익이 없다고 보는 것이 이미 확립된 판례이기 때문이다.

열성 지지자들을 중심으로 여론전을 벌이는 경우는 물론 언론중재위에 가면 상황은 달라진다. 언론중재위는 일단 사소한 부분이라도 틀린 내용이 있으면 정정을 하는 쪽으로 결론을 내는 경우가 적지 않다. 이것은 원칙적으로는 맞는 태도일 수 있다. 작은 부분이라도 틀린 것이 있으면 바로잡는 것이 바람직하기 때문이다. 하지만 상황은 그저 사실관계를 바로잡는 것으로 끝나지 않는다. 사소한 내용이라도 틀린 부분이 있다는 점이 확인되기만 하면 보도 전체를 가짜뉴스라고 공격하는 일이 벌어지기 때문이다.

한국에서는 '가짜뉴스' 외에도 언론을 공격하는 일종의 '만능키' 같은 용어가 하나 더 있다. 2014년 세월호 참사 당시 언론의 잘못된 보도를 계기로 확산된 '기레기'라는 호칭이다. 이 용어는 보도 내용보다도 언론인 개인을 공격하는 무기로 활용된다. 자신의 마음에 들지 않거나, 자신이 지지하는 사람을 비판적으로 보도하는 기사는 '가짜뉴스', 이를 보도한 언론인은 '기레기'라고 공세를 펼친다. 이런 행동을 언론에 대한 비판적 소비, 언론 소비자 주권 등 다양한 표현으로 정당화하지만 본질적으로 이는 지지하는 정치 진영이나 인물을 도우려는 정치 활동이다. 비판적인 언론을 제압하고, 같은 성향의 언론이 딴마음을 품지 못하게 관리하는 것, 이런 정치 활동을 건강한 언론 소비자 운동이라고 부르는 것은 곤란하다.

| 특정인 호칭까지 바꾸는 실력행사…반복되는 언론 손보기

〈한겨레〉는 창간 이후 줄곧 대통령 배우자를 '여사'가 아닌 '씨'로 표기해왔다. 그런데 특이하게 민주당 계열 정당이 집권했을 때마다 대통령 배우자에게 '씨'라는 호칭을 붙이는 데 대한 지적이 나왔다. 처음 시작은 1999년 12월 '편집자에게'라는 코너에 실린 "'이희호씨' 대통령 부인에 걸맞은 호칭인가"라는 제목의 글이다. 당시 지면에 실린 내용은 이렇다. "다른 신문은 김대중 대통령 부인을 '이희호 여사'라고 부르고 있는데 유독 〈한겨레〉는 '이희호씨'라 쓰고 있다. (중략) 우리 사회에서 현직 대통령 부인에게 이

런 호칭은 예의에 벗어난 것 같아 보기 좋지 않다. 현 정권에 나쁜 감정이 있기 때문인지 여성에 대한 차별의식 때문인지 모르겠지만 '이희호씨'는 대통령 부인에 대한 걸맞은 호칭이 아니라 본다."

이 글을 실었다는 것은 비슷한 의견들이 여럿 접수됐다는 것을 의미한다. 이때는 〈한겨레〉가 "'나쁜 감정'이나 차별의식 때문이 아니고 '영부인'이나 '여사'처럼 권위주의적 말은 될수록 쓰지 않는다는 원칙에 따라 창간 때부터 지위와 남녀를 가리지 않고 '-씨'란 존칭을 쓰고 있습니다"라고 답하는 것으로 마무리됐다.[114]

이런 독자 반응은 노무현 대통령 때도 나왔다. 2007년 10월 8일자 신문에는 박찬수 정치부문 편집장의 "권양숙씨가 뭡니까?"라는 제목의 칼럼이 실렸다.[115] 역시 독자들이 노무현 대통령의 부인을 '여사'가 아닌 '씨'라고 호칭하는 것에 대해 문제를 제기하는 것에 대한 답변이었다. 고객센터로 걸려오는 전화 가운데 이 호칭이 가장 큰 논란거리였고, 8명의 독자는 이 표기 문제 때문에 〈한겨레〉 구독을 중단하겠다고 통보했다고 한다. 이번에도 1988년 창간 이래 모든 대통령 부인을 똑같이 표기해 왔다고 자세히 소개하고, 청와대에서도 이 문제에 대해 어떤 항의도 없었다면서 독자들의 이해를 구했다.

2017년 문재인 정부가 들어선 뒤 다시 이 문제가 불거졌다. 이번에는 김대중, 노무현 정부 때 일부 독자들이 문제를 제기한 것과는 차원이 다른 항의와 비판이 제기됐다. 결국 〈한겨레〉가 손을 들었다. 〈한겨레〉는 2017년 8월 25일 자 2면에 실은 '알림'을 통해 앞으로는 대통령 부인 존칭을 '씨'에서 '여사'로 바꾼다고 밝혔다. "한겨레가 독자들과 대립하고 불화하는 모습을 더는 보이지 않아야 한다는 것이 이번 결정의 첫 번째 이유"라며 독자의 반발이 직접적인 방침 변경의 이유였음을 숨기지 않았다.[116] 〈한겨레〉는 이 용어 변경을 위해 내부 토론, 독자 여론조사, 전문가 자문까지 거치는 '거사'를 치렀다.

김대중 대통령 때부터 꾸준히 민주당 계열 대통령 때마다 이 호칭 문제를 제기한 〈한겨레〉 독자들이 원칙 차원에서 이런 주장을 하지는 않았을 것이다. 그랬다면 보수 정권 때도 계속 대통령 배우자의 호칭 문제를 제기했어야 한다. 이것은 결국은 자신들이 지지하는 대통령의 배우자 호칭에 대한 불만을 실력행사를 통해 관철한 것이다. 특이한 것은 당연하게 진보 언론으로 분류되고, 그래서 민주당 정권과 가깝다고 인식되는 〈한겨레〉를 굳이 이런 문제로 무릎 꿇렸다는 점이다. 이는 노무현 전 대통령에 대한 수사와 죽음에 이르는 과정에서 이른바 진보 언론도 별 차이가 없었다고 반발했던 노무현 전 대통령과 문재인 대통령 지지자들의 배신감 때문이라고 보는 시각도 있다.[117]

문 대통령 지지자들의 〈한겨레〉에 대한 실력행사는 이것뿐이 아니었다. 이들은 〈한겨레21〉 2017년 5월 22일 자 표지에 실린 문 대통령의 사진이 악의적이라며 비난과 함께 불매 운동을 벌인 적도 있다. 〈한겨레21〉의 전임 편집장이 이런 실력행사에 반발해 "덤벼라 문빠들"이라는 글을 SNS에 올렸다가 신상 털기를 당하기도 했다. 〈한겨레〉만 이런 공격의 대상이 된 것도 아니다. 광고 없이 후원자들이 내는 후원금에 의존해 운영되는 〈뉴스타파〉는 이른바 '적폐청산 수사'를 지휘하던 서울중앙지검장에서 바로 검찰총장으로 지명된 윤석열 후보자를 비판했다가 곤욕을 치렀다. 〈뉴스타파〉는 윤 총장 후보자 인사청문회가 진행되던 2017년 7월 8일, 그의 목소리가 등장하는 녹음 파일을 공개하며 거짓말 의혹을 제기했다.[118] 인사청문회장에서 한 말과 녹음 파일에 나오는 말이 충돌하는 것 아니냐는 지적이 제기되며 윤 후보자는 청문회장에서 난처한 상황에 처했다.

〈뉴스타파〉의 해당 기사에는 줄줄이 기사에 대한 비난과 후원을 해지한다는 댓글이 올라왔다. "이런 기사를 바라고 후원한 것이 아니다"라는 식의 비난이 많았다. 이른바 박근혜 정부의 적폐수사에 앞장섰고, 그 기세를 몰아 문 대통령이 서울중앙지검장에서 검찰총장으로 수직 발탁한 '우리 편'을 공격한 것에 대한 응징이었다. 당시 전체 후원자의 8~9%에 해당하는 3,000여 명이 후원을 끊었다고 한다. 오로지 후원에만 의존하는 〈뉴스타파〉로서는 상당한 타격일 수밖에 없다. 김용진 대표는 보도 경위를 설명하는 '대표 서한'을 홈페이지에 올리는 등 진화에 나섰다. 공직 후보자에 대한 검증 보도는 윤석열 검찰총장 후보자에 대해서도 당연히 해야 하는 것이라는 원론적인 설명도 있었다.

이 상황은 순식간에 급반전했다. 윤석열 검찰총장이 취임 직후 조국 전 민정수석에 대한 수사를 시작했기 때문이다. 이제는 〈뉴스타파〉를 후원하던 문 대통령 지지자들에게 윤석열 총장은 더 이상 '우리 편'이 아니게 됐다. 오히려 윤 총장 문제에 대한 탐사보도가 박수를 받게 됐다. 검찰총장에 이어 대통령이 된 뒤까지 비판 보도를 계속하자 2017년 7월 8일 후원자 무더기 탈퇴의 계기가 된 기사에도 미안하다는 댓글이 줄줄이 달린다. 〈뉴스타파〉에 미안하다며 다시 후원을 시작했다는 글도 있다. 애초에 중요한 것은 보도 자체가 아니라 '우리 편'을 공격하느냐 아니냐였던 것이고, 우리 편을 공격한다면 사실 여부와 상관없이 후원 탈퇴를 비롯해 무차별 공격을 하는 것이다.[119]

이런 손보기는 윤석열 대통령 취임 이후로도 부인과 장모 등 가족에 대한 끈질긴 취재로 박수를 받던 〈뉴스타파〉가 이재명 민주당 대표의 강성 지지자들인 이른바 '개딸'에 대한 비판 보도를 했을 때도 벌어졌다. 2023년 5월 27일에 보도한 "'재명이네 마을'과 '건희 사랑'"이라는 특집 다큐가 문제였다.[120] 이재명 대표와 김건희 여사의 팬클럽을 분석하면서 정치 팬덤 현상을 다룬 보도였다. 그런데 내용 중에 이른바 '개딸'의 강성 행동들과 이재명 대표의 격려 등을 언급한 부분이 문제가 됐다. 역시 댓글로 후원 해지 선언이 이어졌다. 〈뉴스타파〉가 개딸에 대한 보도를 했다가 혼쭐이 나는 상황은 보수 언론들에게는 좋은 기사거리였다. 〈조선일보〉는 ""10년 후원 취소" 개딸 공격 대상 된 뉴스타파"라는 기사를[121], 〈중앙일보〉는 "뉴스타파 칭송하더니 "맛 갔네"…달면 삼키고 쓰면 뱉는 '개딸'"[122] 같은 제목의 기사를 보도했다. 김만배-신학림 녹취록 보도와 관련해 〈뉴스타파〉가 압수수색을 받는 등 곤혹스런 상황에 처하자 후원회원이 급증한 것도 우리 사회에 뿌리 깊은 정파적 언론 소비 행태를 보여주는 장면이다.

KBS 사례도 하나 살펴본다. 2019년 5월 9일, 문재인 대통령이 취임 2주년을 맞아 KBS와 단독으로 90분 동안 생방송 대담을 한 것이다.[123] 대담이 끝나자 KBS 시청자 게시판에는 대담을 진행한 기자를 비판하거나 사과를 요구하는 글이 줄을 이었다. 청와대 국민청원 게시판에도 KBS를 해체하라는 등의 청원이 올라왔다. 기자가 "야당이 '독재자'라고 하는데 그 말을 듣고 어떤 느낌이었느냐"고 물은 것이 화근이었다. 시청자들은 진행자가 야당 입장을 옹호한다거나, 무례하다는 등의 반응을 쏟아냈다. 기자가 몇 차례 대통령의 발언을 중간에 자른 것까지 비판의 대상이 됐다. 인터넷에서는 기자에 대한 신상 털기까지 진행됐다. 일부 시청자는 진행자 선정이나 프로그램 구성까지 문제를 삼았다.

프로그램의 품질 문제를 놓고 시청자들이 얼마든지 의견을 제시할 수 있다. 대담 진행 능력을 문제 삼을 수도 있다. 생방송으로, 그것도 대통령을 상대로 능수능란하게 대담을 이끌어갈 정도의 역량을 갖춘 사람은 흔치 않다. 평소에 그런 대담을 자주 하지 않던 취재 기자를 대담 진행자로 고른 것은 매끄러운 진행보다는 예상치 못한 날카로운 질문을 상정한 것으로 볼 수 있다. KBS가 청와대와 사전 협의도 없이 진행자를 누구로 할지를 정했을 리도 없다. 당시 방송 내용에 청와대가 외부로 불만을 표시한 적도 없다. 그런데 대통령 지지자들이 나서서 '내가 지지하는 대통령'에게 어떻게 '독재자'라는 말을 거론하고 감히 말을 끊을 수 있는지 비판하는 것은 '깨어 있는 시민의 언론 소비'와는 한참 먼 정치 행위일 뿐이다.

이렇게 대통령과의 생방송 대담에서 진행자의 예의를 중요하게 거론하는 사람들이 박근혜 전 대통령이나 윤석열 대통령 앞에서 공손한 자세를 취한 기자들의 사진이 공개되면 '기레기'라고 공격한다. 반면에 윤석열 대통령의 약식 브리핑에서 슬리퍼를 신고 등장한 기자에 대해 여당에서 문제를 제기하자 그것이 뭐가 문제냐고 옹호했다. 결국 '내 편이냐 아니냐'에서 일관성을 찾을 수밖에 없다. 지난 2010년 한국에서 열린 G20 행사 폐막식에서 오바마 미국 대통령이 연설한 뒤 예정에 없이 한국 기자들에게 질문권을 주겠다고 했는데 아무도 손을 들지 않은 일이 몇 년 뒤에 주목을 받은 적이 있다. 이 일로 한국 기자들은 통째로 '질문할 줄 모르는 기자들'이라고 수시로 조롱받는다.

〈뉴스타파〉와 KBS에서 모두 일한 적이 있는 전직 기자는 '누구 편'인지에 따라 언론인의 태도를 재단하는 뉴스 소비자들의 행태에 대해 이렇게 썼다. "자신이 지지하는 권력자 앞에서는 예의를 차리지 않는 기자가 기레기다. 자신이 지지하지 않는 권력자 앞에서는 공손한 기자가 기레기다. 자신이 지지하는 권력자 앞에서는 불편한 질문을 하는 기자가 기레기다. 자신이 지지하지 않는 권력자 앞에서는 불편한 질문을 하지 않는 기자가 기레기다."[124] 원래 기자는 욕먹는 직업이니 기자를 욕하는 건 당연한데, 문제는 그런 욕이 언론윤리, 사실성, 공익성, 독립성 같은 가치에 따른 것이 아니라 '내 편'인지 아닌지에 있다는 것이다.

| 대안 자처하는 '사이버 레커'들, 나은 것이 무엇인가?

문재인 전 대통령의 사저가 있는 경남 양산시 평산마을은 몰려든 극우 유튜버들로 상당 기간 홍역을 치렀다. 현장 상황을 단순히 중계하거나 해설을 하는 보통 유튜버라면 지역 주민들에게 그렇게 큰 피해를 주지는 않았을 것이다. 하지만 그렇게 정적으로 상황을 전달하는 것만으로는 구독자들의 관심을 끌기 어렵다. 이들은 평산마을 사저로 들어가는 입구 등에 차량과 천막 등을 설치하고 확성기로 문 전 대통령 사저를 향해 욕을 하거나 저주를 퍼붓는 장면을 유튜브로 중계했다. 보수성향 단체들이 벌이는 시위도 유튜버들이 중계하기 좋은 소재였다. 스스로 시위나 퍼포먼스를 하면서 중계하는 사람들도 있었다. 시청자의 관심을 끌기 위한 경쟁이 이어지면서 장송곡을 틀거나 저승사자 복장을 하고 유튜브를 진행하는 사람도 나왔다. 문 전 대통령 지지자들의 맞불집회도 벌어졌다.

밤늦도록 유튜브 중계와 관련된 소음이 계속되면서 병원 치료를 받는 주민까지 나왔다. 결국 대통령 경호처는 2022년 8월 경호구역을 사저 밖 300미터로 확대했다. 그러자 평산마을에 몰려들었던 유튜버들이 사라져버렸다. 경호구역을 확장하면서 현장 가까이 가서 중계하는 것이 불편해진데다 문 전 대통령에 대한 관심이 줄어든 것이 큰 영향을 미쳤다는 분석이 나왔다. 유튜버들은 사람들의 관심을 먹고 사는데, 관심을 끌지 못하는 소재에 매달릴 이유가 없는 것이다.[125]

사회적 이슈가 있는 곳에 유튜브 중계를 하러 달려드는 사람들을 교통사고가 나면 경쟁적으로 달려오는 견인차들에 비유해 '사이버 레커'라고 한다. 전직 언론인도 있고, 아무런 매체 경험이 없던 사람들도 있다. 'ㅇㅇㅇTV', 'ㅇㅇㅇ뉴스'처럼 이름부터 언론을 표방하는 곳들도 있고, 시사 프로그램처럼 이름을 붙인 경우도 있다. 인터넷 언론으로 등록했는지를 파악할 수도 없기 때문에 통상 '유튜버'로 부른다. 아예 유튜브를 중심으로 활동하는 단체들도 있다. 단체 활동이 유튜브 중계를 위한 것으로 볼 수도 있다.

이런 사이버 레커의 정보력이나 기동성은 간단치가 않다. 전통 언론이 취재를 위해 현장에 가면 이미 몇 명의 유튜버들이 먼저 도착해 진을 치고 있을 정도가 됐다. KBS의 〈질문하는 기자들 Q〉는 2021년 6월 6일 한강 대학생 사망 사건에 대한 유튜버들과 언론의 보도 문제를 집중적으로 다뤘는데, 방송에 나온 유튜버들의 인터뷰는 매우 인상적이다. 무엇보다 그들이 전통 언론의 문제를 해결하기 위해 자신들이 대안으로 나섰다고 주장하고 있다는 점이다.[126] 한 유튜버는 KBS 인터뷰에서 자신들을 '제3의 언론'이라고 부른다. "제3의 언론이에요. 우리도. 지금 메이저 언론들이 언론의 역할을 제대로 못 한다고 국민들이 생각하잖아요. 공권력이 올바른 수사를 하도록 명백하게 하도록 국민들의 목소리를 담아주고 모습을 비춰줘야 되는데". 또 다른 유튜버는 "방송이 워낙 진실을 제대로 방송을 안 하니까 제가 진실을 알리고 싶어서 나온 거거든요"라고 한다.

대학생 사망 사건을 해결하기 위한 활동을 한다는 그들의 말과 달리 그들은 누군가 제기한 확인되지 않은 의혹을 사실인 것처럼 과장해서 방송하기도 했다. 타살이 분명한데 이를 제대로 조사하지 않고 사고사로 가고 있다는 식의 음모론적 시각을 공공연히 드러냈다. 아무것도 식별할 수 없는 영상을 긴급 입수한 결정적 영상이라고 공개하면서 조회 수를 올리기도 했다. 어이없는 것은 한강 대학생 사망 사건에서 이런 유튜버들과 전통 언론이 은연중에 상부상조했다는 점이다. 유튜버들이 지속적으로 의혹을 제기하면 이런 의혹을 전통 언론이 받아쓰고, 또 그런 보도를 다시 유튜버들이 재확산하는 식이었다. 당시 모든 문제적 보도의 책임을 전통 언론에 물을 수는 없지만, 적어도 전통 언론과 유튜버들 사이에 본질적인 차이가 사라져버렸다.

유튜버들이 취재 현장에 무분별하게 달려들면서 벌어지는 일 중의 하나는 취재 현장이 쉽게 엉망이 되어버리는 것이다. 박원순 전 서울시장 자살 사건에서도 박 시장의 시신이 발견되어 병원으로 옮겨지는 과정을 유튜버들이 신속하게 방송했는데, 통상 이런 사건에서 논란이 되는 과잉 취재 경쟁이 정말 전통 언론에 의한 것인지, 유튜버들 때문인지도 구분하기 어려울 정도가 됐다. 맥락이 없는 질문 등으로 취재 현장이 흐트러져 제대로 된 상황 파악이 어렵다는 지적도 나온다. 종종 재난이나 사건 사고 현장에서 기자들이 무리한 취재 경쟁을 벌였다는 비판이 나오는데, 그런 취재 경쟁이 실제로는 전문 언론인이 아닌 개인 유튜버들 때문에 벌어진 것일 수도 있다는 말이다.

| 성공한 수익 모델이 된 정파적 언론, 누가 먹여 살리나

유튜브는 콘텐츠로 돈을 벌 수 있는 플랫폼이다. 물론 모두가 돈을 벌지는 못한다. 하지만 큰돈을 벌었다는 몇몇 사례를 들으면 누구나 혹할 수 있다. 큰 투자비가 들지도 않고, 기발한 아이디어만 있으면 자기도 성공할 것 같다. 이들 중에는 누구나 궁금해하는 사건 사고 현장을 비롯해 정치 이야기 좋아하는 사회 분위기를 이용해서 돈을 버는 사람들도 있다. 물론 유튜브에서만 돈을 버는 것은 아니다. 블로그를 비롯해서 광고를 게재할 수 있는 플랫폼들이 있다. 그렇지만 가장 손쉽고 계산이 확실한 수익 모델은 유튜브. 구독자 천 명만 넘으면 자기 하기에 따라서 적은 돈이라도 수익을 낼 수 있기 때문이다.

○○○TV와 같이 언론사와 유사한 명칭을 걸어놓고 활동하는 시사 유튜버들의 경우 연간 수억 원의 수익을 올리는 사람도 적지 않은 것으로 알려져 있다. 십억 원이 넘는 수익을 올린다는 채널들도 있다. 하지만 스스로 공개하지 않는다면 정확한 수익을 파악하기는 쉽지 않다. 다만 유튜브의 경우 기본적인 수익 계산 방법이 있기 때문에 개략적인 추정은 가능하다. 사람들이 문재인 전 대통령 사저 앞에 몰려가거나 한강변 대학생 사망 사건 현장, 박원순 전 서울시장 사망 현장 등에 몰려가는 동기도 여기서 찾을 수 있다. 자극적일수록 구독료 수익은 물론 슈퍼챗이라고 하는 후원금까지 받을 수 있기 때문이다.

지난 2020년 12월 성범죄자 조두순이 출소할 때 교도소 앞에서 길을 가로막거나 차량 운행을 방해한 사람들도 유튜버들이었다. 심지어 일부는 조두순이 타고 있는 승합차 지붕 위로 올라가 발을 구르기도 했다. 이렇게 하면 형사처벌을 받는다는 것을 모를 리가 없다. 이런 행동의 이유를 경제적 동기 외에는 달리 찾기 어렵다. 조두순이 출소해서 원래의 거주지로 돌아오는 것을 걱정하던 지역 주민들을 정작 불안하게 만든 것은 조두순이 아니라 유튜버들이었다. 코로나19가 유행하던 시기임에도 불구하고 진을 치고 조두순을 찾아다니는 유튜버들 때문에 조두순이 밖으로 나오지 못한다는 말이 나올 정도였다.[127]

조직 내부 분란 과정에서 채널의 수익이 공개되는 경우도 있다. 2020년 활동을 개시할 당시 민주당의 위성 정당인 열린민주당 지지채널이라고 밝혔던 '열린공감TV'는 2022년 대선 이후 내부 갈등으로 사실상 조직이 쪼개진다. 2022년 8월 주주총회에서 기존 대표를 해임하고 회사 이름도 '시민언론더탐사'로 바꾼다. 그러자 기존 대표가 현 경영진을 상대로 소송을 내서 승소했다. 이 재판을 통해 대선 때 이른바 '쥴리 의혹' 등을 제기하며 윤석열 후보 진영을 공격하는 데 앞장섰던 열린공감TV의 수익이 드러났다.

더탐사의 2022년도 결산서상 당기순손익이 20억 원에 달한다는 사실, 2023년 3월 개최된 더탐사 이사회에서 새 경영진이 이전 대표에게 2022년도 당기 순이익이 28억 원이라고 이야기한 사실이 판결문에 들어 있다.[128] 이렇게 경영이 안정적인 상황이었기 때문에 신주를 발행해서 이전 대표를 몰아낸 것은 무효라는 것이 판결 취지였는데, 이 과정에서 열린공감TV, 더탐사의 수익이 공개된 것이다.

또 다른 내부 갈등을 통해서 이번에는 더탐사가 '제보자X'로 알려졌던 지모 씨와 거액의 보도 용역 계약을 맺었던 사실도 드러났다. MBC에 채널A 이동재 전 기자의 검언유착 의혹을 제보하고 피해자를 대신해 함정 취재까지 직접 수행하며 협업했던 인물이다. 더탐사는 지 씨를 탐사취재 전문위원으로 1년간 채용하고 매달 1천만 원을 지급하는 것에 더해 탐사취재비 명목으로 2억 원을 빌려준 것이다.[129] 지 씨는 빌린 2억 원을 약속한 기한 안에 갚지 못했다고 한다. 더탐사가 대형 언론사들도 생각하기 어려운 큰돈을 전문언론인도 아닌 사람에게 정보수집을 위해 지급할 수 있는 것만 봐도 안정적으로 넉넉한 수익을 올리고 있다는 점은 확실히 알 수 있다.

기업 자료를 찾아보면 더탐사의 매출액은 2021년 18억 원을 넘었고 2022년에는 52억 원을 넘은 것으로 나온다. 여기서 인건비와 제작비 등을 모두 지출하고 남은 당기순이익이 연간 20억 원을 훌쩍 넘었다는 것이다. 이런 매출과 순익은 어느 정도의 규모일까? 언론계에서 모범적인 풀뿌리 언론으로 인정받는 〈옥천신문〉과 같은 매체의 연간 매출이 10억 원을 겨우 넘나든다. 그 매출로 십수 명의 인력을 고용해서 신문을 인쇄하고 지역에서 문화 사업도 한다. 바른지역언론연대 소속의 풀뿌리 매체들이 대개 비슷한 상황이다. 어쩌다 수익을 조금 남기는 해가 있어도 다음 해가 어떻게 될지 몰라 제대로 인력 확충이나 임금 인상을 못하는 경우가 대부분이다. 지역에서 착실하게 언론윤리를 지키며 활동하는 언론과 달리 정파성을 극단적으로 추구하는 매체가 얼마나 큰 수익을 올릴 수 있는지를 극명하게 보여주는 사례다.

진보 매체만 이런 것은 아니다. 열린공감TV보다 먼저 설립돼 보수 쪽에서 활동해온 가로세로연구소 사례를 보자. 가로세로연구소는 조국 전 장관의 딸 조민 씨를 괴롭힌 것이 문제가 돼 2022년 5월 유튜브 계정으로 수익을 올릴 수 없도록 하는 이른바 '수익창출 중단' 조치를 받았다.[130] 당시 김세의 대표는 "당장 24명의 직원들이 있는 가세연이 수익 없이 어떻게 운영될지 막막하다"고 했다. 하지만 이때에도 슈퍼챗 수입이 연간 22억 원이나 됐으니 실제로 운영에 문제가 있었을 것 같지는 않다.[131] 이 정도의 열성 지지자를 거느린 경우에는 유튜브 계정을 얼른 새로 만들어서 후원을 받을 수도 있다. 유튜브 수익 순위를 보여주는 인터넷 페이지를 보면 2023년 7월에도 가로세로연구소가 운영하는 세이엔터는 4천만 원이 넘는 슈퍼챗을 받았다. 더탐사는 2천 4백만 원을 넘겼고, 강용석의 나이트 라이브는 2천 3백만 원 가량, 김어준의 뉴스공장은 1천 2백만 원을 넘겼다.[132]

이런 유튜버들에게 슈퍼챗을 날리는 사람들은 누구일까? 어떤 이유에서든 그들의 주장을 믿고 지원하려는 사람일 것이다. 문제는 논쟁적 사안, 그래서 차분하게 사실을 따져봐야 할 시사적 사안을 다루는 영역이 이런 채널 속에서는 일방적인 믿음과 응원의 영역으로 바뀐다는 것이다. 실제로 점점 사람들은 자신이 믿는 것만 보는 경향을 보인다. 유튜브를 비롯한 플랫폼은 기존의 구독 패턴을 분석해 그 사람이 클릭할 만한 콘텐츠를 추천한다. 점점 비슷한 내용만 읽게 된다는 것은 결국 그 사람이 좋아하지 않을 만한 사실은 아예 그의 시야에서 사라져버린다는 뜻이다. 그렇게 사람들은 각자의 세계 속에 갇힌다.

디지털 플랫폼이 각종 필터를 통해 사람들을 버블 속에 가둔다는 '필터 버블'이 실제로 작동하는 것이다.[133] 그런데 문제는 여기서 한발 더 나아간다. 실제 생활에서 사람을 만날 때도 자신과 정치적으로 의기투합하는 사람들만 만나고 그들하고만 대화하다 보니 점점 더 생각은 한쪽으로만 흐른다. 어떤 사실이 대법원 판결을 통해 확정되었다고 해도 절대 그럴 리가 없다고 믿는 사람들은 지금도 그런 사실을 부정하는 유튜브와 각종 SNS 글에 열심히 '좋아요'를 누르고 댓글을 단다. 실제 사실과는 다른 가상의 사실에 기반한 세계가 만들어지는 것이다.

이런 가상의 사실에 기반한 세상이 있다고 해서 실제 사회에서 문제가 발생할까? 그것이 문제다. 이런 가상의 세계가 실제 사회에 강한 영향을 미치는 부분이 있기 때문이다. 심지어 국회의원들조차 다른 생각을 가진 사람들을 설득해서 여론을 이끌기보다는 이렇게 유튜버 등이 만들어 놓은 대안적 세계의 눈치를 본다. 그런 대안적 세계를 이끄는 사람들이 가진 동원력, 행동력이 강력하기 때문이다. 유튜버들은 이렇게 수많은 버블 중의 하나만 눈치 빠르게 잘 공략해도 어느 정도 수익을 확보할 수 있다. 이들은 돈을 얻는 대신 그런 허구의 세계를 확산시키는 역할을 한다. 어떤 이들은 정파성으로 돈을 벌고, 어떤 이들은 그들이 만든 가공의 세계를 이용해 표를 얻는다.

언론시민단체는
정치적 후견주의에서 자유로운가

| 정파적인 언론시민단체가 언론의 정파성을 비판할 수 있나

언론에 관한 활동을 하는 시민단체들은 대체로 언론개혁, 바른 언론과 같은 훌륭한 가치를 내세운다. 그럼 무엇보다도 언론의 기본적인 윤리원칙을 이해하고, 이를 바탕으로 언론의 품질을 논하는 것이 중요하다. 현실 언론의 문제를 지적하고 그것을 개혁할 방안을 제시하려면 당연히 언론윤리 원칙에 합당한 것이어야 한다. 한국 언론의 여러 문제 가운데 언론의 정치화, 정파성의 문제가 가장 심각한 문제 가운데 하나라는 점에 비추어 보면 언론개혁의 방향을 포함해서 언론에 대한 문제 제기는 그런 문제를 바로잡기 위한 것이어야 한다. 지금 한국에서 활동하고 있는 언론 관련 시민단체들은 과연 이런 언론의 문제를 제대로 인식하고, 이를 바로잡기 위한 활동을 하고 있을까?

물론 한국 언론이 안고 있는 문제는 정파성 말고도 많이 있다. 또 현실적으로 정치권력만 언론의 품질과 독립성에 영향을 미치는 것은 아니다. 자본권력의 영향력도 지대하다. 디지털 시대를 맞아 인터넷 포털과 유튜브 등 디지털 플랫폼에 종속된 언론사들이 그저 조회 수를 올리기 위해 말초적인 관심을 자극하는 콘텐츠를 양산하고 있는 것도 사실이다. 이런 과정에서 언론이 보도 대상의 인권을 충분히 보호하지 못하는 사례도 종종 발생한다. 특히 대형 사건이 발생하면 전문적 분석과 심층 취재를 통해 구조적 문제를 드러내는 것보다는 관련자들의 사적 영역을 파헤치는 등 엉뚱한 곳에 매달리기도 한다.

이런 언론의 다양한 문제들에 대해 평소 일관된 감시와 지적을 하며 개선책을 요구하는 언론시민단체의 활동은 중요하다. 하지만 정치 문제로만 가면 공정성을 잃고 특정 진영의 이해를 중심으로 활동한다면 그것은 언론의 정파성을 더 심화할 수밖에 없다. 언론시민단체가 정치 진영에 따라 다른 잣대를 들이댄다면 언론이 그들의 비판을 존중하고 보도에 반영할 수도 없다. 언론과 시민단체가 상호 존중할 여지도 사라진다.

특히 인적으로 특정 언론시민단체 출신이 특정한 정당이나 정치 집단과 지속적인 관계를 맺고, 나아가 그 정당의 추천을 받는 공직으로 계속 진출한다면 그 시민단체와 특정 정치 진영과의 후견주의적 관계를 의심받게 된다. 언론시민단체가 제 역할을 하려면 필수적으로 정치적 독립성을 확보해야 한다. 스스로 정파적 활동을 하는 단체가 언론의 정파성을 비판할 수는 없기 때문이다.

| 시민단체와 정치권의 후견주의적 관계의 구조

언론시민단체들과 정치권이 어떻게 후견주의적 관계를 형성하고 있는지를 조금만 더 살펴보자. 정치권과 후견주의적 관계를 형성한 언론시민단체 관계자들이 진출할 수 있는 정부 기구나 공적

조직의 직위는 매우 다양하다. 언론 관련 규제나 진흥을 맡는 정부 기관들이나 산하기관, 공기업 등이 있다. 구체적으로 보면 과거 방송위원회부터 지금의 방통위, 방통심의위, 방문진, KBS 이사회, 뉴스통신진흥회, 언론진흥재단, 시청자미디어재단, 아리랑TV, 방송광고진흥공사, 콘텐츠진흥원 등의 위원장, 위원, 비상임이사 같은 자리다. 나아가 그런 단체의 주요 직책을 지낸 사람이 특정 정당 비례대표 국회의원으로 진출하고, 대선 캠프 등에서 주요 직책을 담당한다면 이 단체는 정치적 독립성을 갖고 있다고 말하기 어렵다.

언론시민단체 출신들이 이런 직책을 차지하기 위해서는 대부분 공모 절차를 거쳐야 한다. 이런 절차는 그런 자리를 희망하는 사람들과 추천권을 가진 정당이나 권력 사이에 존재하는 권력 관계를 분명하게 확인시켜주는 과정이다. 추천권을 가진 사람은 지원서를 심사하고 검증하며, 최종 후보들을 면접장으로 부른다. 추천 과정의 길목을 지키는 사람들의 영향력은 특히 강력하다. 특정인이 추천되는 것을 보장하지 못해도 낙마시킬 수는 있기 때문이다. 추천권자 앞에서 경쟁 후보를 깎아내리기도 하고, 투서가 돌기도 한다. 이런 과정 전체가 시민운동의 순수성과 독립성을 심각하게 훼손한다. 결국은 특정 정당의 이해를 잘 대변할 사람을 뽑는 방식이고, 그런 사람들을 줄세우는 결과를 가져오기 때문이다. 이런 구조에서는 정파적 이해를 대변하지 않고 언론의 본질적 가치를 중시하는 사람이 특정 정당의 추천을 받기는 어렵다.

이미 시민단체 실무자에서부터 나름의 단계를 거쳐 위에서 언급한 주요 자리들을 여럿 차지한 사람들이 있다. 이들을 통해 시민단체에서 출발해 이런 주요 자리에 진출하는 경로가 만들어진다. 그들의 뒤를 이어 시민단체에서 활동하고 있는 사람들이 자신들도 그런 경로에 들어가려면 어떤 활동을 해야 하는지를 알 수 있다. 이들과 먼저 그런 경로를 거쳐 정치권 등으로 진출한 사람들 사이에는 계속 연결고리가 이어질 것이다.

이런 시민단체와 정치권 사이의 후견주의적 관계를 통한 연결구조가 이제는 특정 진영에서만 나타나는 것이 아니다. 실제로 노무현 정부 때까지는 이런 시민단체와 정치권력과의 후견주의적 관계가 주로 진보적 진영에서, 그것도 비교적 제한적으로만 나타났다면 점차 보수 진영까지 포함해 매우 폭넓게 나타나기 시작했다. 복수노조가 허용된 것을 계기로 공영방송사 노동조합이 쪼개진 것도 시기적으로 비슷하다. 이후 진보든 보수든, 정치적 목적으로 언론시민단체를 경쟁적으로 만들었다. 하나같이 언론개혁과 공정하고 바른 언론을 기치로 내세우는 것은 비슷한데 실제 방향성은 완전히 다르다.

언론에 관한 정치적 시민단체를 만드는 사람들은 대선 과정에서는 주요 후보들의 캠프 등에서 다양한 직책을 갖고 활동한다. 선거가 끝나면 언론 관련 규제기구나 관련 단체, 공영언론사 감독기구 등에 있는 해당 정권 몫의 자리를 차지한다. 낙하산 논란이 일어도 대부분 신경쓰지 않는다. 언론규제기구나 공영언론사 감독기구에 일정한 여야 몫을 배정하는 관행 덕분에 소속 진영이 대선에서 져도 최소한의 자리는 확보되어 있다. 대선은 져도 비례대표 국회의원도 가능하고, 방통위원 두 자리와 방통심의위 상임위원까지 차관급 자리만 세 개가 있다.

아예 대선 과정에서 특정 후보 캠프에서 공개적으로 활동하는 언론시민단체도 있다. 2022년 대선 과정에서 특히 이런 단체들이 눈에 띄었다. 대선 직전인 2022년 1월에 활동을 시작한 '바른언론실천연대'의 경우 이재명 민주당 후보의 언론고문 겸 언론멘토단장이 대표를 맡고 있었다. 이 단체는 대선 이후인 2022년 4월 19일 정식 설립한 것으로 보도됐는데[134] 실제로는 이미 같은 단체 이름으로 2022년 2월에도 잇달아 성명을 내고 윤석열 당시 국민의힘 대통령 후보를 비판했다. 윤 후보가 정책공약 홍보를 하는 과정에서 기자들에게 "진실을 왜곡한 기사 하나가 언론사를 파산하게도 할 수 있는 강력한 시스템이 언론 인프라로 자리잡는다면 공정성 등의 문제는 그냥 자유롭게 풀어놔도 전혀 문제가 없을 것"이라고 한 것에 대해서다. 이 단체는 "공당의 대통령 후보가 집권하면 정부를 비판하는 기사 하나로 언론사를 파산시킬 수 있는 인프라를 구축할 수 있다고 언론을 겁박하는 것이냐"고 비판했다.[135]

진실을 왜곡한 기사 하나로 언론사를 파산시킬 정도의 책임을 물어야 한다는 것은 원래 민주당과 그 지지자들의 주장이었다. 언론에 대한 징벌적 손해배상제를 도입하기 위한 언론중재법 개정이 이런 주장에서 시작된 것이다. 이 법안은 2021년 민주당 단독으로 상임위원회를 통과해 본회의에 넘겨졌다가 국내외의 강한 반발로 처리가 중단됐다. 이 법안의 필요성을 제기한 것은 문재인 정부였고, 실제로 문 전 대통령은 퇴임 이후에도 이 법안을 처리하지 못한 것을 아쉬워했다.[136] 윤석열 후보가 말한 것은 불과 몇 달 전까지 민주당이 추진하던 것과 크게 다르지 않은데, 느닷없이 군사정권 시절의 언론통폐합까지 거론하며 비판한 것이다.

이 단체는 그해 2월 10일에는 윤석열 후보의 부인인 김건희 씨의 주가조작 의혹을 규탄하는 기자회견을 대검찰청 앞에서 했다.[137] 이 시기는 이미 이 단체 대표가 이재명 후보의 대선 캠프에서 활동하고 있다고 보도된 뒤였다.[138] 이 단체는 2월 21일에도 성명을 내고 "언론은 다시 역사의 죄인이 되려는가? 우리는 최근 대선 보도에 대해 개탄과 우려를 금할 수 없다"고 비판했다. 당시 보수 언론들이 윤 후보에게 편향된 보도를 하고 있다는 지적이었다. 이재명 후보의 대선 승리를 위한 활동이 언론개혁을 내걸고 막 출범한 이 단체의 주된 활동이었던 셈이다. 2022년 말에는 '바른언론상'이라는 언론상을 만들었는데 제1회 바른언론상은 윤석열 대통령과 치열하게 싸우고 있던 MBC와 사실이 아닌 것으로 드러난 '청담동 술자리 의혹'을 제기했던 더탐사 대표 강진구에게 돌아갔다.[139]

언론은 독립적이어야 하고, 그런 언론의 독립성을 감시하는 언론시민단체도 독립적이어야 한다. 시민단체 활동이 공익성을 인정받는 것은 개인적인 이해관계를 떠나 독립적인 감시자 역할을 한다고 생각되기 때문이다. 만약 어떤 단체가 특정 정치 세력의 이해를 위해 활동한다면 그것은 시민단체가 아니라 외곽 정치조직이다. 그런 단체가 언론개혁을 주장하고 언론의 공정성을 거론하는 것 자체가 바른 언론이 무엇인지에 대한 사람들의 판단을 혼란스럽게 만든다.

정말 심각한 것은 정파적 갈등이 심해지는 와중에 언론개혁이나 언론의 공정성 등을 내걸고, 스스로 '언론시민단체'라고 주장하는 단체들이 잇따라 만들어지고 있다는 점이다. 진보, 보수를 떠나 스스로 시민단체라고 주장하면서 실제로는 정치 활동과 비슷한 일을 하는 단체들이 활발하게 활동하고 있다. 윤석열 정부에서 방통위, 방통심의위, 방문진, KBS 이사회 등에 대통령과 여당 몫으로 진출하고 있는 이들 중에도 2022년 대선 과정에서 보수적 언론시민단체를 만들어 활동하던 사람들이 많다. 이른바 언론시민단체라는 것이 언론 관계자들이 정치권력과 후견주의적 관계를 만드는 대표적인 수단이 되는 것이다.

이처럼 시민단체의 정체성 자체를 부정하는 활동이 버젓이 벌어지게 된 것은 지금의 언론 관련 공적 기구들을 여야가 일정 지분을 나눠 갖는 방식으로 구성하기 때문이다. 현재의 방송 규제기구, 공영 언론 감독기구, 언론 관련 공공기관이 모두 그렇다. 이런 자리를 시민단체 간판을 내건 사람들이 차지해 여야 대리전을 펼치는 구조가 유지되고 있다. 이런 구조를 근본적으로 바꾸지 못하면 지금처럼 정파적인 단체들이 계속 유사 언론개혁론을 주장하고, 오히려 언론에 대한 사회적인 불신과 냉소는 확대될 수밖에 없다.

학계는 과연
'정파적 언론 생태계'에서 자유로운가

사회적인 논란이 생기면 우리는 학계의 의견에 주목하는 일이 많다. 학자들은 통상 개인적인 이해관계에서 자유로우며, 인상비평이나 편들기가 아니라 전문적 식견에 기초해 시시비비를 가려줄 것이라는 기대 때문이다. 학자들 사이에도 의견이 갈릴 수 있다는 건 상식이다. 서로 다른 의견이 자유롭게 경쟁하는 것이 학문 영역의 고유한 속성이기 때문이다. 그래도 학계에는 합의된 기본적인 방법론이 있고, 나름의 전문성과 학문적 양식을 벗어나지 않을 것으로 기대한다.

학자들도 정치적 성향이 있고, 따라서 정치 활동을 할 수도 있다. 심지어 대학의 교수들은 정당 가입도 가능하다. 언론계처럼 정치권 진출에 대한 윤리적 제한도 거의 없다. 하지만 학자들이 정치 활동을 한다고 해서 특정 진영의 이해관계에 맞추어 사실관계를 비틀거나, 일관성을 지키지 못하고 사안에 따라 주장이 달라지는 행태를 보여서는 곤란하다. 특정 진영의 이해관계를 기준으로 사실을 따지지도 않고 함부로 어떤 주장에 동참해도 문제다. 한국 사회가 학자들에게 기대하는 최소한의 선을 넘어서는 것이기 때문이다.

언론의 정파성 문제로 돌아가 보자. 위에서 살펴본 각종 방송

규제기구, 공영언론사 감독기구, 시청자위원회 등 내부 감시 기구, 그리고 언론 관련 시민단체에는 언론 문제를 연구하는 학자들이 많이 포진해 있다. 방송사 재허가나 재승인을 위한 심사위원들도 대부분 학자들이다. 언론 관련 쟁점을 다루는 방송 프로그램은 물론 각종 시사 프로그램도 진행자나 토론자 등으로 언론학자들이 많이 참여한다. 그럼, 언론학자들은 심각한 정파성에 빠진 현재의 언론 상황을 놓고 독립적으로 논평할 수 있는 위치에 있을까?

언론학자들이 정치적인 쟁점 사안에서 스스로 확인하지도 않고 함부로 사실관계를 단정적으로 전제한 뒤 논평하는 경우가 많다. 멀리 갈 것도 없이 조국 전 장관 관련 사건이나 2022년 대선 과정만 봐도 이런 장면을 쉽게 발견할 수 있다. 조국 전 장관 사건에서 어떤 보도가 나오면 제대로 경위를 파악해보지도 않고 곧바로 검찰과 언론의 유착이라고 단정하고 '법조출입기자'를 악마화하는 학자들이 적지 않았다. 사실로 확인된 부분은 무시하고 일부 사실과 다른 점이 드러나면 전체 보도가 문제라는 주장을 서슴지 않았다. 채널A 전 기자 이동재에 대한 이른바 '검언유착 의혹' 사건에 대해 방송이나 SNS를 통해 사실과 다른 논평을 한 학자들도 있다.

학자들은 이런 사안에서 검찰 수사나 언론의 보도 방식에 문제를 제기할 수 있다. 하지만 학자라면 확인된 사실에 기초해서 논평해야 한다. 그래야 사회적 논의가 나아가는 데 도움이 되기 때문이다. 사실 확인도 하지 않고 편들기부터 해서는 곤란하다. 언론이 사실 확인을 제대로 하지 않는다고 질타하면서 자신들은 사실 확인 의무를 면제받았다고 생각하는 것 같은 태도는 너무나 이중적이다. 정파적 대립 상황에 직접 선수로 뛰어드는 것은 치열한 갈등에서 한 발 떨어져서 전문적인 분석을 해줄 거라는 기대를 악용하는 일이다.

학자들이 언론과 관련된 사건이 발생했을 때 사실관계도 드러나기 전에 정치적 탄압이라는 주장을 내세우는 것은 학문 세계에 정파성을 드리우는 일이기도 하다. 2020년 TV조선 재승인 심사 과정의 점수 조작 의혹은 그런 점에서 아쉬움을 남겼다. 이 사안에 대해 감사원 감사에 이어 검찰 수사가 시작된 것은 2022년 가을이다. 2023년 들어 방송통신위원회 과장에 이어 국장, 그리고 대학교수인 심사위원장이 구속 기소됐다. 최종적으로 한상혁 방통위원장과 심사위원 2명이 추가로 불구속 기소됐다.

이 사건에 대한 수사가 진행되는 도중 학계의 일부 인사들은 일관되게 심사위원으로 참여한 학자들의 말을 무조건 옹호했다. 감사원의 감사와 수사는 학문의 자유에 대한 정치적 탄압이라고 주장했다. 언론 칼럼, 성명서, 토론회 등에서 한결같이 '심사 점수 조작 의혹은 거짓'이라고 단정했다. 이런 식의 비판은 법원이 현직 교수인 심사위원장, 방통위 담당 과장과 국장에게 구속영장을 발부한 뒤에도 바뀌지 않았다. 심지어 한상혁 전 방통위원장에 대한 면직 처분 집행정지 신청 사건에서 법원이 '점수 조작'으로 볼 수 있는 근거를 상당 부분 인정했어도 기존의 태도를 바꾸지 않았다.

방송사의 목줄을 쥐고 있는 재허가나 재승인 심사를 하는 과정은 공정하고 합리적인 기준에 따라 이루어져야 한다. 이것은 학문적 자유와는 관련이 없는 일종의 행정 과정에 참여하는 것이다. 교수들이 이런 공적 심사에 참여해 전문 역량을 발휘하는 것은 학자의 사회적 기여의 일환으로 장려할 일이다. 하지만 일단 이런 행정적 절차에 참여하는 한, 적어도 행정 행위에 요구되는 일정한 기준과 절차는 지켜야 한다. 교수들이 학문의 자유를 누린다고 해서 행정에 필수적으로 요구되는 공정하고 합리적인 절차를 지키지 않아도 된다는 말은 아니다.

물론 이 사건에서 지금까지 드러난 사실관계에 대한 최종적인 평가까지 미리 내릴 필요는 없다. 심사위원들이 심사 과정에서 점수를 바꾼 것이 그야말로 관행의 영역일뿐더러 공정성과는 상관이 없는 것이어서 허용되는 일인지는 법원이 판단할 일이다. 문제는 이런 사실관계가 드러나기도 전에 구체적인 사실은 전혀 알지도 못하는 상태에서 학자들이 성명서부터 발표하며 정치 탄압을 주장하고 나온 부분이다. 어떤 정권이 하는 일은 무조건 부당하다는 식으로 반응한 것이라면 그것은 정파적 태도일 뿐이다. 학자들의 집단적 의사 표시가 이런 식으로 이루어진다면 학자들의 주장을 누가 귀담아들을지 걱정이다.

이런 현상은 공영방송 사장 해임 문제에서도 비슷하게 반복된다. 이른바 보수 정부가 진보 정부 때 임명된 공영방송 사장을 해임할 때와 그 반대의 경우가 번갈아 발생했다. 각각의 사태에 대한 학자들의 기고문을 쉽게 찾아볼 수 있다. 대체로 특정 학자는 한쪽의 해임에 대해서만 비판적인 글을 쓴다. 그런데 서로 다른 상황에 대한 글을 등장인물만 바꿔놓고 보면 큰 차이가 없다. 마치 내용은 그대로인 채로 공격과 수비만 바뀌는 모양새가 된다.

공영방송 지배구조 개선 방안에 대해서도 자신이 지지하는 정치세력이 집권한 직후와 반대쪽이 집권했을 때의 의견이 다르다면, 이렇게 학문적 원칙과 일관성이 유지되지 않는 주장이 전문가의 의견으로 존중받기 어렵다. 보도가 특정 개인이나 집단의 영향력에 좌우되어서는 안 된다는 원칙이 김재철, 김장겸이 사장이던 MBC에만 적용되고 김어준이 활동하는 TBS에는 적용되지 않는다면 그 또한 전문가로서의 견해라고 보기는 어렵다.

제 3 부

정파적
언론 생태계를
어떻게
바꿀
것인가

지금까지 우리는 한국 언론의 정파성은 언론과 언론인만의 문제가 아니라 정치권과 지지세력, 학계와 시민단체, 마지막으로 모든 소비자가 연결된 문제라는 것을 살펴보았다. 그래서 이것을 언론을 중심으로 한 정파적 생태계라고 말하는 것이다. 그리고 그 생태계는 한 번씩 겉과 속, 아래위가 뒤집히며 파열음을 내지만 길게 보면 계속 대립의 균형을 이루고 있다. 여야가 집권할 때마다 정확하게 공수교대가 반복되기 때문이다. 이것은 진보든 보수든 상대방을 나무란다고 될 일이 아니다. 모두 자기의 이해관계에 충실한 방식으로 이런 정파적 생태계의 균형을 유지하고 있기 때문이다.

각자 자기 이익을 추구하면서 형성된 생태계의 균형을 깨뜨리는 것은 쉽지 않다. 그래도 이런 생태계를 바꾸어야 하는 이유는 이것이 사회 전체에 피해를 주기 때문이다. 사회가 합리적이고 미래지향적으로 움직이지 못하게 만들어 결국은 사회 전체를 망치는 것이다. 그래서 우리는 힘들더라도 현재의 정파적 언론 생태계를 바꾸기 위해 할 수 있는 것들을 찾아야 한다.

여기서 제시하는 것들이 정답일 수는 없다. 진짜 답은 보다 폭넓은 논의를 통해 찾아야 한다. 하지만 막연하게 논의만 하자고 할 수는 없으니 지금까지 이미 나왔던 것들, 그리고 조금만 생각하면 알 수 있는 쉬운 것들부터 얘기해 보려는 것이다. 잊지 말아야 할 것은, 모든 문제를 일거에 해결할 방안은 없다는 것이다. 할 수 있는 것을 하나라도 찾아내 실천하는 것이 필요하다.

언론의 정파성에 대한
인식 전환에서 출발해야

'언론의 정파성' 문제를 얘기하면 나름 합리적으로 보이는 사람들 중에도 '언론이 어느 정도 정파적일 수밖에 없지 않으냐'는 식의 얘기를 한다. 우선 지금 언론이 '어느 정도'만 정파적인 상황이 아니라는 데 문제가 있다. 언론 보도라는 것도 기본적으로 사람이 하는 일이라 마음속의 정치적 성향이 은연중에 보도에 드러날 수도 있고, 편집에 영향을 미칠 수도 있다. 또 아무런 정치적 맥락과 상관없는 보도인데도 의도와 상관없이 특정 진영에 영향을 미치는 경우도 적지 않다. 언론의 정파성이 문제라고 해서 이런 보도까지 문제 삼는 것은 아니다.

비록 전체 보도에서 차지하는 비중은 크지 않더라도 명백하게 정치에 영향을 미치려는 목적을 가진 보도가 '정상적인 보도'인 것처럼 나오는 것이 문제다. 이런 보도는 정치나 경제, 사회, 국제, 심지어 문화 등 분야를 불문하고 찾아볼 수 있다. 멀리 거슬러 올라갈 것 없이 지난 2020년 총선, 2021년 서울과 부산시장 보궐선거, 2022년 대선 과정을 돌아보자. 얼마나 많은 언론이 선거에 영향을 미치려는 노골적인 의도 아래 보도를 했는지 말이다. 특히 이 과정에서 제도적으로 공정성을 지상 과제로 삼아야 할 공영 언론은 어떤 보도를 했는지 돌아 보아야 한다. TBS와 〈김어준의 뉴스공장〉이 대표적이지만 그것이 전부는 아니다.

윤석열 정부의 방송 규제기구에 대한 인위적인 인적 개편, 공영방송 감독기구 개편을 통한 경영진 교체 등은 공영방송 장악이라고 비판받아 마땅하다. 그런데 그 이전에는 아무 문제가 없던 방송을 느닷없이 뒤흔들고 있다는 식으로 비판하는 것도 사실을 왜곡하는 것이다. 그래서는 문제의 실상을 제대로 보여주지 못하고 무엇부터 바로잡아야 할지 알려주지 못한다. 그 이전의 문제점도 분명하게 지적해야만 합리적인 논의가 가능하다. 현 정부의 방송장악을 막는 것이 급하다는 주장은 기존의 문제는 일단 덮고 가자는 말이 된다. 이 문제 앞에서 진보든 보수든 먼저 솔직해져야 한다. 언론개혁을 포함해 본말을 흐리는 미사여구나 그럴듯해 보이는 구호로 위장한다고 해서 해결될 일이 아니다.

이를 위해서는 공영방송 문제를 비롯해 언론 관련 문제 논의에서 제일 먼저 정파성을 내려놓아야 한다. 이미 노골적으로 정파성을 드러냈던 시민단체들이 나서서 윤석열 정부의 언론 정책을 공격하는 것은 그냥 정치 활동으로 이해될 뿐이다. 민주당 정권의 언론 정책을 사실상 지지하고 실행하는 데 앞장섰던 사람들이 윤석열 정부의 언론 정책을 비판하고 나선다고 해서 윤 정부의 정책에 영향을 미칠 가능성은 없다. 오히려 언론 정책을 둘러싼 여야 대립을 격화할 뿐이다. 그런 것을 모를 리가 없는 사람들이 앞다

튀 윤 정부의 언론 정책을 공격하는 활동에 열을 올리는 것은 특정 정치 진영 내에서 자신들의 존재감을 드러내기 위한 활동이라고 볼 수밖에 없다.

이 문제를 풀기 위한 방법은 정치와 사실상 한 덩어리가 되어 버린 언론을 정치에서 떼어 놓는 일이다. 서로의 필요에 따라 상대를 끌어당기는 힘이 너무나 강하기 때문에 여러 가지 장치를 통해 언론과 정치를 조금씩 떨어뜨려 놓아야 한다. 그래야 언론이 사실성, 공익성, 독립성이라는 기본적인 윤리원칙에 따라 제 역할을 할 수 있다. 그렇게 되어야만 사회 전반에 걸쳐 건강한 정보 소통에 기초한 공론장이 만들어질 수 있고, 공동체 내에 상호 존중이 살아날 수 있다.

이 모든 대책의 출발점은 언론을 중심으로 한 정파적 생태계에 균열을 낼 수 있는, 사람들의 작은 인식의 변화다. 상대를 이기기 위해 언론을 내 편으로 만들어야 한다는 생각, 언론이 우리 편을 공격하지 못하게 만들어야 한다는 생각을 내려놓아야 헝클어진 언론 문제를 고칠 수 있는 출발점이 만들어진다.

정치와 언론 사이에
방화벽을 높이자

| 언론규제기구에서 정파성을 줄일 방법을 찾아야

한국 언론의 정파성 문제를 해결하기 위해 먼저 규제기구의 구성 문제를 고쳐야 한다. 대표적인 기구는 공영방송을 포함한 방송과 통신 전체를 규제하는 방송통신위원회와 내용심의를 담당하는 방송통신심의위원회다. 방통위는 장관급 위원장과 차관급 상임위원 4명으로 구성되는 위원회 구조의 중앙행정기구다. 이 위원회 구성이 대통령이 지명하는 2명과 국회가 추천하는 3명으로 구성되고 국회 추천 3명 가운데 2명이 야당 '몫'이라는 점은 앞에서 살펴보았다.

여러 차례 언급했지만, 방송 관련 규제기구나 감독기관에 여야 몫을 정해놓고 자리를 배분하는 것이 방송위원회 시절부터 관행으로 굳어져 왔다. 이것이 좋은 방향으로 작동하면 국민의 대표기구인 국회를 중심으로 여야가 국민의 뜻을 잘 대변할 수 있는 훌륭한 전문가를 추천해 방송 관련 규제나 감독기구의 다양성을 높일 수 있다. 여야의 의견이 균형되게 반영되는 것을 이상적으로 생각했을 수도 있다. 하지만 우리는 지금까지 방통위 운영 과정을 통해 다양성을 반영하거나 여야 균형을 잡는 것이 아니라 첨예한 여야 정치권 공방의 대리전을 보고 있다.

방통위 설치법은 위원장과 위원으로 일정한 학문 분야를 전공하고 대학이나 공인된 연구기관에서 부교수 이상의 직에 있거나 있었던 학자, 15년 경력 이상의 법률가, 관련 분야에서 근무한 2급 이상 공무원, 언론 등 관련 단체 대표나 15년 이상 경력자, 15년 이상 관련 분야의 이용자 보호활동을 한 사람, 이런 경력들의 합산이 15년 이상인 사람 등으로 자격을 열거하고 있다. 실무 경험이나 행정, 법률, 공직 등에서 상당한 수준의 전문적 역량을 갖춘 사람으로 위원 자격을 제한한 것이다.

이런 자격을 갖췄다고 하더라도 결격 사유 규정이 있다. 정당의 당원이거나 3년 이내에 규제 대상이 되는 사업에 종사했던 사람, 공직선거법에 따른 선출직에서 물러난 지 3년이 지나지 않은 사람, 대통령직 인수위원을 지낸 지 3년이 지나지 않은 사람은 위원이 될 수 없다. 처음 2008년 방통위를 만들 때는 당원이거나 규제 대상인 사업에 종사했던 사람 등만 결격 대상으로 규정돼 있었는데 2015년에 법을 고쳐서 선출직 공직과 대통령직 인수위원에서 물러난 지 3년이 지나지 않은 사람이 추가됐다.

결격사유가 이렇게 확대된 것은 야당이던 민주당이 방통위원의 "정치적 편향성을 방지하고 전문성을 제고"하자며 방통위법 개정안을 냈기 때문이다. 애초에 민주당이 냈던 법안은 훨씬 강력한 결격사유 조항을 갖고 있었다. 먼저 당원 신분이면 안 된다는 조항을 당원 신분을 상실한 지 3년이 지나지 않은 사람으로 강화하는 내용이 있었다. 또 대통령선거에서 후보자의 당선을 위해 방송, 통신, 법률, 경영 등에 대해 자문해주거나 고문 역할을 한 사람도 3년 이내에는 방통위원이 될 수 없도록 했었다. 이 두 부분은 여야 합의 과정에서 삭제됐다. 민주당은 방통위원뿐만이 아니라 방통심의위원 자격도 강화하자고 제안했고, 선거법에 따른 선출직과 대통령직 인수위원을 그만둔 지 3년이라는 결격사유가 똑같이 추가됐다.

| 방통위원·방통심의위원 결격 사유를 확대하는 방안

만약 민주당이 냈던 결격사유를 확대하는 조항이 그대로 통과되었다면 어떻게 되었을까? 대선 캠프에서 후보자에게 자문역이나 고문 역할을 한 사람, 그리고 정당에 가입해 있던 사람 등이 정권 초반 3년 동안 방통위와 방통심의위에 갈 수 없다고 생각해보자. 지금까지 두 기관을 거쳐간 많은 사람들이 위원장과 위원이 될 수 없었을 것이다. 이것은 민주당과 국민의힘 모두에 해당되는 일이다. 양쪽 모두, 낙선하거나 공천 탈락한 정치인들, 대선 때 캠프에 가서 언론 대응을 조언해주던 사람들이 방송 규제 기관으로 가서 차관급 이상의 고위 공직을 차지하고 정치권의 대변자 역할을 하던 일을 상당 부분 막을 수 있었을 것이다.

민주당 몫으로 국회 추천을 받아 윤석열 대통령의 임명을 놓고 논란을 빚은 최민희 전 의원도 직전까지 민주당 당원이었을 뿐만 아니라 대선 캠프에서 활동했다. 자신들이 냈던 법안을 기준으로 하면 이중으로 결격사유에 해당한다. 최 전 의원은 2023년 8월 11일 김어준이 진행하는 유튜브 채널에 출연해 애초에 방통위를 만들 때부터 정치인이 들어가는 것을 막을 방법이 없고, 그래서 정파성도 막을 수가 없다고 했다.[140] 자신에 대해 정파성이 강하다며 진보진영 내에서도 비판적인 의견이 나오는 것에 대해 방통위는 원래 정파적으로 구성되는 것이라고 주장한 것이다.

하지만 방통위의 정파성을 막아야 한다며 2014년 2월 17일에 제출한 방통위법 개정안에는 최민희 당시 민주당 의원도 발의자로 이름을 올렸다. 적어도 당시에는 방통위의 정파성을 막아야 한다는 생각이 분명했던 셈이다. 지금이라도 이런 결격사유를 도입한다면 매우 훌륭한 장치가 될 수 있다. 특정 정당에 가입해 정치활동을 하는 것이 적어도 일정 기간 언론 관련 업무로부터 거리를 둬야 하는 일이라는 것을 분명히 알리는 의미가 있다. 또 언론인을 비롯해 언론계 주변에 있는 많은 사람들이 대선 캠프를 기웃거리는 일도 어느 정도 막을 수 있을 것이다. 물론 대선 캠프에 가서 활동했더라도 언론 관련 기관에 자리를 얻으려 하지만 않으면 된다. 앞에서도 얘기했지만 모든 문제를 해결할 방안을 찾지 말고 할 수 있는 것을 하나라도 하는 것이 중요하다.

윤석열 대통령이 2023년 8월 자신의 대통령직 인수위원회 특별고문이었고 대통령실 대외협력특별보좌관이던 이동관 전 청와대 홍보수석을 방통위원장으로 지명하자 민주당은 다시 방통위원 결격사유 강화를 추진하고 있다. 민주당은 곧바로 대선 후보자의 자문역이나 고문 역할을 한 사람도 3년 동안 방통위원 자격을 제한하는 법안을 발의했다.[141] 또 방통위의 소관 사무와 밀접한 업무를 담당했던 정무직 공무원도 3년 동안 방통위원이 되는 것을 제한했다. 대통령의 정무직 참모였던 사람이 방통위로 직행하는 것을 막는 것이다. 이동관이 대통령실 대외협력특보였던 점을 겨냥한 셈이다. 여기에 대선 후보자의 자문 역할을 하거나 고문으로 활동한 것도 결격사유로 추가하는 것은 2014년 제출한 법안의 내용과 같다. 이동관은 여기도 해당한다.

그런데 2014년 2월에 낸 법안에 넣었던 '당원이었던 사람에 대한 3년 간의 자격제한'은 이번 법안에는 포함하지 않았다. 자기 당이 추천한 최민희가 적용 대상이 될 수 있는 결격사유는 피했다고 볼 수 있는 대목이다. 이래서는 상대의 손발만 묶으려는 꼼수라는 지적을 받을 수밖에 없다. 방통위의 정파성을 줄일 수 있는 이런 좋은 방안이 있다면 왜 자신들이 집권했을 때는 추진하지 않았는지 반성까지 하지는 않더라도 기왕 방통위의 정파적 구성에 손을 대려면 당장 자신들이 추천한 사람에게 해당하는 문제도 함께 고치려는 자세가 필요하다.

| 여야 '나눠먹기' 구조를 바꿔야…운영 방식도 개선 필요

방통위를 구성할 때 나름 '여야 3대 2'의 구조를 만든 것은 괜찮은 아이디어였을 수 있다. 방송통신 정책과 규제를 담당한 기구를 정치적으로 매우 높은 독립성을 갖도록 설계한 것이기 때문이다. 그런 취지에서 보면 대통령 임기와 맞아떨어지지 않는 임기 구조로 정권이 바뀌면 전임 정부가 임명한 위원장과 위원이 상당 기간 근무하게 되는 것도 큰 문제가 아니다. 하지만 방통위를 방송에

적극적으로 영향력을 행사하는 수단으로 삼으려 들면 필연적으로 문제가 생기게 되어 있다.

방통위가 정말 여야 대립구도를 뛰어넘어 독립성을 갖는 합의제 행정기구가 되려면 관련 분야 최고 전문가를 위원장과 위원으로 선임할 수 있는 구조를 만들어야 한다. 위에서 제안한 것처럼 방통위원의 결격사유를 대폭 강화하는 것에 덧붙여서 모든 방통위원을 국회 인사검증 절차를 거치게 하는 것도 생각해볼 수 있다. 지금은 대통령이 지명하는 위원장만 국회 인사청문회를 거친다. 대통령이 지명하는 위원은 사실상 아무런 검증이 없고, 국회 추천 위원도 단순히 본회의 표결만으로 후보자를 결정한다. 이들 모두 국회에서 공개 검증하는 방안을 적극 검토해볼 수 있다. 전문 역량이 부족하거나, 특정 정당에 충성하는 사람을 추천하는 것을 걸러낼 수 있는 최소한의 절차가 될 수 있다.

특히 국회가 추천하는 몫에 대한 지금의 선출 방법이 정당한지도 생각해볼 필요가 있다. 입법부 차원에서 방송 정책과 규제를 담당하는 중요 공직자를 추천하는 것인데도 지금은 추천 '몫'을 가진 특정 정당에 선발 과정을 일임해놓고 본회의 표결은 사실상 거수기 역할만 하고 있다. 좀 심하게 말하면 이것은 공직을 특정 정당의 이권으로 취급하는 것이라고 할 수도 있다. 국회 이름으로 추천하는 고위 공직자를 특정 정당이 공모에서부터 검증과 면접까지 일체를 임의로 진행하면서 상대 진영에 대한 전투력, 당에 대한 충성도 등을 기준으로 후보를 정하기 때문이다.

정말 '입법부 차원'에서 공직 후보를 추천할 수 있도록 제도를 정비하는 것이 필요하다. 이를 위해서는 먼저 국회에 이런 공직에 적합한 인물을 물색하고 검증할 수 있는 기구를 만드는 것을 생각해볼 수 있다. 상설 기구를 둘 필요가 없다면 그때그때 여야 합의로 기구를 설치할 수도 있다. 추천 몫을 가진 정당이 후보를 추천해도 그런 기구에서 검증을 거쳐 적정한 인물을 최종 후보로 결정한다면 그야말로 민주당이 2014년 2월에 냈던 법안의 기본 정신인 "방통위의 정치적 편향성을 방지하고 전문성을 제고"할 수 있을 것이다.

방통위 운영의 문제도 있다. 지금까지 운영 실태를 보면 위원 5명의 합의제 행정기관이라고 하면서도 사무처에 대한 지휘 권한을 위원장이 단독으로 갖는 등 마치 독임제 행정기관처럼 전횡할 수 있다는 것을 보여주었다. 방통위 직원에 대한 인사를 비롯해서 위원회의 행정 사무는 위원장이 사무처를 지휘해서 처리한다. 사무처장이 있지만 정식 직제도 아니다. 법에는 사무조직만 둘 수 있게 되어 있어서, 사실상 사무조직 전체가 위원장 1인의 지휘에 맡겨진 것이다. 다른 위원들은 상정된 안건 심사를 위해 열리는 위원회에서 찬반 논의와 표결에 참여하는 역할만 수행한다. 실질적인 합의제 정신을 살리려면 사무조직을 위원장이 단독으로 지휘하는 지금의 방식은 바꿀 필요가 있다. 부위원장이나 위원 중에서 한 사람이 사무처장을 겸임해 위원들 사이에 전반적인 견제와 균형을 추구할 수도 있다.

의사결정 방식도 명확하게 해야 한다. 앞에서도 말했듯이 방통위는 2023년 들어 희한한 의사결정 방식을 보여주었다. 전체 위원 5명 가운데 2명의 결원이 발생해 여야 2 대 1인 상태에서 TV 수신료 통합징수 폐지 방안을 밀어붙인 것은 물론 대통령 지명 못 인 위원 2명만 있는 상태에서도 위원회를 열어 방문진과 EBS 이사 선임 등 다양한 안건을 처리하기도 했다. 과연 재적 위원이 정원의 절반도 안 되는 상황에서 위원회 소집과 의결을 해도 되는지 제대로 검토가 필요하다. 더구나 이동관 위원장 임명 전날은 물론 갑작스런 사퇴 이후로도 방통위가 1인 체제가 되는 날도 생겼다.

이런 일이 벌어진 것은 방통위법에 몇 명의 위원이 있어야 위원회를 운영할 수 있는지에 관한 규정이 없기 때문이다. 지금 같은 상태라면 대통령이 지명하는 위원장과 부위원장만 두고 독임제인 일반 부처의 장관과 차관처럼 운영할 수도 있다. 어떤 안건이든 단순 과반수로만 결정하는 부분도 고칠 필요가 있다. 인사에 관한 사항에 특별다수제를 도입하는 것만으로도 많은 정치적 갈등을 해소할 수 있다.[142] 헌법재판소처럼 일정한 안건에 대해서는 단순 과반수가 아니라 일정한 수 이상의 위원이 찬성하도록 하는 방식을 생각해볼 수 있다. 그럼 2023년에 목격한 것과 같은 비정상적인 방통위 운영을 막을 수도 있다.

| 방통심의위 구성 방식, 근본적 개편해야

방송의 내용적 공공성과 공정성을 심사한다는 방송통신심의위원 추천 제도도 문제가 있다. 대통령이 3명, 국회가 6명을 정하는 지금의 방식은 얼핏 보면 국민의 대표성을 높이는 매우 좋은 방법처

럼 보이기도 한다. 하지만 국회가 6명을 국회의장과 각 교섭단체 대표들이 3명, 소관 상임위원장과 교섭단체 간사들이 3명을 나눠서 추천하는 방식은 실제로는 자리 나눠먹기에 그칠 가능성이 크다. 추천권을 행사하는 사람들이 학연이나 지연 등에 따라 사람을 추천한다는 지적을 받기도 했고, 관련 분야에서 물의를 빚었던 사람이 추천되기도 했다. 헌법상 방송의 내용 심의를 공권력이 맡는 것은 문제가 있다는 점 때문에 민간 기구인 것처럼 만들어 놓을 정도로 독립성을 강조하면서 정작 그 기관을 온통 정치권이 각자 알아서 추천한 사람들로 채우는 것이 어떻게 가능한지 이해하기 어렵다.

지금의 인선 구조는 대선에서 지더라도 차관급 대우를 받는 상임위원 한 자리를 포함해 적어도 2명 이상의 심의위원 자리를 확보할 수 있도록 보장한다. 선거 결과와 무관하게 불리한 방송에 대해 심의 과정에서 전투를 벌일 수 있는 대리인을 파견할 수 있다는 점에서 어느 쪽이든 안심이 될지는 모르겠다. 더구나 심의위원이 되기 위해 어떤 자격이 필요한지도 규정이 없다. 방통위원의 경우와 비슷한 결격사유만 두고 있다. 그야말로 마음에 드는 사람을 사실상 아무나 투입할 수 있는 것이다.

정작 여야가 대표 선수들을 방통심의위에 파견하도록 해놓고는 다른 한편으로는 심의위의 독립성, 심의위원에 대한 지시나 간섭 금지, 신분보장 등의 내용은 법률에 명시해 놓았다. 정치적 선임을 제도화해 놓고는 동시에 지켜지지도 않을 독립성에 관한 규정을 두는 모순적 태도를 보이는 것이다. 방통심의위의 독특한 위상과 업무의 중요성 등을 생각하면 지금과 같은 구성 방식은 애초에 정치 심의라는 논란이 생길 불씨를 안고 있는 셈이다.

여야 대리전을 제도화해 놓은 방통심의위 구성 방식은 매우 시급하게 정상화가 필요하다. 특히 위에서 방통위와 관련해 언급한 것처럼 심의위원에 대한 결격사유를 확대해 정파적이고 전문성이 부족한 인사들을 걸러냄으로써 방통심의위를 정파적 심의 논란으로부터 구제하는 것부터 시작해야 한다. 또 방통위원 추천에서 언급했던 것처럼 국회 추천 몫을 그대로 여야가 나눠서 각자 알아서 추천하는 것이 아니라 국회 차원의 검증 시스템을 통하게 하는 것도 지금 같은 상황을 개선하는 데 도움이 될 것이다.

지금까지 많은 사람이 방통심의위의 문제를 지적했는데도 개선책에 대한 논의조차 제대로 이루어지지 않는 것은 지금의 구조에 정치권이 만족하고 있기 때문이라고 할 수밖에 없다. 이 문제에 대한 개선 방향은 이미 2012년 언론과 미디어 정책 전반을 연구한 결과로도 제시된 적이 있다.[143] 그런데도 문제인 정부 5년 동안 이 문제는 전혀 거론도 되지 않았다. 왜 그랬을까? 이런 정파적 체제에 정치권과 그 주변에 있는 사람들 모두가 바꿀 필요를 느끼지 못했기 때문이다. 그런데도 정권이 바뀌면 금방 정치 심의가 문제라는 얘기가 나온다. 구조를 고칠 생각은 하지도 않으면서 결과만 놓고 논란을 벌인다. 지금의 구조를 그대로 두는 것은 정파적 언론 생태계를 국가 제도를 통해 고착화하는 것이라고 할 수밖에 없다.

실제로 문재인 대통령이 임명했던 정연주 방통심의위원장도

'정치 심의' 논란과 관련해 "방통심의위원 추천의 구조적 문제와 최근 폭증하는 정당 민원 때문"이라고 밝힌 적이 있다.[144] 방통심의위가 안고 있는 구조적인 정파성 문제를 솔직하게 인정한 것이다. 심의위원들을 추천한 정당들이 자신들이 불편한 언론 보도에 대해 무더기로 민원을 제기하는데, 위원들이 압박을 받지 않을 수 있을까? 여기서도 그런 문제가 있다면 문재인 정부 때는 왜 고치려는 시도조차 하지 않았느냐는 지적이 가능하지만, 그렇다고 문제가 있는 구조를 지켜야 할 이유가 되지는 않는다.

사실 문재인 대통령의 측근으로 널리 알려진 정연주의 위원장 임명부터가 정파성 논란의 대상이었다. 윤석열 대통령은 2023년 8월, 임기를 1년 가까이 남겨놓은 정 위원장을 해촉하고 후임에 보수적 언론 단체인 미디어연대의 류희림 공동대표를 위촉했다. 정치 심의 논란을 벗어나지 못하고 있는 방통심의위의 구조를 고치려는 생각이 없는 것은 윤석열 정부도 마찬가지라는 것을 잘 보여준다.

| '공영방송 장악론'을 끝낼 지배구조 만들어야

정권이 바뀔 때마다 공영방송 사장 교체를 위해 감독기구인 KBS 이사회와 방송문화진흥회 이사진을 교체하느라 활극이 벌어지는 것을 막을 방법은 없을까? 이명박, 박근혜 정부를 거치면서 한국 사회에서는 공영방송의 공정성, 독립성을 확보하기 위한 지배구조 개편을 위한 논의가 상당히 심도 있게 진행되었다. 이때 나왔

던 방안들의 핵심은 어떤 정권이 들어서든 공영방송의 기본적인 가치를 뒤흔들 수 있는 정치적 인물이나 자질이 부족한 사람이 사장이 되는 것만은 막자는 것이었다. 대표적으로 사장 선임은 이사회에서 단순 과반수가 아닌 3분의 2 찬성 등 특별다수제를 통해 의결하도록 하자는 주장이 2012년에 이미 여러 언론 관련 전문가들의 논의를 통해 제시되기도 했다.[145]

당시 제시됐던 안들 가운데는 KBS 이사회, MBC 방문진 이사회, EBS 이사회 등의 이사 수를 11명으로 통일하고, 3분의 2나 4분의 3의 특별다수제를 도입함으로써 어느 한쪽의 독주를 막는 방안이 있다. 또 이사를 선임하는 방법이나 대표성 등의 근거도 분명하게 마련하는 것이 필요하다는 의견도 있었다. 지금은 사실상 아무런 제한 없이 마음에 드는 사람을 이사로 임명할 수 있다. 방송법에는 KBS 이사의 자격으로 "각 분야의 대표성을 고려하여 방통위에서 추천하고 대통령이 임명한다"고만 되어 있다. 방송문화진흥회법도 "이사는 방송에 관한 전문성 및 사회 각 분야의 대표성을 고려하여 방통위원회가 임명한다"고 규정하고 있다. 교육방송은 교육부 장관이 추천하는 사람과 교육 관련 단체가 추천하는 사람을 각 1명씩 포함해야 한다는 것을 제외하고는 아무런 제한 없이 방통위가 임명하도록 하고 있다. 사실 '대표성을 고려한다'는 말은 아무 의미 없는 장식에 불과하다.

정권이 바뀔 때마다 공영방송 이사진 교체를 놓고 온갖 편법을 동원한 소동이 벌어지는 현실을 보면 특별다수제와 같은 장치를 도입해 일방적인 의사결정이 불가능하게 만드는 것은 매우 중요하다. 또 전반적으로 이사들의 전문성과 자질을 높이는 것도 필요하다. 어느 정권이든, 온갖 정파적 주장을 일삼던 사람을 공정성과 공익성이 중요한 공영방송 이사진으로 임명하는 것을 주저하지 않기 때문이다. 방송의 공정성, 공익성, 독립성을 지키는 것과는 거리가 먼 사람을 배제할 수 있는 제도가 있어야 하는 이유다.

지금처럼 방통위가 사실상 단독으로, 관행에 따라 여야의 '몫'을 배분해서 이사를 정하는 방식도 근본적으로 바꿔야 한다. 앞에서도 언급했지만 공영방송 이사진 구성에서 흔히 논의되는 여야의 '몫'은 법률을 포함해 어디에도 아무런 명시적 근거가 없다. 전문성 있고 방송의 독립성에 대한 인식이 있는 인물을 책임성 있게 선임하는 대신 여야가 알아서 '나눠먹기'를 하는 편리한 대안을 선택한 것이다. 이를 더 이상 유지할 아무런 이유가 없다.

이것 말고도 다양한 개선책을 강구할 수 있다. 전체 11명의 이사를 지역 대표성과 방송 전문성, 소비자 보호활동, 관련 분야 연구 등의 항목으로 할당해서 최소한의 다양성이 확보되도록 하는 방안도 추진해볼 수 있다. 필요하다면 이사의 수를 다소 늘릴 수도 있다. 사실 제대로 대표성을 감안한 이사회 구성 방안을 도입하려면 이사 수를 어느 정도 늘리는 것이 불가피하다. 이 때문에 독일처럼 이사를 대폭 늘려서 다양한 영역을 대표하는 사람들로 구성하는 방안이 제시되기도 했다.[146] 대신에 이사회 안에 방송사에 대한 구체적인 감독을 위한 소위원회를 만들고 부문별로 상임이사를 두는 것도 생각해볼 수 있다. 물론 이런 것조차 불필요한 자리를 만들어 나눠먹기의 대상을 늘리는 결과를 낳지 않도록 매우 신중할 필요가 있다. 워낙 방송과 언론 관련 '자리'들이 정치적 후견주의를 작동시키는 연료 역할을 하는 경향이 있기 때문이다.

| 언론 관련 기관에 정파성 배제 원칙 세워야

정치 논리와는 아무 상관이 없어야 할 한국언론진흥재단 같은 언론 관련 공공기관이 정권이 바뀔 때마다 흔들리는 이유는 간단하다. 정부가 재단을 언론에 대한 관리나 통제 기구로 생각하고, 또 그런 관리나 통제가 가능한 구조이기 때문이다. 정부 광고 집행을 언론재단이 독점 대행하고, 공적으로 조성된 기금으로 기획 취재 등에 지원금을 나눠주고, 언론인 해외연수를 비롯한 각종 교육 프로그램을 운영하는 등 언론사와 언론인에게 영향을 미칠 수단이 적지 않다.

2023년 4월 대통령의 일본 방문 행사 관련해서 발생한 오보를 이유로 언론재단이 해외연수 대상으로 선발했던 KBS 기자의 연수를 취소한 것은 얼마나 언론재단이 정파성에 휘둘릴 수 있는지, 그리고 왜 언론재단에 독립성이 필요한지를 보여주는 사례이다.[147] 언론재단은 언론과 관련한 가장 많은 연구 프로젝트를 운영하면서 언론학계에도 적지 않은 영향을 미친다. 신문윤리위원회나 인터넷신문위원회, 한국기자협회 등 언론 관련 기관이나 단체 활동을 재정적으로 지원하는 역할도 한다. 이런 지원은 이들 기관과 단체에 대한 영향력으로 연결되기 십상이다. 공적으로 조성된 자금을 집행하는 업무가 언론계 전반에 영향을 미칠 수 있는 사실상의 권력으로 작용할 수 있는 것이다.

지금까지 가장 큰 문제로 지적된 것은 언론재단 이사장 등 경영진을 선정하는 방식이 투명하지 않을 뿐만 아니라 대선 캠프에서 활동하거나 정권과 가까운 사람을 임명한다는 것이다. 방통위원장 직무대행을 하며 여러 민감한 사안들의 처리를 주도했던 김효재가 퇴직하자마자 공모 절차를 거쳐 이사장 단독후보가 되는 과정은 현재 언론재단 이사장 선임 방식의 한계를 명확하게 보여준다. 방통위원장 직무대리를 하고 있을 때부터 언론재단 이사장 내정설이 퍼졌는데, 결국 그것이 사실로 드러난 것도 문제다. 2023년 8월, 새 정부가 임명한 상임이사들이 전임 정부 때 임명된 이사장을 해임하는 일종의 쿠데타를 하려다 비상임이사들의 반대로 실패한 것은 언론재단이 얼마나 정치 바람을 탈 수 있는지를 보여주는 사례다. 이사장은 물론 상임이사 선임 과정을 투명하게 만들어 재단 운영이 외풍에 시달리지 않도록 만드는 것이 더욱 중요해졌다.

이를 위해서는 신문법의 언론재단 관련 조항에 이사장과 상임이사의 자격 기준과 결격 사유를 도입해야 한다. 지금은 이사장을 문체부 장관이 임면하고 상임이사는 이사회 추천을 받은 사람을 이사장이 문체부 장관의 승인을 받아 임면한다는 내용이 있을 뿐이다. 언론 전반에 영향을 미칠 수 있는 중요한 역할을 하는 기관인데도 경영진 구성에 대한 자격 기준이 마련돼 있지도 않다는 것은 문제다. 언론재단이 제 역할을 안정적으로 하려면 재단을 정치권과 연결하는 통로가 되는, 정치적 인사들이 재단에 진입하는 것을 막는 방안이 필요하다. 언론재단의 이사장과 상임이사 세 자리가 대선 전리품으로 전락하는 것을 막아야 하는 것이다.

구체적으로는 언론 전반에 미치는 재단의 영향력을 감안해 방통위원이나 방통심의위원과 같은 수준으로 전문성을 확보하면서 동시에 정파성 시비를 차단할 수 있는 기준을 도입해야 한다. 방통위원이나 방통심의위원과 같은 수준의 결격사유를 도입하고 자격 요건을 구체적으로 명시하는 방안을 생각해볼 수 있다.

특히 임원 추천 과정의 공정성을 위해서는 정관 규정도 보완해야 한다.[148] 이사장 추천의 경우도 이사회가 단순히 3배수에서 5배수를 우선순위 없이 문체부 장관에게 추천한 뒤 장관이 임의로 이사장을 임명하는 방식은 재고가 필요하다. 더구나 김효재 이사장을 임명하는 과정에서는 지원자가 두 명에 불과했고 그나마 한 명이 사퇴해버려 단독 후보가 됐는데도 재공모를 해서 최소한 3배수를 추천하려는 노력조차 하지 않았다. 선임 절차가 엄격히 지켜지지 않은 셈이다. 상임이사 임명 방식도 마찬가지다. 현재의 규정으로는 투명성이나 공정성을 기한다는 것이 불가능하다. 언론에 미치는 영향력이 매우 큰 법정 공공기관의 경영진 구성이라면 단순 공모 방식보다 임원추천위원회를 공개적으로 구성해 전문성과 독립성 등을 감안해서 경영진을 선임하도록 하는 방안도 생각할 수 있다.

언론중재위원회와 관련한 문제도 있다. 자율규제를 통하는 것을 제외하고 언론 관련 분쟁을 해결하려면 원칙적으로 행정적 절차보다는 사법적 절차를 통하는 것이 맞다. 기본적으로 행정 권력이 언론의 내용에 개입하는 것은 언론자유라는 헌법적 원칙에 맞지 않기 때문이다. 그런 면에서 언론중재위를 문체부라는 행정부처의 산하 조직으로 두는 것은 재고할 필요가 있다. 언론분쟁을 해결하는 사실상 준사법적 기능을 수행하는 기관의 구성을 행정권력이 전적으로 관장하는 것 자체가 정파성 논란을 야기할 수 있기 때문이다.

2023년 대선 캠프에서 활동한 사람들이 대거 언론중재위원으로 선임되면서 정파성 시비가 빚어진 것도 주목할 필요가 있다.[149] 물론 대선캠프 자문위원 등이 언론중재위원으로 가는 경우는 이전 정부에서도 종종 있었다. 전직 언론인들 사이에는 언론중재위원을 하려면 대선 캠프에 가서 뭐라도 해야 한다는 말이 돌 정도였다. 이 문제 또한 이전 정부에서도 있었다는 이유로 그냥 방치할 일은 아니다. 전문성 문제는 제쳐 두더라도, 정치권에 관한 언론 보도가 수시로 언론중재위에 제소되는 상황에서 정치권과 줄이 닿아 있는 이들이 위원으로 참여하는 언론분쟁 처리 과정을 신뢰할 수 있을지 의문이다.

정치와의 관계 재정립을 위해
언론인이 해야 할 것들

| 언론인의 정치권 진출에 관한 공동 원칙 세워야

정치권이 언론인을 영입하는 이유는 여러 가지가 있겠지만 언론 활동을 통해 형성된 이미지나 개인적인 역량 등을 필요로 하기 때문일 것이다. 가능하면 현직에 있는 사람이나, 현직을 그만둔 지 오래되지 않은 사람을 영입하는 경우가 많은 것도 그런 이유에서일 것이다. 정치권은 이런 것이 언론윤리에 위반되거나, 적어도 논란이 된다는 것은 아예 무시한다. 권력 중심부에 있는 사람들은 '언론인은 부르면 언제든 온다'는 식으로 생각하는 경우가 많다. 이것은 사실 언론과 언론인 집단을 무시하는 것이기도 하다. 얼마든지 필요에 따라 데려다 쓸 수 있는 것이 언론인이라고 생각한다고 봐도 지나치지 않다. 안타까운 점은 실제로 그것이 현실이라는 점이다.

이 문제를 해결하겠다고 '왜 윤리 규정에 위반되는 방식으로 언론인을 데려가느냐'고 정치권에 항의할 일은 아니다. 또 자신의 목적을 위해 자신이 몸담았던 언론계 전체, 특히 소속사와 동료들에게 부담을 떠넘기고 떠나는 전직 언론인을 비판해본들 지금과 같이 언론사별로 기준도 제각각이고 마땅한 제재 수단도 없는 상황에서는 별 의미가 없다. 언론인들의 잦은, 그리고 무원칙한 정치권 진출로 언론계 전체가 정치화되는 상황을 막기 위해서는 뭔가 언론계 차원의 대책이 필요하다.

먼저 언론계 차원에서 언론인의 정치권 진출에 관한 공동의 원칙을 세우는 것이 필요하다. 너무 느슨한 규제도 문제지만 과도하거나 지키기 어려운 제한을 하는 것도 도움이 안 된다. 아무리 언론인이라도 헌법상의 기본권을 본질적으로 침해하는 것은 곤란하다. 너무 엄격한 기준이어서 현실적으로 지키기가 어렵게 되면 역시 아무 의미가 없다. 공동의 원칙이 필요하다는 것은 언론사마다 너무 제각각이어서 어떤 것이 위반인지, 왜 비난 가능성이 있는지가 혼란스러우면 설득력이 떨어지기 때문이다. 언론인도 마찬가지지만 정치권을 비롯해서 일반인도 쉽게 이해할 수 있는 기준을 제시하는 것이 좋다.

그런 의미에서 여러 언론 단체들이 언론인의 정계 진출에 대한 공동 기준을 만드는 것이 현실적이다. 한국기자협회, 방송기자연합회, 한국인터넷기자협회, 한국신문방송편집인협회, 한국신문협회, 한국방송협회, 한국인터넷신문협회, 한국여성기자협회, 한국PD연합회, 전국언론노조 등 여러 현업 언론인 단체와 사용자 단체들이 함께 참여하는 것이 좋겠다. 다만 공동 기준인만큼 '절대로 어기면 안 된다'고 생각하는 최소한의 기준을 제시하는 것이다. 예를 들어 방송 프로그램 진행을 하거나 정치 관련 보도와 논평에 종사하던 사람은 최소한 해당 업무를 그만둔 지 6개월, 그 밖에 보도에 종사하던 사람은 현직을 떠난 지 3개월이 지나지 않으면 선출직 출마는 물론 선거 캠프, 임명직 공직으로 가지 못하도록 하는 정도가 합리적일 수 있다. 대기업 진출의 경우도 유사한 방식으로 기준을 만들 수 있을 것이다.

언론계가 공동으로 이런 원칙을 정하는 것은 정치권을 비롯한 모든 사람이 이 원칙을 위반하는 것이 언론윤리 위반이라는 것을 쉽게 인식할 수 있도록 만들 수 있다. 언론인을 영입하려는 사람도 당연히 이런 기준을 위반하면 비난을 받을 것이라는 점을 인식할 것이고, 옮기려는 사람도 마찬가지다. 양쪽 당사자 모두 조심할 가능성이 높아진다. 그리고 이런 원칙을 위반하면 분명한 기록을 남기고 위반 사실 발표 등을 통해 언론인 사회에 알리는 것도 필요하다. 소속 언론사에서 사직하면 규정 위반에 대한 징계가 쉽지 않다는 점에서 이런 언론계 전체 공지는 일종의 '공개 질책'의 효과를 가질 수 있다. 그런 의미에서 이 공동 기준에 참여하는 단체의 소속사들 차원에서 이런 위반 사항이 발생할 경우 각자의 매체를 통해 위반 사실과 이것이 윤리 기준을 위반한 것이라는 점을 보도하는 것도 필요하다.

마지막으로 한번 이런 공동의 기준을 위반하고 정계로 갔던 사람은 이 공동 기준에 참여한 단체의 소속사들이 일정 기간 채용하지 않겠다고 선언하는 것도 필요하다. 직업 선택의 자유를 제한한다는 반론이 가능하겠지만 윤리적 차원에서 각자 일정한 기준을 지키는 것은 얼마든지 가능하기 때문이다. 정치권 또는 그 주변과 언론계를 왔다갔다 하면서 언론과 정치권 사이의 경계를 모호하게 만드는 데 기여한 몇몇 언론인이 있다. 실제로 여기에 해당하는 사람은 극히 소수에 불과하더라도 언론인 사회 전체에 매우 좋지 않은 영향을 미치는 것은 분명하다.

  정파성에 대한 방화벽을 조금이라도 높이려는 시도는 이것 말고도 여러 가지가 가능할 것이다. 하지만 지금 제시한 이런 정도만 실천에 옮기더라도 무리하게 6개월, 3개월 기준을 위반해서 언론인을 데려가려는 시도를 정치권이 자제할 것이다. 또 언론계와 정치권을 한집처럼 오가던 이들의 행동에도 어느 정도 제동이 걸릴 수 있다. 이처럼 언론이 이 문제를 진지하게 다루고 있다는 점을 언론 소비자들이 인식한다면 언론 보도를 특정 진영에 대한 유불리를 기준으로 편가르기 하는 문화도 조금은 완화될 수 있을 것이다. 이런 것이야말로 조금씩 조금씩 신뢰를 쌓아 나가야 하는 문제다.

| 언론인의 SNS 활동 등에서 정치성 배제해야

한국 언론계의 SNS 활동에 대한 유별난 관대함에 대해서는 앞에서 자세하게 살펴보았다. 이 문제를 어떻게든 고치지 않으면 언론계 전반에 퍼진 언론의 정파성 문제를 해결하기는 어렵다. 2023년 8월 정진석 국민의힘 의원에 대한 명예훼손 판결을 놓고 담당 판사의 SNS나 블로그 글이 논란이 되었다. 판사가 평소에 한 정치적 발언으로 볼 때 판결을 공정하다고 보기 어렵다는 기사들이 많았다. 법원에 대해서는 그런 판단 기준을 적용하면서 왜 자신들에 대해서는 관대한 생각을 갖고 있을까? 대법원은 결국 이 판사의 언동에 대한 조사에 착수했다. 그럼 지금도 정치적 소신을 SNS

에 쏟아내고 있는 언론인들은 어떻게 해야 할까?

물론 그 판사에 관한 기사를 쓴 기자들은 SNS 활동을 그런 식으로 하지 않았을 수 있다. 하지만 어떤 언론인이 정치적인 글을 올리면 언론계 전체가 정치로부터 자유롭지 않다는 오해를 받기 십상이다. 각자 자기 양심에 비추어 공정한 것도 중요하지만 현실에서는 '외형적으로 공정해 보이는 것'이 더 중요할 수도 있다. 사람의 마음속은 확인할 방법이 없기 때문이다. 일부 언론인이 SNS를 통해 강한 정치적 발언을 하는 것은 전체 언론계에 대한 사회적 인식에 영향을 미칠 수밖에 없다.

이런 문제 해결을 위해서는 언론인들의 SNS 활동에 대한 언론계 차원의 최소 기준을 설정하는 것이 필요하다. 여기에는 방송기자연합회가 만든 SNS 관련 규정을 참고할 수 있다.[150] 그렇게 공동의 기준이 확실하게 제시되면 적어도 한국에서 언론인이라고 하면 저렇게 함부로 SNS에 글을 올리는 짓은 하면 안 되겠다는 생각을 갖게 될 가능성이 높아진다. 언론 소비자들도 그것이 언론인으로서의 기본 자세에 비추어 문제라는 점을 인식하게 되면 함부로 언론인들이 올린 정치적인 SNS 글에 '사이다 발언'이라며 박수를 치지 않을 것이기 때문이다.

언론사가 선거에서 특정 후보에 대한 지지 의사를 밝히기도 하는 미국 언론도 기자들이 정치 성향을 드러내는 것은 엄격하게 제한한다. 미국의 대표적인 언론인 단체인 기자협회(SPJ)는 언론의 중립성을 위해 언론인이 공직에 출마하는 것도 반대한다.[151] 비록 미국의 언론인들이 신주처럼 모시는 수정헌법 1조에도 불구하고 언론인의 정치 활동은 윤리적으로 옳지 않다고 명확하게 밝힌다.

실제로 'Endorsement'라고 불리는 지지 선언은 어디까지나 사설이나 칼럼 등이 실리는 의견 면에 한정된다. 한국에서는 젊은 기자들도 칼럼을 쓰고, 어떤 지면이든 의견이 넘쳐난다. 방송 뉴스를 봐도 기자들이 준엄한 표정으로 누군가를 꾸짖는 일이 흔하다. 물론 회사마다 차이가 크기는 하지만 전반적으로 기자가 보도 과정에서 자신의 의견을 드러내는 것을 너무 쉽게 생각하는 문화가 형성돼 있다. 공정하다고 인정받고 싶은 언론인이라면 어떤 정치적 경향성도 드러내지 않아야 한다는 미국 기자협회의 태도가 정파성 과잉에 시달리는 지금의 한국 언론에 정말 필요하다.

| 언론인 전체 규율하는 자율규제기구가 필요하다

한국 언론의 다양한 문제를 해결하는 방법으로 징벌적 손해배상제가 필요하다는 사람들이 있다. 정말 나쁜 보도를 하면 실제 손해액의 몇 배에 달하는 손해배상을 하도록 해서 철퇴를 내려야 한다는 것이다. 그런 강력한 제재가 겁이 나서라도 언론이 신중한 보도를 할 것이라는 주장이다. 실제로 민주당과 문재인 정부가 2021년 징벌적 손해배상제 입법을 추진하다 좌절한 적이 있다.

하지만 보수 진영 내에도 언론을 그런 방식으로 손보고 싶어하는 사람들이 있다. 언론계의 반발에도 불구하고 윤석열 대통령이 방통위원장으로 임명했던 이동관도 그런 사람 중의 하나다. 언론학계에도 민주당과 같은 시각에서 언론에 대한 강력한 규제를 주창하는 학자들이 제법 있다. 이들이 지난 2021년에 실패한 언론에 대한 징벌적 손해배상제 도입을 위해 윤석열 정부와 힘을 합칠까?

하지만 이런 방법은 안 그래도 언론에 대한 다양한 행정적 규제가 넘쳐나는 상황에서 마음에 들지 않는 언론을 손보는 수단으로 전락할 위험성이 너무 크다. 언론에 대한 다양하고 중첩적인 규제 체제를 단순화할 필요가 있다. 언론 분쟁이 많이 생긴다고 언론중재위를 계속 확대하는 것이 옳은 해법이라고 보기도 어렵다. 오히려 언론 분쟁이 발생할 가능성을 줄이는 방법을 강구하는 것이 뉴스 소비자의 권익에 더 부합한다.

언론 분쟁이 발생하는 것을 줄이기 위해서는 언론계 전체가 지켜야 할 윤리 규범을 공동으로 제정하고 이를 교육하며, 위반하면 신속하게 조치를 취하는 것이 필요하다. 이를 위해서는 이런 공동의 윤리 규범에 관한 사항을 종합적으로 관장하는 자율규제기구가 있어야 한다. 자율규제 논의는 지난 2021년 민주당이 징벌적 손해배상제를 도입하려고 할 때 반짝 열이 올랐다가 법안 추진이 동력을 잃자 곧바로 기약 없이 사라져버렸다.[152] 이렇게 자율규제기구 논의를 징벌적 손해배상제를 막기 위한 방패로 사용하는 것은 과연 언론인들에 의해 자율규제가 제대로 작동할 수 있을지 의구심을 불러일으킨다. 징벌적 손해배상제 도입과 같은 공적 규제 강화 대신 언론계의 자율규제로 문제를 풀어야 한다는 주장에 대한 기본적인 신뢰마저 훼손할 수 있다.

자율규제기구가 제대로 운영되기 위해서는 먼저 언론계가 공동으로 합의한 윤리 기준이 있어야 한다. 이것만은 반드시 실천한 다는 언론계 차원의 합의가 있어야 한다는 말이다. 또한 언론사들이 이 기구를 통해 분쟁이 제기되면 원칙에 따라 신속하고 적극적으로 해결하려는 자세가 필요하다. 자율규제기구는 독립성을 갖고 오로지 전문성에 기초해 언론의 공적 책무를 다하기 위한 활동을 할 수 있도록 보장해야 한다. 특히 자율규제기구는 분쟁 사례들이 언론 현장의 실질적인 지침이 될 수 있도록 원칙에 기초해 분쟁을 해결하고, 기구에 참여하는 언론사 소속 언론인을 대상으로 상시적인 교육을 하는 것이 중요하다. 이렇게 되면 장기적으로 언론의 잘못된 보도를 막는 것은 물론 불필요한 언론 분쟁이 발생하는 것을 예방할 수도 있다.

사실 중심 보도로
자극적·대립적 보도 악순환 끊어야

| 자극적·대립적 보도만 자제해도 정파성 크게 완화할 수 있어

언론이 보도 과정에서 정파성을 벗어나는 매우 현실적이고 간단한 방법이 있다. 자극적이고 대립적인 보도를 자제하는 것이다. 대신 사실을 기반으로 보도하는 것이다. 언론이 어느 정도 정파적

인 것은 불가피한 측면이 있다. 하지만 그것이 용인될 수 있는 것은 정말 '어느 정도'에 그칠 때뿐이다. 보도물에 감정을 잔뜩 실어서, 비판이 아닌 비난을 하고 있다면 이 보도는 상대를 공격하려는 의도를 갖고 있다고 보아도 된다.

비판과 비난을 구분하는 방법은 비교적 간단하다. 문제나 쟁점이 되는 사안에서 객관적 사실을 드러내어 뉴스 소비자의 평가에 맡기는 것이라면 비판의 범위 안에 있다. 하지만 기자나 제작자가 이미 판단을 내리고는 모욕적, 모멸적 표현으로 보도 대상을 깎아내리고 있다면 그것은 비난일 가능성이 크다. 상대를 조롱하거나 저주하는 식의 표현을 사용하는 것도 마찬가지다. 기사의 본문만이 아니라 제목, 이미지 등을 통해서도 비난의 단서는 쉽게 드러난다. 정치적으로 대립하는 사안에서 특정 진영의 '프레임'에 해당하는 표현을 제목 등에 그대로 사용하는 것도 여기에 해당한다. 그래서 대체로 이런 기사는 제목만 봐도 무슨 주장을 할지 쉽게 알 수 있다.

언론의 기본적인 목적은 공적 관심사에 관한 사실을 사회 구성원들에게 알려주는 것이다. 그런 관심사에는 어떤 사람의 잘못에 관한 것도 있고, 부도덕하고 불공정한 행위도 있다. 그런 사실의 공개로 인해 당사자가 피해를 보는 것은 그들이 자초한 일이니 어쩔 수 없다. 하지만 그들이 잘못한 것을 드러내는 것 이상의 인격적 모멸감을 강요하는 것은 다른 문제다. 언론은 그런 사회적 처벌을 하는 기관은 아니다. 자신이 저지른 잘못이 드러남으로써 불가피하게 입는 피해는 당사자의 몫이다. 언론이 그 대상을 감정적으로 비난하고 깎아내리는 것은 다른 문제다. 이것은 보도에 필수적인 부분도 아니다. '피해 최소화'라는 윤리 원칙에 비추어도 감정적 공격은 공익성이라는 선을 넘는 것이다.

일부 방송 보도, 그리고 더 많은 신문 기사들에서 감정적 표현을 어렵지 않게 발견할 수 있다. 언론인 가운데는 이렇게 감정을 잔뜩 드러낸 보도를 '관점을 가진 보도'로 오해하기도 한다. 하지만 관점을 갖는다는 것이 상대를 감정적으로 공격하는 것을 뜻한다면 곤란한 일이다. 관점은 보도할 사안을 발굴하는 데 활용해야지 아예 기사 방향과 결론까지 이미 관점에 따라 결정해놓았다면 그것은 사실 보도가 아니다.

앞에서 언론인의 SNS 사용의 문제를 언급했지만, 개인들의 SNS 게시물을 보는 것 같은 기사도 있다. 사람들은 그런 보도에서 어디까지가 검증을 거친 사실이고 어디부터가 평가나 공격에 해당하는지 구분하기 어렵다. 감정적 표현에 속이 시원하다는 사람도 있겠지만 아예 그런 기사를 보는 것조차 거북하게 생각하는 사람도 있기 마련이다. 생각이 다른 사람들은 제목이나 일부 표현만 보고 바로 고개를 돌렸을 가능성이 높다. 그래서는 사회적인 정보 전달이라는 언론의 공적 기능을 수행할 수가 없다.

한국의 많은 언론은 사실을 보도하기에 앞서서 자신들의 단정적 판단과 의견을 앞세우는 것을 너무 쉽게 생각한다. 똑같은 논평이라도 어떻게 하면 더 자극적으로 쓸지 경쟁하는 것 같다. 이런 행태가 계속되는 한 그들의 보도는 그 자체로 정파적으로 소비될 수밖에 없다. 한쪽의 열렬한 지지를 끌어내기 위해 다른 쪽은 이미 배제해버린 셈이다. 물론 그 한쪽만 선택하는 것이 그 매체가 상업적으로 성공하는 길은 될 수 있겠지만 그런 편가르기 때문에 사회 전체가 중병이 든다.

 인터넷을 통한 기사 소비가 많고, 동영상도 자꾸 유튜브를 통한 유통을 먼저 생각하니 인터넷에서 클릭을 유도하기에 최적화된 제목과 표현들이 언론의 표준이 되는 경향이 있다. 하지만 조회 수를 추구한다고 해서 마을 우물에 독을 푸는 행위를 해서는 안 된다. 제목을 뽑더라도 의미 있는 정보를 중심에 두는 자세가 필요하다. 할 수 없는 것이 아니라 충분한 노력을 기울이지 않는 것이다. 이것은 건강한 뉴스 소비자를 배신하는 행위이기도 하다.

| 가치 추구도 저널리즘 원칙에 따라야

언론의 지나친 정파성에 대한 일부 기자들의 항변 가운데는 언론이 가치 추구를 하는 것은 보장되어야 하지 않느냐는 것이다. 모든 언론이 통신사처럼 무미건조한, 중립적 보도만 할 수는 없다는 주장을 공공연히 하는 기자들도 있다. 진보 언론 기자들의 경우는 특히 이런 주장을 당당하게 한다. 하지만 기본적으로 어떤 훌륭한 가치를 추구하기 위해 정파적 보도를 할 수밖에 없다는 것은 궤변이다.

 이 책의 앞부분에서 언급한 것처럼 언론이 정치나 사회단체와 구분되는 것은 언론은 사실 확인을 중심으로 한 보도를 방법론 삼아 어떤 가치를 추구한다는 점이다. 추구하는 가치가 무엇이든,

언론이라고 부르려면 언론윤리에 기반해서 사실을 기초로 보도를 하는 것이 전제되어야 한다. 그런 방법론을 통해 어떤 가치를 실현한다면 아무 문제가 없다. 그런데 어떤 가치 추구를 위해서는 정파성이 용인되어야 한다면 자신이 믿는 가치를 펼치기 위해 사실과 무관하게 상대를 공격하거나 그 가치에 해당하는 쪽을 부당하게 옹호하는 행위조차 언론 활동으로 인정해야 한다고 주장하는 셈이다.

추구하려는 가치가 공익성을 갖는 것이라면 그 언론사는 얼마든지 그런 가치에 부합하는 기사를 발굴해서 보도하면 된다. 노동의 가치를 추구할 수도 있고, 환경 보호를 기치로 내세울 수도 있다. 하지만 그것이 노동운동이나 환경운동이 아닌 언론 활동이 되기 위해서는 어디까지나 사실에 기초해서, 다양한 의견을 균형 있게 전함으로써 사회 전체의 공익을 최우선에 두는 공정한 자세를 유지해야 한다.

특히 자신이 중요하게 생각하는 바로 그 영역이 공정하고 합리적으로 운영되고 있는지에 대한 감시와 비판도 필수적이다. 노동의 가치를 존중해야 한다고 해서 노동자 단체의 문제는 보도하면 안 된다는 식의 접근을 해서는 안 된다는 말이다. 또 노동운동이 중요하다고 기업 활동을 죄악시하는 접근도 곤란하다. 당연히 사회의 법질서를 중시하거나, 자유로운 기업 활동을 중요하게 생각하는 경우도 마찬가지다. 기본적인 언론으로서의 접근 방법과 자세를 갖추지 않았다면 그 매체는 기관지나 홍보지일 뿐이다.

군부가 쿠데타를 일으켜도 군부를 비판하지 말고 중립적으로 대하라는 거냐는 항변은 그야말로 언론은 무엇인가에 대한 근본적인 질문의 중요성을 보여준다. 군부는 통상 쿠데타를 일으키면 제일 먼저 방송사를 장악하고 신문을 검열한다. 이유는 자신들이 쿠데타를 일으켰다는 사실을 포함해 자신들의 행태를 있는 그대로 언론이 보도하는 것을 두려워하기 때문이다. 언론도 사설 등으로 군부를 비판할 수 있지만 기본적인 역할은 군부의 행태를 있는 그대로 전하고 그에 대한 국민들의 목소리를 생생하게 보도하는 것이다. 이것이 언론이 쿠데타를 일으킨 군부에 협력하지 않고 맞서 싸우는 방식일 것이다.

권력이 숨기고 싶은 사실을 제대로 보도하는 것이야말로 정말 용기가 필요한 언론의 책무라는 것을 잊지 말아야 한다. 특히 사실상 특정한 정치 진영과 보조를 맞춘 언론인이나 지지자들이 이런 말을 하는 것은 주요한 사회적 쟁점을 마치 군사 쿠데타와 같이 흑백이 명백한 극단적 사안으로 이해하고 있음을 보여주는 것이기도 하다. 세상일을 이렇게 선악의 대립으로 이해하는 사람이 많아진 것 자체가 정파적 언론이 우리 사회에 끼친 큰 해악 가운데 하나라고 할 수 있다.

뉴스 리터러시 교육으로
공론장을 살리자

| 건강한 언론 생태계는 건강한 소비자가 만든다

우리는 이 책에서 '언론이 문제'가 아니라 언론을 포함한 '언론 생태계가 문제'라는 점을 살펴보았다. 따라서 이 문제를 푸는 것도 언론사들과 언론인들만이 아니라 언론 생태계를 형성하는 모든 주체들의 노력이 필요하다. 정부를 비롯한 정치권력, 그리고 언론 소비자들의 노력이 필요하다는 말이다.

　위에서 본 것처럼 언론 관련 규제 기관이나 공영방송의 지배구조, 언론 관련 공공기관의 구성 방법 등에서부터 정파성을 최소화하는 것은 정치권과 정부의 책임이다. 지금과 같은 구조는 그대로 놓아두고 각자 자기 입맛에 맞는 사람을 내려보내는 데만 골몰하니 정권이 바뀔 때마다 상대가 임명해 놓은 사람을 쫓아내기 위한 유치한 활극이 벌어지는 것이다. 언론이 제대로 기능할 수 있도록 보호, 육성하려는 생각과는 거리가 먼, 단순히 언론을 자기편으로 만들려는 약탈적 행위일 뿐이다. 정치권이 먼저 언론의 본질적 중요성을 깨닫고 문제를 고쳐보자고 나서기는 기대하기 어렵다.

　결국 이 문제를 제대로 해결하기 위해서는 소비자가 바뀌는 수밖에 없다. 만약 소비자가 언론의 본질적인 기능에 주목하고, 정파적 언론이 아니라 균형 잡힌 언론을 선호한다는 신호를 확실하게 보낸다면 언론은 그런 방향으로 움직이지 않을 수 없다. 지금 포털에 포획된 언론이 제대로 된 질적 경쟁 없이 조회 수 경쟁만 하는 이유는 언론 시장에서 실질적인 품질 경쟁이 이루어지지 않기 때문이다. 가벼운 가십거리를 대충 베껴서 올려도 몇만, 몇십만 조회 수를 쉽게 얻을 수 있는데, 심층 탐사보도를 하면 오히려 몇백에서 몇천 조회 수에 머무는 경우가 허다하기 때문이다.

물론 엄청난 자원을 투입해서 양질의 콘텐츠를 경쟁력 있게 만들어서 언론 시장에서 호평을 받은 사례도 있다. 하지만 비용 대비 성과를 따져보면 어떤 언론사든 손쉽게 올릴 수 있는 눈앞의 성과에 더 매달리기 쉽다. 〈뉴스타파〉처럼 외부 지지자들의 후원금으로 비교적 안정적 수익을 확보하고 있거나 수신료 수입이 있는 KBS 같은 곳에서도 조회 수나 시청률을 무시하지 못하는데 순전히 상업적인 수익으로 운영되는 대부분의 언론사가 이용자 반응에 예민한 것은 어찌 보면 당연한 일이다. 똑같은 콘텐츠라도 제목이나 동영상 소개 이미지의 제목에 자극적 표현을 조금 넣는 것만으로도 반응이 크게 달라진다는 것을 잘 알고 있기 때문이다.

정파적인 유튜버들에게 거액의 후원금이 쏟아지는 것을 보면 한국의 뉴스 소비자들은 지금 언론 시장의 정파성을 강화하는 핵심 동력이라고 볼 수도 있다. 이것은 거꾸로, 뉴스 소비자들이 바뀌면 언론 시장의 흐름을 바꿀 수 있다는 뜻이기도 하다. 언론 전반에서 정파성을 줄이고 사실 중심의 균형적 보도로 바꾸는 핵심 열쇠를 정책적 요소에서만 찾아서는 현실성이 없다. 궁극적으로 언론 정파성 문제를 해결할 열쇠는 뉴스 소비자들이 갖고 있기 때문이다.

    정파적인 감정선을 자극하고, 일방적인 의혹을 무책임하게 퍼뜨리는 등의 행위를 응징할 수 있는 것도 언론 소비자들이다. 하지만 많은 소비자들이 자신의 정치 활동의 도구로 언론을 사용하는 것이 현실이다. 소비자들이 언론을 더 정파적으로 만들고 있는 것이다. 이제는 소비자가 언론이 정파성을 자제할 동기를 부여하는 것이 필요하다. 소비자들이 사실 중심의 균형적인 보도를 원한다는 신호를 보낼 때가 되었다.

| 정권 영향 배제한 뉴스 리터러시 교육이 필요하다

정파성에서 벗어난 보도를 하기 위해서는 언론인들에 대한 교육도 필요하다. 하지만 뉴스 소비자들이 정파적인 뉴스를 걸러내고, 사실을 중심으로 한 균형적 보도를 찾아서 볼 수 있기 위해서도 마찬가지로 교육이 필요하다. 언론 매체가 엄청나게 많고, 또 워낙 오랫동안 정파적 언론 환경 속에서 살아왔기 때문이다. 사실 우리 사회의 모든 구성원들이 정파성에 대한 연구와 교육이 필요한 상태다. 언론 소비자는 물론 언론인과 언론학자, 언론 소비자 활동을 하는 활동가들도 마찬가지다.

    실제로 언론 소비자 활동이나 뉴스 리터러시 교육을 한다는 사람들조차 정파성에 물든 경우들이 많다. 몇몇 언론시민단체들이 하는 언론 소비자교육의 경우 오히려 정파성 가득한 뉴스를 좋은 뉴스라고 소개하기도 한다. 활발하게 SNS 등에서 정치적 주장을 드러내는 사람, 공개적으로 감정적이고 자극적인 주장을 서슴지 않고 하는 사람, 대다수 언론에 대한 일방적인 혐오를 퍼뜨리며 몇몇 정파적 언론을 바른 언론이라고 주장하는 사람들이 강사로 참여하는 프로그램들이 있다. 이런 교육은 오히려 정파적 언론 생태계를 강화하고 고착화할 뿐이다.

문제는 정파성을 벗어난 제대로 된 뉴스 교육 프로그램을 만들려고 해도 비용을 마련하는 것은 물론 이런 교육을 담당할 제대로 된 전문가를 찾기도 쉽지 않다는 점이다. 뉴스 리터러시 교육 확대를 주장하는 사람들도 적지 않고 또 교육 관련 법안이 제출되기도 했지만, 이 문제가 전직 언론인 등의 일자리 창출 차원에서 논의되어서는 안 된다. 뉴스 리터러시 교육을 제대로 하려면 먼저 제대로 된 교육 프로그램을 연구하고 강사 요원을 양성하는 것이 우선이다. 단순히 정파성을 배제한다고 선언하기만 해서 저절로 되는 일이 아니다.

정파성을 배제한 뉴스 리터러시 교육 프로그램을 만든다는 것은 곧 특정 정권의 영향을 받지 않는 시스템을 만들어야 한다는 뜻이다. 특정 정부 부처의 산하기관에서 이런 교육을 맡기가 쉽지 않은 이유이기도 하다. 정부 산하 공공기관이 이런 일을 한다면 정부에 대해 비판적인 언론 보도가 아무리 훌륭하다고 한들, 교육 과정에서 그런 것을 좋은 보도라고 추천할 수는 없을 것이다. 결국 이런 뉴스 리터러시 교육은 뜻있는 중립적인 비영리 기관이 나서는 것이 최선이다. 문제는 그런 마땅한 비영리 기관이 지금 한국에는 없다는 사실이다.

그것이 불가능하다면 우선은 위에서 언급했던 범 언론계 차원의 자율규제기구를 바탕으로 언론계가 스스로 책임을 지고 뉴스 리터러시 연구와 교육 플랫폼을 만드는 것을 생각할 수 있다. 건강한 언론 생태계가 만들어지는 것이 언론 산업이 정상적으로 작동할 수 있는 사회적 조건이라면 그런 기반을 조성하는 데 다른 누군가의 지원을 바라지 말고 언론계가 직접 나서는 것이 당연한 일이라고 볼 수도 있기 때문이다. 그런 사회적 기반이 있어야만 언론이 정상적으로 기능할 수 있기 때문이다. 뉴스 리터러시 교육 문제도 결국은 언론사든, 언론단체든, 그런 필요성을 절감하는 곳에서 먼저 나서는 수밖에 없다.

맺음말
언론 제도 전반 개혁 위한 '발상의 전환' 필요하다

헌법이 언론의 자유를 강하게 보장하는 이유는 언론이 대의 민주주의 사회가 정상적으로 돌아가기 위한 기본 조건이기 때문이다. 건강한 언론이 없는 사회는 정상적인 민주주의 사회일 수가 없다. 정치적 편향성, 즉 정파성에 기초해 작동하는 언론은 이런 민주주의 사회 운영에 필요한 공론장을 황폐하게 만든다. 공론장이 살아야 민주주의가 정상적으로 돌아가고, 이를 위해서는 정파성에 찌든 언론 생태계를 바로잡아야 한다. 과거에 하지 못하던 탐사보도를 하고 데이터저널리즘과 같은 고품질 뉴스 콘텐츠가 나와도 아무런 힘을 발휘하지 못하는 상황을 고쳐야 한다.

이를 위해서는 각자의 역할이 있다. 정부와 국회가 해야 할 일, 언론계와 언론인들이 해야 할 일, 그리고 시민 사회와 일반 뉴스 소비자들이 해야 할 일이 있다. 각자 자기가 할 역할은 하지 않은 채 그 이유를 다른 곳에서 찾으면서 책임을 미뤄서는 답이 없다. 자기가 당장 할 수 있는 것이 무엇인지 찾아서 실천하는 것이 중요하다. 이전 정권에서 제대로 하지 않았으니 계속 반성부터 하라고 압박하는 것도 정파적 주장으로 비칠 가능성이 크다.

사실 지금의 문제에 대한 책임이 특정 정권에만 있다고 보기도 어렵다. 이전의 모든 정권에 책임이 있다. 누구든 과거의 잘못을 반성하면 더 좋겠지만 지금 중요한 것은 이 문제를 고치기 위해 한 걸음이라도 빨리 앞으로 나아가는 것이다. 책임 문제를 거론하고 반성을 요구하는 것이 오히려 문제를 고치는 데 방해가 될 수도 있다.

 마지막으로 정파적 언론 생태계를 고치는 일이 정파적 방법, 특히 상대를 힘으로 누르는 방식으로 진행되어서는 성공하기 어렵다. 정권이 바뀔 때마다 비슷한 공방을 주고받는 가장 현실적인 이유가 언론 관련 문제를 합리적 논의와 사회적 합의가 아니라 힘의 논리, 수의 논리로 밀어붙이려 하기 때문이다. 조금 늦어지더라도 각자 한발 물러서서 이성적인 대화를 하는 것이 중요하다. 이왕이면 뉴스 리터러시 연구와 교육, 언론 자율규제기구, 각종 언론 관련 규제기관과 공공기관 등의 문제를 한 테이블에 올려놓고 해법을 모색할 수 있기를 기대한다.

 이런 전반적인 문제를 해결하기 위해서는 방송을 포함한 언론 전반에 대한 제도 개선 논의가 필요하다. 핵심은 언론규제기구와 공영방송 지배구조 개편이어야 한다. 이런 논의가 제대로 진행되기 위해서는 몇 가지 난관을 극복해야 한다. 먼저 정파성 문제를 해결하려는 노력 자체를 냉소하거나 폄하하는 사람들이 있다. 심지어 공영방송 이사회들이 정치권 추천으로 정쟁의 장이 되는 것을 막으려는 방안을 '탈정치화의 환상'이라고 비판하는 사람도 있다. 대표성을 법적으로 보장받을 수 있는 곳은 국회밖에 없다는 주장이다.[153] 또 이런 논의는 정말 시간을 갖고 차분하게 진행되어야 하는데, 정치권력은 언제든 속전속결을 원한다는 점이다. 마냥 신경도 쓰지 않고 내던져 뒀다가, 막상 논의를 시작하면 군사작전처럼 해치우려 든다.

언론학자 강명구가 2005년에 제안했던 방식은 그런 면에서 지금도 의미가 있다. 당시는 정부가 언론개혁법안을 밀어붙이던 시점인데 먼저 정부가 그 법안을 철회하고 언론 관련 단체와 관계자들이 참여하는 언론개혁위원회를 설치하자는 것이다. 더 중요한 대목은 그 다음인데, 특정 정권의 이해관계를 넘어서기 위해 활동 기간을 차기 정부까지 지속하도록 하고, 최종 보고서를 아예 차기 정부에서 발표하도록 하자는 것이다.[154]

지금은 민주당이 집권 당시에는 관심도 두지 않던 공영방송 지배구조 개선 방안을 야당이 된 뒤에야 국회 의석수를 배경으로 밀어붙였다가, 결국은 대통령의 재의요구권 행사로 입법이 무산되는 상황까지 갔다. 여당은 반대 방향에서 방송 등 언론에 대한 영향력을 강화하기 위한 물리적 조치를 진행하고 있다. 민주당이 국회에서 통과시켰던 법안은 공영방송들의 이사를 모두 21명까지 대폭 늘리면서 선출 방법을 크게 바꾸고, 사장을 뽑을 때에는 이사 3분의 2 이상의 찬성을 얻도록 특별다수제를 도입하는 내용이었다.

그동안 공영방송 지배구조 개선을 위해 애를 썼던 사람들도 거부권 행사가 뻔히 예상되는 상황에서 단순히 국회에서 법안을 한 번 의결했었다는 기록을 남기는 것이 목표는 아니었을 것이다. 민주당도 국회에서 한번 법안을 '처리'했다고 해서 정작 여당이었을 때 이런 공영방송 지배구조 개선을 외면했던 잘못이 사라지는 것도 아니다. 오히려 이런 식으로 언론 관련 법률을 강행 처리하는 것은 언론 문제를 더욱 정치 쟁점화할 뿐이다.

지금이라도 여야가 이 문제를 원점에서 다시 논의해 공적 규제 체제와 자율규제를 포함한 언론 제도 전반의 개혁 문제를 다루는 논의 기구를 만드는 것이 필요하다. 아예 어느 쪽에서도 정치적 유불리를 따지며 개입하지 못하도록, 강명구의 제안처럼 활동 기간을 5년 정도로 길게 잡는 것도 방법이다. 지금이야말로 발상의 전환이 필요하다.

주

제1부 한국 언론의 정파성과 소통의 위기

1. 조항제 (2020). 〈한국의 민주주의와 언론〉. 서울: 컬처룩.
2. 강명구 (2005). 언론의 당파성: 경기장에서 나오되 이념적 스펙트럼 넓혀야. 〈신문과 방송〉, 409, 43-47.
3. 강준만 (2019. 12. 9). 〔강준만 칼럼〕 '기레기'라고 욕하는 당신께. 〈한겨레〉, 26면.
4. 김영욱 (2009). 독자가 본 한국 언론의 정파성, 〈미디어인사이트〉, 한국언론진흥재단. 2009년 3호.
5. 김영욱 (2011). 한국 언론의 정파성과 사회적 소통의 위기. 〈한국 사회의 소통위기〉. 서울: 커뮤니케이션북스.
6. 이재경 (2004. 3. 18). "저널리즘의 위기와 언론의 미래: 한국 저널리즘의 3가지 위기". 언론진흥재단 〈신문과 방송〉 창간 40주년 기념 세미나 발표문.
7. 강명구 (2005).
8. 김영욱 (2011).
9. 윤영철 (2007). 민주주의의 유형과 언론개혁. 임상원 외, 〈민주화 이후의 한국언론〉, 파주: 나남, 283-326.
10. 조항제 (2014). 한국의 민주화와 언론의 자유·언론학에 대한 비판적 성찰. 〈커뮤니케이션 이론〉, 10권 2호, 41-76.
11. 강명구 (2005).
12. 기자협회보 (2008). '新언론통제' 총력투쟁 나섰다. 1월 16일자, 1면.
13. 한겨레 (2008). '언론인 성향조사' 반발 확산. 1월 14일자, 1면.
14. 기자협회보 (2007). 한나라당, 언론에 재갈 물리나. 11월 28일자, 1면.
15. 연합뉴스 (2010. 2. 8). 엄기영 MBC 사장 전격 사퇴…왜? https://n.news.naver.com/mnews/article/001/0003112582?sid=102. 이 책에 인용된 인터넷 주소는 별도로 표시된 곳을 제외하고는 모두 2023년 9월 30일 링크를 확인

했다. 이후는 검색일을 별도로 표시하지 않는다.
16. 강준만 (2023. 8. 15). 〔강준만의 易地思之〕'공영방송 독립'을 윤석열의 업적으로. 〈영남일보〉. https://m.yeongnam.com/view.php?key=20230814010001840.
17. 한겨레 (2018. 1. 22). KBS 이사회, 고대영 사장 해임제청안 의결. https://www.hani.co.kr/arti/society/media/828889.html.
18. 미디어오늘 (2023. 7. 5). 〔언론 판결문〕윤석열 대통령이 봐야할 고대영 전 KBS 사장 해임처분 취소소송 판결. http://www.mediatoday.co.kr/news/articleView.html?idxno=311091.
19. 한겨레 (2017. 10. 18). 방문진 김원배 이사 사의…'MBC 정상화' 분수령. https://www.hani.co.kr/arti/society/media/814960.html.
20. 한겨레 (2017. 10. 26). 방문진 여야 구도 5:4로 역전…고영주·김장겸 교체 초읽기. https://www.hani.co.kr/arti/society/media/816219.html.
21. 한겨레 (2017. 8. 26). 문 대통령, 방송법 수정 언급…보수야당 "언론장악 의도". 11면.; 조선일보 (2017. 8. 26). '방송 중립' 외치던 민주당, 여당 되니 변심? A8면.
22. 미디어스 (2016. 12. 16). 문재인, 암투병 이용마 만나 '언론장악방지법' 약속. http://www.mediaus.co.kr/news/articleView.html?idxno=74402.
23. 황근 (2013). 공영방송 거버넌스 구조개편 논의에 대한 평가와 방향. 〈국회 방송공정성특별위원회 활동결과보고서〉, 260-293.
24. 동아일보 (2022. 10. 14). '근로기준법 위반 혐의' 양승동 전 KBS 사장 유죄 확정. https://www.donga.com/news/article/all/20221014/115960295/1.
25. 강준만 (2023). MBC의 흑역사: 방송의 중립에는 좌우가 없다. 서울: 인물과사상사.
26. 조항제 (2023). 공영방송 반세기, 선 자리와 갈 길. 〈방송문화연구〉. 35권 1호. 7-49.

제2부 정파성에 대한 한국 언론의 이중성

제1장 언론의 정치적 독립성은 신화일 뿐인가
27. 문화체육관광부 인터넷 홈페이지에서 최신 정기간행물 등록 현황을 확인

할 수 있다. 방송사업자는 포함하지 않았다. https://pds.mcst.go.kr/main/regstatus/selectRegStatusDetail.do (검색일: 2023년 7월 31일)

28. 한겨레 '윤리강령'. https://company.hani.co.kr/journalism.html#ethics.
29. 조선일보 '윤리규범가이드라인'. 제19장 제1조.
30. 서울중앙지법 2018. 12. 14. 선고 2017고단8762 판결.
31. 서울중앙지법 2019. 10. 28. 선고 2019노50 방송법위반, 2019초기3176 위헌심판제청.
32. 대법원 2020. 1. 16. 선고 2019도16319 판결.
33. 언론노조 (2020. 6. 16). 국회는 정치적 후견주의 앞세운 차기 방통위원 내정 철회하라! http://media.nodong.org/news/articleView.html?idxno=25869.
34. PD저널 (2014. 12. 9.) 윤석민 방심위원 돌연 '사퇴'. http://www.pdjournal.com/news/articleView.html?idxno=53994 ; 기자협회보 (2014. 9. 4). 방심위, KBS 문창극 보도 '권고'. http://www.journalist.or.kr/news/article.html?no=34376.
35. 심석태 (2012). 방송심의 기구의 '민간·독립성 신화'에 대한 고찰: 한미 비교의 관점. 〈미국헌법연구〉, 23권 3호, 163-203.
36. 황근 (2023. 5. 23). 청산되어야 할 또 다른 적폐, 방송통신심의위원회. 〈스카이데일리〉. https://skyedaily.com/news/news_view.html?ID=192517 ; 디지털타임스 (2023. 5. 2). "공영 라디오 방송도 좌파 일색…방심위원장 사퇴해야". https://www.dt.co.kr/contents.html?article_no=2023050202109954058014.
37. 한겨레 (2011. 4. 19). 방통심의위 '정파성' 노골화…"독립성 강화를" 비판. https://www.hani.co.kr/arti/society/media/473788.html.
38. 한국언론진흥재단 (2022). 〈2022 한국 언론 통계 데이터북〉. https://www.kpf.or.kr/front/research/selfDetail.do?seq=595594&link_g_homepage=F.
39. KBS (2021. 9. 4). 〔질문하는 기자들Q〕 7대 4, 6대 3…공영방송 이사회의 비밀. https://news.kbs.co.kr/news/view.do?ncd=5272247.
40. 미디어스 (2015. 8. 8). '여야 7대2'…가장 기울어진 EBS이사회, 어떻게 하나. http://www.mediaus.co.kr/news/articleView.html?idxno=49785.
41. 미디어오늘 (2022. 12. 13). 박성중, KBS·MBC 이사진 비율 언급 "하나도 못 먹고 있다" 발언 파문. http://www.mediatoday.co.kr/news/articleView.

html?idxno=307434.

42. YTN (2023. 5. 20). 한국언론학회 "정치적 독립 위해 민영화는 건강부회". https://www.ytn.co.kr/_ln/0102_202305200124570342.

43. 뉴데일리 (2023. 4. 12). 언론진흥재단, '일장기 오보' 범기영 KBS 앵커 '해외연수 지원' 철회. https://www.newdaily.co.kr/site/data/html/2023/04/12/2023041200194.html.

44. 기자협회보 (2023. 7. 17). 이사장 업무 배제한 언론진흥재단 이사들. http://www.journalist.or.kr/news/article.html?no=53950.

45. 경향신문 (2023. 8. 2). 언론재단 이사장 불러낸 문체부 장관 "리더십 와해 상황"…사실상 사퇴 압박. 11면.

46. 한겨레 (2023. 8. 16). 표완수 언론재단 이사장 해임안 부결…비상임이사들이 제동. https://www.hani.co.kr/arti/society/media/1104487.html.

47. 미디어스 (2023. 8. 1). 언론재단 이사장 차례인가…김효재 내정설 솔솔. http://www.mediaus.co.kr/news/articleView.html?idxno=305845 ; 시사저널 (2023. 9. 14). 윤의 '언론 개혁' 플랜? 언론재단 이사장 '김효재 내정설' 솔솔. http://www.sisajournal.com/news/articleView.html?idxno=272399.

48. 미디어오늘 (2023. 9. 15). 언론재단 이사회, 차기 이사장 김효재 단수 추천. http://www.mediatoday.co.kr/news/articleView.html?idxno=312545.

49. 미디어오늘 (2023. 5. 9). 문체부 보도자료로 알았다는 언론재단의 가짜뉴스센터 개소. http://www.mediatoday.co.kr/news/articleView.html?idxno=310034.

50. 미디어오늘 (2020. 9. 21). 언론진흥재단 이사장 선임 '감감무소식' 뒷말 무성. http://www.mediatoday.co.kr/news/articleView.html?idxno=209409.

51. 한겨레 (2018. 9. 4). 코바코 사장에 김기만 전 춘추관장…또 '낙하산' 논란. https://www.hani.co.kr/arti/society/media/860622.html.

제2장 정치와 너무나 가까운 한국 언론인

52. 코바치 · 로젠스틸 (2021). 〈저널리즘의 기본 원칙〉. 제4판. 서울 : 언론진흥재단. (이재경 역. Kobach and Rosenstiel. The Elements of Journalism. NY: Crown Publishing Group, 2021)

53. 한국기자협회 인터넷 홈페이지. https://www.journalist.or.kr/news/section4.html?p_num=18.

54. 방송기자연합회 인터넷 홈페이지. http://reportplus.kr/%ec%a1%b0%ec%a7%81%eb%8f%84/.
55. 〈뉴욕타임스〉 홈페이지. How New York Times reporters avoid personal involvement in politics. https://www.nytimes.com/article/new-york-times-endorse-political-candidates.html.
56. SPJ 인터넷 홈페이지. SPJ Ethics Committee Position Papers: Political Involvement. https://www.spj.org/ethics-papers-politics.asp.
57. MBC 뉴스 유튜브 계정 (2022. 8. 8). 〔오늘 이 뉴스〕 "대통령님 파이팅!" 질문하려고 '돌발 응원'? (2022.08.08./MBC뉴스) https://www.youtube.com/watch?v=ouCzS_cAiNU.
58. 라파엘 라시드(Raphael Rashid)가 SNS에 올린 글의 해당 부분은 이렇다. "A Korean reporter exclaimed "Mr. President, fighting" ie "you can do it" sorta thing. It's so cringe how some journalists who are part of his exclusive press pool grovel at his feet like cheerleaders.".
59. 미디어오늘 (2022. 8. 8.). 대통령실 출입기자의 "대통령님 파이팅" 발언 뭇매. http://www.mediatoday.co.kr/news/articleView.html?idxno=305301.
60. 미디어오늘 (2022. 8. 11). 아리랑 TV, '대통령님 파이팅' 발언에 "사려깊지 못해, 기자에 강력한 주의". http://www.mediatoday.co.kr/news/articleView.html?idxno=305357.
61. 〈뉴욕타임스〉 인터넷 홈페이지. Social Media Guideline for the Newsroom 참조.https://www.nytimes.com/editorial-standards/social-media-guidelines.html.
62. NPR 홈페이지. NPR Ethics Handbook. (2021. 7. 7. 개정) https://www.npr.org/about-npr/688413430/impartiality#impartialityinourpersonallives.
63. KBS (2020). 〈KBS 방송제작가이드라인〉, 203-209.
64. 방송기자연합회 (2021). 방송기자연합회 회원 행동 준칙. http://reportplus.kr/%ec%a1%b0%ec%a7%81%eb%8f%84/.
65. Poynter Institute (2022. 1. 13). Every newsroom needs to update its social media policies. https://www.poynter.org/ethics-trust/2022/every-newsroom-needs-to-update-its- social-media-policies/.
66. 한겨레 (2019. 1. 10). 한겨레신문사의 입장. 8면.
67. 한겨레 (2019. 1. 10). 언론단체 "현직기자 청와대 직행은 언론윤리 위배되고 국

민신뢰 훼손". 8면.

68. 기자협회보 (2017. 5. 12). 김의겸 선임기자, 청와대 대변인 안 가기로. http://www.journalist.or.kr/news/article.html?no=41708.
69. KBS (2020. 2. 6). '언론인이 靑 직원이냐'더니…현직 기자 또 청와대로 '직행'. https://news.kbs.co.kr/news/view.do?ncd=4376447.
70. 중앙일보 (2020. 2. 7). 중앙일보의 입장. 18면.
71. 한겨레 (2014. 2. 7.). KBS 앵커 출신 청와대 대변인, 참담하다. 31면.
72. PD저널 (2022. 8. 3). 퇴직 사흘만에 대통령실 직행한 YTN 기자…"부끄러움은 남겨진 이들 몫". http://www.pdjournal.com/news/articleView.html?idxno=73989.
73. 미디어오늘 (2022. 3. 1.). 연합뉴스 기자 이재명 지지선언 이름 올리고 현장 참석까지. http://www.mediatoday.co.kr/news/articleView.html?idxno=302629.
74. 미디어오늘 (2022. 9. 4). 뉴스통신진흥회 이사장, 이재명 지지 기자에 "위법사항은 아냐". http://www.mediatoday.co.kr/news/articleView.html?idxno=305692.

제3장 한국 언론의 정파적 장면들

75. KBS (2009). 정파성에 갇힌 한국 언론. 〈KBS〉 2009. 12. 25. https://news.kbs.co.kr/news/view.do?ncd=2017263.
76. 미디어오늘 (2009. 12. 30). KBS가 언론정파성 비판? "자기 먼저 돌아봐야". 〈미디어오늘〉 http://www.mediatoday.co.kr/news/articleView.html?idxno=85112.
77. 중앙일보 (2020. 6. 11). '진보논객' 손석춘의 작심비판 "盧·文 비판하면 기레기냐". https://www.joongang.co.kr/article/23799467.
78. KBS (2020. 5. 10). 〔저널리즘토크쇼J〕 언론개혁 1부, 진실은 어디에도 없었다. https://news.kbs.co.kr/news/view.do?ncd=4442746.
79. 미디어오늘 (2020. 6. 3). KBS 시청자위, 조국 보도 비평에 '최강욱 출연' 부적절. http://www.mediatoday.co.kr/news/articleView.html?idxno=207448&page=2&total=93.
80. 연합뉴스 (2020. 6. 14). KBS 비평 프로그램도 '저널리즘토크쇼J' 최강욱 출연 비판. 당시 출연분 영상 "[J컷] 언론개혁 생각에 신난(?) 최강욱"은 https://

www.youtube.com/watch?v=VJgDARin7G8.

81. 미디어스 (2021. 4. 2.). '저널리즘토크쇼J' 후속프로그램에 바란다. http://www.mediaus.co.kr/news/articleView.html?idxno=210274.

82. KBS (2014. 3. 23). 161년만의 정정보도…우리 언론은? https://news.kbs.co.kr/news/view.do?ncd=2831241; SBS (2014. 3. 7). 〔취재파일〕뉴욕타임스, 161년 만의 정정보도. https://news.sbs.co.kr/news/endPage.do?news_id=N1002283

83. 미디어스 (2021. 4. 2).

84. 미디어오늘 (2022. 2. 22). 현재 시사평론가·프로그램 진행자, 이재명 지지 선언 논란. http://www.mediatoday.co.kr/news/articleView.html?idxno=302461.

85. 월간조선 (2019. 7. 26). 〔단독〕KBS 고위직 인사에 '靑 실세' 개입설 확산. http://monthly.chosun.com/client/mdaily/daily_view.asp?idx=7533&Newsnumb=2019077533.

86. 심석태 (2021). "공영방송의 저널리즘", 〈전면개정판 공영방송의 이해〉, 파주: 한울 아카데미, 125-164.

87. 미디어오늘 (2023. 6. 28). "이동관, KBS 호남 인사 임명에 항의" 발언 재조명. http://www.mediatoday.co.kr/news/articleView.html?idxno=310930.

88. KBS (2009. 12. 25). 정파성에 갇힌 한국 언론. https://news.kbs.co.kr/news/view.do?ncd=2017263.

89. 전국언론노동조합 (2023. 5. 4). 〔보고서 2023-5호〕세월호 참사 진상 규명 관련 보도 평가와 권고. http://media.nodong.org/bbs/view.html?idxno=124138&sc_category=.

90. 미디어오늘 (2023. 5. 9). KBS·MBC·한겨레 세월호 보도에 "바로잡으라" 언론노조 권고 파장. http://www.mediatoday.co.kr/news/articleView.html?idxno=310035.

91. 한겨레 (2021. 1. 29). '이용구 차관 관련 보도' 사과드립니다. 2면.

92. 미디어오늘 (2021. 1. 26). 한겨레 기자 "정치적 이해 따라 법조기사 작성" 집단 성명. http://www.mediatoday.co.kr/news/articleView.html?idxno=211657.

93. KBS (2020. 7. 18). "유시민-총선 관련 대화가 '스모킹건'"…수사 부정적이던 윤석열 타격. https://news.kbs.co.kr/news/view.do?ncd=4498962. 뉴

스와 관련한 법적 분쟁으로 기사와 영상 다시보기 서비스를 중단한다고 나와 있다.

94. 뉴스타파 (2023. 9. 6). 〔보도자료〕 뉴스타파, 72분 분량 〈김만배 육성 녹음 파일〉 전체 무편집 공개. 뉴스타파 인터넷 홈페이지. https://kcij.org/notice/u/3Jah4.
95. 기자협회보 (2023. 9. 20). "검찰, 허위·기획 주장할 거면 인터뷰 내용이 그런지 답 내놔야". http://www.journalist.or.kr/news/article.html?no=54349.
96. MBC (2022. 3. 7). https://imnews.imbc.com/replay/2022/nwdesk/6347679_35739.html.
97. MBC (2022 3. 7). "이재명은 난 놈이야. 욕 많이 했지"..공익환수 비난한 김만배. https://imnews.imbc.com/replay/2022/nwdesk/article/6348005_35744.html.
98. 기자협회보 (2023. 9. 20).
99. MBC (2023. 9. 7). '뉴스타파' 인용 보도에 대해 말씀드립니다. https://imnews.imbc.com/replay/2023/nwdesk/article/6522694_36199.html.
100. KBS (2023. 9. 8). 알려드립니다. https://news.kbs.co.kr/news/pc/view/view.do?ncd=7769257.
101. JTBC (2023. 9. 6). '저축은행 수사 무마' 의혹 제기…"보도 당시 중요 진술 누락 확인". https://news.jtbc.co.kr/html/012/NB12143012.html.
102. 대법원 1988. 10. 11. 선고 85다카29 판결.
103. 한겨레 (2019. 10. 11). "윤석열도 별장에서 접대" 검찰, '윤중천 진술' 덮었다. 1면; "수차례 접대" 진술 나왔는데도…검찰, 수사도 감찰도 안해. 3면.
104. 조선일보 (2023. 5. 17). 분신 노조원 불붙일 때 민노총 간부 안 막았다. 10면.
105. 미디어스 (2023. 5. 17). 조선일보 '분신 방조' 보도에 경찰 "취재 안하고 알아서 쓴 것". http://www.mediaus.co.kr/news/articleView.html?idxno=305016.
106. 월간조선 (2023. 5. 30). '분신 사망 민노총 건설노조 간부 양회동 유서 위조 및 대필 의혹' 기사 사과드립니다. http://m.monthly.chosun.com/client/mdaily/daily_view.asp?idx=17745&Newsnu mb=20230517745.
107. 조선일보 (2020. 8. 28). 조민, 세브란스병원 피부과 일방적으로 찾아가 "조국 딸이다. 의사고시 후 여기서 인턴하고 싶다". A10면.
108. 조선일보 (2020. 8. 29). 바로잡습니다: 조민씨·연세대 의료원에 사과드립니

다. A2면.

109. 이 말은 노엄 촘스키가 1997년 버네이스의 〈프로파간다〉 추천사에서 쓴 말이다. 에드워드 버네이스 (1995), 〈프로파간다: 대중심리를 조종하는 선전 전략〉, 서울: 공존(강미경 역. Edward Bernays. Propaganda. 1997)

110. 에드워드 버네이스 (1997).

111. 언론진흥재단 (2021). 〈디지털 뉴스 리포트 2020 한국〉, 34-35쪽.

112. Pew Research Center (2017. 10. 20). The shift in the American public's political values. https://www.pewresearch.org/politics/interactives/political-polarization-1994-2017/.

113. 동아일보 (2023. 9. 26). 바이든 42%-트럼프 51%…9%P 벌어져. https://www.donga.com/news/Inter/article/all/20230926/121371426/1.

114. 한겨레 (1999. 12. 7). [편집자에게] '이희호씨' 대통령 부인에 걸맞은 호칭인가. 여론면.

115. 한겨레 (2007. 10. 8). [편집국에서] "권양숙씨가 뭡니까?". 30면.

116. 한겨레 (2017. 8. 25). [알림] 대통령 부인 존칭을 '씨'에서 '여사'로 바꿉니다. 2면.

117. 미디어오늘 (2023. 2. 8). 끝나지 않는 '여사 vs 씨' 논쟁, 언론이 만든 호칭서열 때문. 10면.

118. 뉴스타파 (2019. 7. 8). 윤석열 2012년 녹음파일…"내가 변호사 소개했다". https://www.youtube.com/watch?v=4k-j7gV_ULk.

119. 미디어오늘 (2019. 9. 10). 윤석열 검증 뉴스타파 보도 달라진 평가 왜? http://www.mediatoday.co.kr/news/articleView.html?idxno=202306.

120. 뉴스타파 (2023. 5. 27). [특집 다큐] '재명이네 마을'과 '건희 사랑'. https://www.newstapa.org/article/HCsY-.

121. 조선일보 (2023. 5. 30). "10년 후원 취소" 개딸 공격 대상 된 뉴스타파. https://www.chosun.com/politics/politics_general/2023/05/30/4T4XXU34QZB2DKK74QKOU5FGSU/.

122. 중앙일보 (2023. 5. 30). 뉴스타파 칭송하더니 "맛 갔네"…달면 삼키고 쓰면 뱉는 '개딸' [현장에서]. https://www.joongang.co.kr/article/25166196.

123. KBS (2019. 5. 9). 문재인 정부 2년 특집 대담: 대통령에게 묻는다. https://program.kbs.co.kr/1tv/culture/moonconversation/pc/index.html.

124. 농반진반 (2023. 5. 12). 우리는 딱 우리 수준의 언론을 가졌을 뿐이다.

https://brunch.co.kr/@seriousjoke/23.

125. 한국일보 (2022. 12. 7). 文 귀향 7개월 만에 평온 되찾은 평산마을…유튜버 관심도 '시들'. https://www.hankookilbo.com/News/Read/A2022120615540004545.

126. KBS (2021. 6. 6). [8회] 질문하는 기자들 Q: 한강 대학생 사망 사건…'사이버 렉카'로 전락한 언론 그리고 유튜브. https://vod.kbs.co.kr/index.html?source=episode&sname=vod&stype=vod&pro gram_code=T2021-0107&program_id=PS-2021091673-01-000&broadcast_complete_yn=&local_station_code=00&section_code=05.

127. 한국일보 (2020. 12. 13). "조두순 막아라"가 "유튜버 막아라"로…주민들만 이 중고. https://m.hankookilbo.com/News/Read/A2020121313010002719.

128. 미디어오늘 (2023. 5. 12). [언론 판결문] "회사 강탈 당해" 더탐사 경영권 법적 분쟁 결과는. http://www.mediatoday.co.kr/news/articleView.html?idxno=310123.

129. 미디어오늘 (2023. 8. 10). 공개된 더탐사-제보자X '3억 취재 계약서' 놓고 갑론을박. https://www.mediatoday.co.kr/news/articleView.html?idxno=311759.

130. 뉴시스 (2022. 5. 27). 조국 딸 찾아간 가세연, 3개월 수익정지…"괴롭힘으로 규정". https://www.newsis.com/view/?id=NISX20220527_0001888327.

131. 주간조선 (2023. 6. 30). 유튜브만 믿는 세상…우리는 무른 규제 vs 세계는 강한 규제. http://weekly.chosun.com/news/articleView.html?idxno=27352.

132. 플레이보드(Playboard) 인터넷 홈페이지. https://playboard.co/.

133. 프레이저 엘리 (2011). 〈생각 조종자들: 당신의 의사결정을 설계하는 위험한 집단〉. 서울: 알키. (이현숙·이정태 공역. Pariser Eli, *The Filter Bubble: What the Internet Is Hiding from You*, Penguin Press, 2011)

134. 한겨레 (2022. 4. 19). '바른언론실천연대' 창립…고광헌·김기만 공동대표. https://www.hani.co.kr/arti/society/media/1039592.html.

135. 언실련 유튜브 계정 (2022. 2. 14). [언실련성명 2022년 2월 14일] 언론탄압의 전주곡인가?. https://www.youtube.com/watch?v=znG9dYZqRQ0&t=17s.

136. 한국일보 (2023. 4. 13). 文 "언론 자유가 언론 무책임 위한 방패막이".

https://www.hankookilbo.com/News/Read/A2023041319310005991.

137. 서울의소리 유튜브 계정 (2022. 2. 10). 〔생방송〕 김건희 주가조작 규탄 대검 앞 기자회견 (바른언론 실천연대). https://www.youtube.com/watch?v=LwuIDZuZWQY.

138. 가디언21 (2022. 1. 27). 〔인물동정〕 김기만 언론고문, 전)한국방송광고진흥공사 사장 '이재명 후보 캠프 합류' 활동. http://www.guardian21.co.kr/76342.

139. 프레시안 (2022. 12. 7). 언실련 '바른언론상'에 MBC와 강진구 기자. https://www.pressian.com/pages/articles/2022120717565491267?utm_source=naver&utm_medium=search.

제3부 정파적 언론 생태계를 어떻게 바꿀 것인가

140. 김어준의 겸손은 힘들다 뉴스공장 (2023. 8. 11). 최민희 방송통신위원회 상임위원 내정자와의 인터뷰. https://humblefactory.co.kr/2615/2023년-8월-11일-금-최민희-방송통신위원회-상임위원-내정/.

141. 서울신문 (2023. 8. 17). 민주, 방통위 결격 사유 확대 '이동관 방지법' 발의. https://www.seoul.co.kr/news/newsView.php?id=20230817006010.

142. 미디어커뮤니케이션네트워크 (2012). 〈미디어 개혁과 시민의 권리〉, 511쪽.

143. 미디어커뮤니케이션네트워크 (2012). 〈미디어 개혁과 시민의 권리〉, 566-571쪽.

144. 미디어오늘 (2023. 2. 22). '정치심의' 지적에 정연주 방통심의위원장 "정당민원이 폭증". http://www.mediatoday.co.kr/news/articleView.html?idxno=308651.

145. 미디어커뮤니케이션네트워크 (2012). 〈공공미디어와 미디어 균형발전〉, 134-149.

146. 이춘구 (2014). 공영방송의 정치적 독립성에 관한 법적 연구: 공영방송 지배체제 입법을 중심으로. 〈언론과 법〉, 13권 2호, 217-265.

147. 서울신문 (2023. 4. 22). 정치권까지 번진 언론재단 KBS 기자 해외 연수 취소 결정. https://www.seoul.co.kr/news/newsView.php?id=20230422500005.

148. 한국언론진흥재단 정관 제9조 (임원의 임면).
149. 미디어오늘 (2023. 4. 21). 문체부 임명 언론중재위원, 10명 중 4명 '尹캠프' 언론자문위원 출신. http://www.mediatoday.co.kr/news/articleView.html?idxno=309728.
150. 방송기자연합회 회원 행동 준칙. 4) SNS.
151. SPJ 인터넷 홈페이지. SPJ Ethics Committee Position Papers: Political Involvement.
152. 한겨레 (2021. 12. 29). 언론자율규제 기구 윤곽…"가짜뉴스엔 경보 발령". https://www.hani.co.kr/arti/society/media/1025152.html.

나가는 말

153. 황근 (2013).
154. 강명구 (2005).

참고문헌

강명구 (2005). 언론의 당파성: 경기장에서 나오되 이념적 스펙트럼 넓혀야. 〈신문과 방송〉 2005년 1월호, 43-47.

강준만 (2019. 12. 9). [강준만 칼럼] '기레기'라고 욕하는 당신께. 〈한겨레〉, 26면.

강준만 (2023. 8. 15). [강준만의 易地思之] '공영방송 독립'을 윤석열의 업적으로. 〈영남일보〉. https://m.yeongnam.com/view.php?key=20230814010001840.

강준만 (2023). MBC의 흑역사: 방송의 중립에는 좌우가 없다. 서울: 인물과사상사.

김영욱 (2009). 독자가 본 한국 언론의 정파성. 〈미디어인사이트〉, 한국언론진흥재단. 2009년 3호.

김영욱 (2011). 한국 언론의 정파성과 사회적 소통의 위기. 〈한국 사회의 소통위기〉. 서울: 커뮤니케이션북스.

미디어커뮤니케이션네트워크 (2012). 〈공공미디어와 미디어 균형발전〉

미디어커뮤니케이션네트워크 (2012). 〈미디어 개혁과 시민의 권리〉

심석태 (2012). 방송심의 기구의 '민간·독립성 신화'에 대한 고찰: 한미 비교의 관점. 〈미국헌법연구〉, 23권 3호, 163-203.

심석태 (2021). "공영방송의 저널리즘", 〈전면개정판 공영방송의 이해〉, 파주: 한울 아카데미, 125-164.

에드워드 버네이스 (1995), 〈프로파간다: 대중심리를 조종하는 선전 전략〉, 서울: 공존. (강미경 역. Edward Bernays. Propaganda. 1995).

윤영철 (2007). 민주주의의 유형과 언론개혁. 임상원 외, 〈민주화 이후의 한국언론〉, 파주: 나남, 283-326.

이재경 (2004). "저널리즘의 위기와 언론의 미래: 한국 저널리즘의 3가지 위기". 언론진흥재단 〈신문과 방송〉 창간 40주년 기념 세미나 발표문. 2004. 3. 18.

이춘구 (2014). 공영방송의 정치적 독립성에 관한 법적 연구: 공영방송 지배체제 입법을 중심으로. 〈언론과 법〉, 13권 2호, 217-265.

조항제 (2014). 한국의 민주화와 언론의 자유·언론학에 대한 비판적 성찰. 〈커뮤니케이션 이론〉, 10권 2호, 41–76.

조항제 (2020). 〈한국의 민주주의와 언론〉. 서울: 컬처룩.

조항제 (2023). 공영방송 반세기, 선 자리와 갈 길. 〈방송문화연구〉. 35권 1호. 7–49.

코바치·로젠스틸 (2021). 〈저널리즘의 기본 원칙〉. 제4판. 서울 : 언론진흥재단. (이재경 역. Kobach and Rosenstiel. *The Elements of Journalism*. NY: Crown Publishing Group, 2021)

프레이저 엘리 (2011). 〈생각 조종자들: 당신의 의사결정을 설계하는 위험한 집단〉. 서울: 알키. (이현숙·이정태 공역. Pariser Eli, *The Filter Bubble: What the Internet Is Hiding from You*, Penguin Press, 2011)

한국언론진흥재단 (2021). 〈디지털 뉴스 리포트 2020 한국〉, 34–35쪽.

한국언론진흥재단 (2022). 〈2022 한국 언론 통계 데이터북〉. www.kpf.or.kr.

황근 (2023. 5. 23). 청산되어야 할 또 다른 적폐, 방송통신심의위원회. 〈스카이데일리〉. https://skyedaily.com/news/news_view.html?ID=192517.

황근 (2013). 공영방송 거버넌스 구조개편 논의에 대한 평가와 방향. 〈국회 방송공정성특별위원회 활동결과보고서〉, 260–293.

찾아보기

ㄱ

가로세로연구소 199
가짜뉴스(fake news) 5, 25, 30, 182, 185, 186
가짜뉴스신고센터 80
가짜뉴스와의 전쟁 32
가치 추구 246
감시자 91
개념 있는 보도 125
객관성 100
객관적 보도 16
건강한 언론 생태계 249
검언유착 의혹 34, 35, 131
검증 보도 189
게이트키핑 172
결격사유 220, 221, 227, 228, 233
공개 질책 238
공론장 23, 249
공론장의 위기 24
공영방송 33, 36, 41, 44, 49, 72, 73, 140
공영방송 경영진 143
공영방송 사장 45, 140
공영방송의 공정성 229
공영방송 이사진 구성 231

공영방송 장악 27, 143, 166, 217
공영방송 장악론 229
공영방송 지배구조 5, 45, 46, 52, 72, 140, 146, 212, 255, 256
공영 언론사 115
공익성 90, 218, 247
공익적 중대성 162
공적 소유 방송 72
공적 언론 지원 기관 76
공정성 98, 100, 108
공정하다는 외관 108
'공정해 보여야 할' 의무 96
공직 사퇴시한 56
과징금 부과 167
관점을 가진 보도 245
관찰자 91
광우병 파동 129
괴벨스 25
교섭단체 227
국민의힘 167
국정농단 사건 111
권력의 노조 탄압 95
권력의 언론 탄압 167
균형성 23
균형 잡힌 언론 249
기계적 균형 138

기관지 87, 88, 179, 247
기레기 186, 192
기성 언론 183
김건희 녹취록 160
'김만배-신학림' 녹취록 162, 168, 190
김어준 48, 131, 166, 217
김의철 사장 해임 140
김학의 성접대 사건 171
깨어 있는 언론 소비 26

ㄴ

나꼼수 144
나쁜 정파성 19
낙하산 인사 논란 81
노무현 대통령 129
노엄 촘스키 176
녹취록 161
녹취록 보도 160
뉴스9 113, 118, 168
뉴스공장 199
뉴스데스크 47, 166, 168
뉴스 리터러시 교육 249, 251, 253
뉴스 소비자 250
뉴스 이용의 편향성 178
뉴스타파 162, 163, 166, 167, 189, 190
뉴스통신진흥회 115, 203
뉴욕타임스 97, 98, 101, 139

ㄷ

단독 160
대선 전리품 143, 234
대선캠프 자문위원 235
대안적 사실 182
더탐사 198
데이터저널리즘 254
독립성 87, 88, 90, 97, 122, 218
독립적인 감시자 88
독립적인 저널리즘 179
독임제 행정기관 225
동료 비판(peer review) 138
디지털 뉴스 리포트 177
디지털 플랫폼 201

ㄹ

로이터저널리즘연구소 177

ㅁ

모멸적 표현 155, 244
무책임한 의혹 제기 155
문창극 국무총리 후보자 71
문화일보 114
문화체육관광부 78
미국 기자협회 98, 241
미국산 쇠고기 수입 문제 143
미디어비평 127, 129, 130
민간 독립기구 71
민주노총 95

찾아보기 273

민주당 내부 문건 43
민주주의의 위기 25
믿을 만한 '상당한 이유' 170

ㅂ

'바이든-날리면' 발언 보도 143
박근혜 정권 적폐수사 150
박영수 전 특별검사 34, 164
발췌 편집 168
방문진 203
방문진 이사장 51, 142
방문진 이사회 141
방송공정성특위 46
방송규제기구 65, 72, 140
방송기자연합회 90, 106, 237, 240
방송독립성 침해 59
방송문화진흥회 33, 73, 229
방송문화진흥회법 230
방송 바로 세우기 27, 31
방송법 230
방송장악 40, 51
방송장악론 35
방송장악 시즌2 32
방송 정상화 39, 41
방송제작가이드라인 104, 136
방송통신심의위 69, 167, 219, 226
방송통신위원회 65, 219
방송통신위원회 설치법 32
방송편성 60, 62
방송 편성 개입 59
방송 편성의 자유와 독립 64

방통심의위 203, 226, 227
방통심의위원 221
방통위 141
방통위 설치법 66, 68, 220
방통위원 221
방통위원 결격사유 222
방통위원장 직무대리 233
법인카드 부정 사용 142
법조출입기자 209
보수적 사실 23
부산저축은행 162, 165
분신 방조 의혹 173
불편부당성 23
불편한 언론 48
비난 244
비판 244
비판적 소비 19
비판적 언론 소비 183

ㅅ

사실 검증 177
사실관계 비틀기 151
사실성 152, 218
사실 적시 명예훼손 171
사실 중심 보도 243
사안의 긴급성 162
사이다 발언 240
사이버 레커 193, 194
사퇴시한 116
사회운동 86
사회운동가 84, 91

사회적 정파성 181
상당성 원칙 170
상당한 이유 170
서울의소리 34, 161
서울행정법원 140, 141
선거의 공정성 118
세월호 참사 152, 154, 186
세월호 참사 진상규명 관련 보도 평가
 와 권고 152
세이엔터 199
소비자 영합 146
소비자의 정파성 177
소셜미디어 104, 106
소셜미디어 가이드라인 101, 105
손석춘 131
수도권 공영방송 72
수사 무마 의혹 169
수용자권익위원회 115
수익 모델 196
수정헌법 1조 240
슈퍼챗 196, 199
시민 언론 183
시민언론더탐사 197
시청자위원회 133
식견 있는 공중(informed public) 24
신라젠 주가 조작 연루 의혹 158
신문법 233
신문윤리위원회 232
신상 털기 191
심리전 24, 151, 176

ㅇ

압수수색 190
양심의 자유 94
언론개혁 50, 134, 201, 217
언론개혁위원회 256
언론과 정치의 병행성 28
언론 관련 공공기관 232
언론규제기구 204, 219, 255
언론노조 69
언론 분쟁 242
언론 생태계 249
언론 소비자교육 251
언론 소비자 운동 186
언론시민단체 183, 201, 202, 203,
 205, 206, 207, 251
언론 신뢰도 조사 177
언론윤리규범 6, 55, 83, 89
언론윤리 위반 238
언론윤리헌장 89
언론의 공정성 58
언론의 독립성 57, 179, 185
언론의 위기 25
언론의 자유 64
언론의 자유와 독립 65
언론의 정치적 독립성 83
언론의 정파성 30, 118, 208, 215, 216
언론의 중립성 126
언론의 책무 248
언론인의 정계 진출 237
언론인의 참정권 56
언론 자기편 만들기 26

언론장악 37, 69
언론재단 80
언론재단 이사장 80, 233
언론 정치 17
언론 정파성 15, 30
언론중재법 63, 205
언론중재위 185, 242
언론중재위원 235
언론중재위원회 234
언론진흥재단 203
에드워드 버네이스 177
여사 188
역사의식이 부족한 보도 125
연합뉴스 106, 115
열독률 조사 79
열린공감TV 197
오보 170, 172
옥천신문 198
외형적 공정성 96
월간조선 173
유리한 언론환경 37, 40, 41
유사 언론개혁론 207
유서 대필 의혹 보도 174
유튜버 193, 196, 200
유튜브 196
윤리강령 117, 118
윤리 규범 6, 242
윤리규정 120
윤석열 총장 징계 160
의견 비즈니스 29
의견의 다양성 21
이동재 158

이명박 대통령 128
이용구 156, 157
이정현 판결 59
2차 취재원의 증언 175
이해충돌 78, 98, 136
인격적 모멸감 244
인터넷신문위원회 232
인터넷신문협회 89
임원추천위원회 234

ㅈ

자본권력 201
자율규제 256
자율규제기구 241, 242, 243, 253
저널리즘 비평 129, 133
저널리즘 원칙 246
저널리즘의 기본 원칙 88
저널리즘의 독립성 180
저널리즘토크쇼J 130, 131, 134, 136, 137, 144
적폐 수사 34, 189
전국언론노동조합 민주언론실천위원회 152
전국언론노조 237
전 지면의 사설화 156
정권에 긍정적인 사설 비율 127
정당 가입 116, 122
정당 민원 229
정부 광고 232
정부광고지표 79
정상화위원회 46

정정보도 185
정치 84
정치권력 60
정치권 진출 109, 120
정치병행성 27, 29, 47, 49
정치 심의 69, 228
정치 언론 17
정치인 84, 91
정치적 경향성 241
정치적 독립성 15, 55, 59, 121
정치적 연대감 107
정치적 의사표현 96
정치적 중립성 58, 115, 116
정치적 중립 의무 115
정치적 편향성 16, 103, 131, 220
정치적 프레임 155
정치적 후견주의 27, 28, 45, 47, 81, 145, 201
정치참여 제한 121
정치 팬덤 현상 190
정파성 5, 20, 103, 217, 243
정파성 배제 원칙 232
정파성에 대한 방화벽 239
정파적 경향성 21
정파적 공격 138
정파적 뉴스 소비 180
정파적 보도 22
정파적 생태계 215
정파적 언론 21, 156, 248, 249
정파적 언론 생태계 18, 125, 177, 208, 252
정파적 태도 126

제3의 언론 194
제보자X 198
조국 전 법무부 장관 147
조선일보 105, 113, 173, 174
종합편성채널 39
좋은 정파성 19
주어 생략 편집 165
주요한 사실 185
중립성 20, 98, 108
쥴리 의혹 197
지배구조 146, 229
지지 선언 241
직업 선택의 자유 57, 238
직업윤리 96, 117
직업적 중립성 97, 98
진보 언론 188
진보적 사실 23
진실과미래위원회 46
진실성 22, 23
징벌적 손해배상제 5, 136, 205, 241

ㅊ

채널A 검언유착 의혹 135
청담동 술자리 의혹 206
추미애 라인 검사 157
취재보도준칙 106
취재 활동 161

ㅋ

커피 게이트 163, 165

ㅌ

탈정치화의 환상 255
탐사 보도 144, 165, 254
트럼프 181
특별다수제 45, 230
특정 관점이 없는 뉴스 178
특정 후보 지지선언 115

ㅍ

편들기 209
편향성 138
편향적인 재판 보도 148
평산마을 193
포인터 연구소 108
퓨리서치센터 180
프레임 19, 52, 169, 244
프로파간다 151, 177
피해 최소화 245
필터 버블 200

ㅎ

한겨레 113, 186, 187, 188
한겨레21 188
한겨레신문사 109
한국PD연합회 237
한국기자협회 89, 232, 237
한국방송광고진흥공사 80
한국방송협회 237
한국신문방송편집인협회 237

한국신문협회 237
한국언론진흥재단 36, 76
한국여성기자협회 237
한국인터넷기자협회 237
한국인터넷신문협회 237
합의제 행정기관 68, 225
해외 장기연수자 선정 취소 76
해임 무효 판결 38
해장국 언론 19, 22
행동가 92
행정적 규제 242
허위사실 적시 명예훼손 171
허위조작정보 30
홍보수석 61
홍보지 179, 247
후견주의 29
후견주의적 관계 121, 204
후견주의적 관행 81, 123

E

Endorsement 241

G

G20 행사 폐막식 192

J

JTBC 167, 169, 184

K

KBS 38, 43, 61, 72, 74, 76, 113, 117, 191
KBS 보도국장 60
KBS 사장 64
KBS 〈윤리강령〉 118
KBS 이사 74
KBS 이사장 33, 142
KBS 이사회 42, 73, 140, 203, 229, 230
KBS 조직개편 이후 인적쇄신 추진 방안 145
KTV 73

M

MBC 36, 38, 43, 72, 110
MBC 방문진 이사회 230

N

NPR(National Public Radio) 103

P

PD수첩 143

S

SBS 118, 119
SNS 18, 81, 93, 101, 104, 105, 107, 116, 239, 240
SPJ 240

T

TBS 72, 217
TV 수신료 33
TV 수신료 분리징수 67
TV조선 재승인 심사 140, 210

Y

YTN 38, 75, 114